Collection « Détours »

ISBN 979-10-267-1293-0

www.champ-vallon.com

VIES DE PHILOSOPHES

DU MÊME AUTEUR

Aux mêmes éditions :

Poésie

J'habite ici, 1991.
Laïus au bord de l'eau, 1993.
Abrégé de philosophie morale, suivi de *Mécanique lyrique avec nus et paysages*, 1997.
Fado (avec flocons et fantômes), 2001.
Drapeau Rouge, 2008.
Alphabet cyrillique, 2016.

Essais

Habiter en poète, Essai sur la poésie contemporaine,1995.
Sentimentale et naïve, Nouveaux essais sur la poésie contemporaine, 2002.
Poéthique, Une autothéorie, 2013.
Pastoral, De la poésie comme écologie, 2020.

Chez d'autres éditeurs :

Poésie

Free Jazz, Joca Seria, 2004.
Lettre imaginaire à John Coltrane, Impressions d'Europe, 2011.

Essais

Hegel, le droit et le libéralisme, PUF, 1989.
À quoi bon la poésie aujourd'hui ?, éditions Pleins Feux, 1999.
Poésie et Philosophie (dir., avec Pierre Thibaud), cipM/Farrago, Marseille, 2000.
Hobby et dandy (Sur l'art dans son rapport à la société), éditions Pleins Feux, 2003.
L'art après le grand art, éditions Cécile Defaut, 2005.
À Piatigorsk, sur la poésie, éditions Cécile Defaut, 2008.
Habiter la couleur, éditions Cécile Defaut, 2011.
Autrement le monde, Joca seria, 2016.
Sur Pierre Michon, Trois chemins dans l'œuvre, éditions Fario, 2020.
Vita poetica, Essais d'écopoéthique, Lurlure, 2023.

Récit

Là (L.-A., Loire-Atlantique), Variations autobiographiques et départementales), Joca seria, 2018.

Traductions (du russe, avec Julia Holter)

Anna Glazova, *Expérience du rêve*, Joca seria, 2015
Vladimir Aristov, *T'en allant dans la nuit moscovite*, Joca seria, 2022.

JEAN-CLAUDE PINSON

Vies de philosophes

RÉCITS

CHAMP VALLON

«On dit parfois qu'Orphée fut mis en pièces par des femmes, mais on peut lire à Dios en Macédoine une inscription selon laquelle il fut frappé de la foudre. La voici :

Les Muses ensevelirent ici le Thrace Orphée à la lyre d'or
Que Zeus du haut du ciel tua d'un trait fumant.»

(Diogène Laërce, *Vies, doctrines et sentences des philosophes illustres*).

«... car je suis pareillement curieux de connaître les fortunes et la vie de ces grands précepteurs du monde, comme de connaître la diversité de leurs dogmes et fantaisies...»

(Montaigne, *Essais*, II, 10)

«... L'auteur qui vient de son texte et va dans notre vie n'a pas d'unité ; il est un simple pluriel de "charmes", le lieu de quelques détails ténus, source cependant de vives lueurs romanesques, un chant discontinu d'amabilités, en quoi néanmoins nous lisons la mort plus sûrement que dans l'épopée d'un destin ; ce n'est pas une personne (civile, morale), c'est un corps.»

(Roland Barthes, *Sade, Fourier, Loyola*, Préface)

«Ne croyez pas qu'il ait méconnu la valeur des idées philosophiques de Descartes ou de Hobbes.»

(Marcel Schwob, *Vies imaginaires*)

«Le temps de l'épilogue semble être venu. Qui le récitera et en quels termes ?»

(Jean-Claude Milner, *Mallarmé au tombeau*)

Vie de Salomon Maïmon

Vie de Salomon Maïmon
(1752-1800)

à vingt-cinq ans, un beau matin d'avril, il décida
qu'il lui fallait gagner les clartés de Berlin, à pied
par les villages et les rivages

plaques de neige encore à la lisière des bois
tandis qu'au soir le ciel est vert
et qu'aux abords des champs au loin
les chevreuils viennent humer
des hommes les fumées, et que bientôt
avec le soir tombera le vent
de Pologne et montera
des prés la brume

où dormir ? Dans quelle grange
où un reste de foin
voudrait bien lui faire encore l'aumône
et l'amitié des ultimes fragrances
d'un temps de fenaison
trop vite en allé ?

*

Mir, petite ville où
célèbre, très célèbre, la *yechiva* du lieu
nombreux le soir, les Juifs s'en vont
sous les tilleuls près des remparts
promener leurs chapeaux noirs
prenant bien soin de ne pas
dépasser la lieue sabbatique

Mir, aujourd'hui en Biélorussie
Mir, petite ville, mais toponyme
porteur de grandes espérances, car signifiant
le monde aussi bien que la paix, bien
qu'en réalité les seigneurs polonais incirconcis
fissent alors grand usage du nerf de bœuf
contre les fermiers juifs en charge de gérer leurs biens

là qu'il naquit, Shlomo ben Yehoshua
(alias Salomon ben Josué)
à Sukowiborg très exactement, mais on n'est sûr
de rien, obscur village du dème de Mir
aux confins incertains
de l'incertaine Ruthénie
en un temps de frontières mouvantes
de châteaux fortifiés et de cartes approximatives

là qu'il naquit, fils d'un érudit devenu par la force
des choses gestionnaire de biens
au temps de Kant, au beau milieu
du siècle des Lumières, au beau milieu
de rien, au bord, adieu, d'une autre Meuse
endormeuse – la philo-
sophie parfois commence au plus loin
des clartés urbaines, sous des cieux
hivernaux, anabase au fin fond
de campagnes entourées de très sombres
forêts en Lituanie-Pologne

un siècle plus tard viendront en ville
vêtus de redingotes jusqu'à terre
des colporteurs barbus, avec pour marchandise
imprimée par leurs soins de philosophes
talmudiques des livrets d'aphorismes
et maximes d'un panthéisme schématique.
À peine s'étonnera-t-on à Mir
de leur chantant yiddish, de son miracle
aux accents toniques très marqués

sur les demi-tons, de leur langue alambiquée
d'autodidactes à la syntaxe étonnée plus
interrogative et déçue qu'affirmative

*

dans les environs de Mir, son grand-père
Heimann Joseph avait en fermage
quelques villages propriété du prince
Radziwill, au bord du Niemen
trois ou quatre fermes, un moulin à eau
et au fond d'une crique un entrepôt pour stocker
les marchandises venues de Kœnigsberg (harengs et sel
notamment). La maison fait office d'auberge
le grand-père, par ailleurs brasseur de bière
distillateur d'eau-de-vie et producteur d'hydromel
étant des plus hospitalier. On le vole d'autant
plus allègrement. Charretiers la nuit en douce
se glissant dans les hangars pour y vider
les tonneaux et renards dans le granges
faute d'Ysengrin, s'introduisant pour égorger
les brebis. Si bien que la ruine finit par l'emporter
quand un jour un ivrogne de pope
auquel le grand-père avait décidé de ne plus faire crédit
pour se venger du juif honni monta, avec la complicité
d'un chasseur de castors, un stratagème afin
que l'aubergiste soit accusé de meurtre.
On le conduisit à Mir où il fut emprisonné
et trois fois torturé afin qu'il finisse par avouer
que, s'il est l'assassin d'un chrétien, c'est pour
récupérer son sang et le mêler au pain azyme
des galettes de la Pâque juive. Le grand-père
finit quand même par être innocenté

son fils Josué, le père de Salomon, érudit, portant
habit de rabbin avec châle de prière
et pantalon de cuir, composa pour commémorer
l'événement une sorte d'épopée qu'on récitait

chaque année pour fêter le jour anniversaire
de la libération de l'aïeul

⋆

de sa vie on ne peut plus romanesque
Salomon préféra faire lui-même le récit picaresque
devançant de quelques années la mort et
les éventuels biographes à venir, n'attendant
pas qu'un éventuel Diogène Laërce
des temps modernes s'empare de son histoire

de même, homme d'avant-garde résolument
qu'il n'attendit pas que les Lumières
viennent à lui pour enfin dissiper les brouillards
de cette Pologne-Lituanie aux mœurs
féodales, où il grandit très vite, bien résolu
à ne pas se soumettre à un destin de précepteur
où nulle autre aventure, nul autre horizon
que de cheminer de villages en *shtetls* et bourgades

vers la Terre promise *avanti*, il se mit
en chemin pour Berlin pedibus, du passé
faisant table rase, n'hésitant pas même
à laisser femme et enfants au village

⋆

dessiner fut sa première passion – dessiner
n'est-ce pas comprendre et déjà esquisser
des tracés de concepts ? À peine apprenait-il à lire
sous la férule paternelle, à l'occasion giflé
pour une question impie, qu'il s'appliquait
Salomon, à reproduire, à l'aide
d'un morceau de craie ou de charbon, les estampes
ornant (feuillages, rameaux et oiseaux
bandeaux et rinceaux divers) la page
de garde des livres de la bibliothèque

de son pédagogue de père, ou encore les portraits
d'animaux illustrant un livre de fables en hébreu

mais pas question de persévérer dans l'art de peindre
« Tu deviendras rabbin mon fils, sache
qu'à tout le Talmud pourvoit »

c'est donc en secret qu'il se rend
nocturnement dans un palais abandonné
des environs pour y reproduire tout à loisir
sur les quelques feuilles qu'il a pu trouver
les personnages qui ornent les tapisseries

*

rabbi Josué de Mohilna, un père donc, érudit bien connu
à la ronde (et même bien au-delà) des meilleurs esprits
de la Nation, ayant entrepris de lui faire lire la Bible
en hébreu, alors qu'il n'a qu'à peine six ans
Salomon très vite devient ès Talmud
grand expert, forcé qu'il est d'y séjourner
à fond de cale enchaîné à longueur de journée
avec interdiction d'ouvrir tout autre livre
au point que dès neuf ans, as du *pilpoul*
Petit Poucet ayant dans la forêt des règles
et le maquis des lois semé suffisamment de cailloux
et déjoué force ruses d'arguments sioux
il a la joie enfantine et pimentée
de triompher du père sévère
dans ces joutes rabbiniques où d'ordinaire
s'affrontent à coups de citations
les plus chenus des vieux hiboux de la Nation

*

à onze ans le voici donc rabbin virtuose
ès talmudiques raisonnements. *Zeyer gut*
mais comment continuer
comment étancher une soif de savoir

jamais rassasiée, quand on est loin de tout
en lointaine Lituanie, sans maîtres ni le moindre
livre ? quand il faut pour nourrir sa famille
s'en aller à pied vendre sa science
hébraïque dans les villages voisins et là-bas
tous les jours lire et relire les rouleaux
recopiés de la loi ; quand font défaut les livres
où s'enquérir de la science des gentils
(et encore faudrait-il pouvoir les lire)

déchiffrer les alphabets latin et allemand
il y parvient malgré tout en observant que dans
les livres saints la pagination était faite
à l'aide, côtoyant les lettres hébraïques
de caractères coadjuteurs. Ainsi du A auprès
des cornes du taureau א, alpha
étant aleph, etc.

⋆

oisive jeunesse. Aux conventions, rebelle
adolescence. Surtout se distinguer du *vulgum*
pecus. Glandouille supposément méditative
imitatio Dei à l'ombre des remparts, tandis qu'il déambule
avec son ami Moïse Lapidot, fils du bedeau
de la synagogue, faisant le tour
du bourg et refaisant le monde. Tous deux
Salomon et Moïse, précepteurs dans les villages
sans prétention alentour, affectant en toutes
choses le cynisme, l'un moquant son vieux manteau
devenu idéal à force de trous et déchirures
l'autre vantant de ses bottes aux semelles percées
le talent de marieuses chaque hiver célébrant
sous le dais du ciel indifférent les noces
avec la neige de ses pieds noircis de gel et de crasse

trop fiers, les deux compères, persuadés
que pour eux superflue est la prière

chaque matin s'en allant nonchalants
direction les remparts et non la synagogue
quoique dûment couverts
du châle rituel et tefillin aux bras
car mieux vaut dans les parages ne pas
attirer l'attention de l'inquisition
des tribunaux de ce qui demeure, des deux rebelles
l'obligatoire religion

★

s'il aima toujours dessiner et avait pour la peinture
un goût très vif, les belles-lettres jamais
ne furent vraiment son affaire (les poètes
comme il le dit sans ambages à Mendelssohn
ne sont-ils pas des menteurs ?)
Ce n'est qu'assez tard qu'il se mit malgré tout
à lire Homère et Ossian (en traduction allemande
précise-t-il), les idylles également de Gessner
lui aussi Salomon de son prénom, prenant
goût ainsi à l'art du récit et ses enluminures

d'où sans doute que les vingt-huit
chapitres de son *Histoire de ma vie*
sont comme autant de tableautins, chacun
dûment pourvu de quelques anecdotes électriques
hautes en couleur, car il est un conteur
hors pair qui n'hésite pas à picaresquement
épicer les péripéties de son odyssée
sans doute aussi ayant très tôt
subi l'influence de ces dévots
de la secte des hassidim aimant à raconter
toutes sortes de contes et
légendes à propos de leurs saints

très enlevé, le récit est écrit en une langue si élégante
qu'on soupçonne (car Maïmon maîtrisait mal
l'allemand l'ayant appris sur le tard) que l'auteur

sans doute s'est fait aider de son éditeur
Karl Philip Moritz, un écrivain de métier
philosophe lui aussi de modeste extraction
(fils d'un joueur de hautbois), ayant connu
errance et misère avant d'écrire
pas moins d'une cinquantaine d'ouvrages
essais sur l'art et romans, dont l'un, fameux
d'apprentissage (*Anton Reiser*, tel est son titre
et le nom du héros, marcheur mélancolique
aux lisières de la ville fuyant les hommes
à travers des champs de seigle, tandis que
tombe une pluie d'été qui bientôt imbibe tous
ses vêtements au point qu'il a le sentiment
d'enfin pouvoir s'évader de lui-même

au beau milieu de son histoire, Maïmon, lui
insère, long excursus, excroissance comme
au bras un précieux tefillin
dix chapitres d'un très «sérieux exposé» (dit-il)
où il s'attache à désembrouiller le *Guide des égarés*
traité capital de ce maître dans l'ordre
de la droite raison qu'est le médiéval philosophe
Moshe ben Maïmon, plus connu sous le nom
de Maïmonide. Lecture si décisive pour Salomon
qu'il choisit de lui emprunter son nom
abandonnant son patronyme aussi résolument
qu'il avait abandonné la contrée paternelle
et ces villages où régnait l'ignorance

un exilé lui aussi, Maïmonide, car ayant dû au temps
des Almoravides quitter Séville, errer longtemps
ayant fui l'intolérance, avant d'aller
du côté du Caire s'établir

*

très tôt était venue à Salomon la passion des livres
l'appétit du savoir qui émancipe
éclaire les recoins caverneux du monde

deux spécialement décidèrent de son destin. Il y eut
d'abord un traité d'astronomie d'autant plus
attirant que son père lui avait interdit de
de fouiller dans l'armoire où il rangeait ses livres
ne l'autorisant à ouvrir que le seul Talmud. Or
Salomon très vite en a assez de ces pages
où s'étalent ces sans fin ratiocinations et lubies
rabbiniques, où il s'agit de décider si l'on a
ou non le droit de tuer un pou ou une puce
le jour du sabbat, ou encore si le grand prêtre
doit d'abord enfiler son pantalon ou mettre
en premier sa tunique, etc.

nombreux les livres, mais luxe rare
les lits dans la maison paternelle. L'enfant
de sept ans dort donc avec sa grand-mère
dans la pièce où son père étudie

nuit noire, Salomon se lève, allume
en guise de bougie, un copeau résineux de pin
et se dirige à pas de loup vers l'armoire aux trésors
y ayant repéré un livre d'astronomie qui le fascine.
Grognements de la grand-mère qui sent que soudain
manque à son flanc une source de chaleur, mais très vite
se rendort. Plusieurs nuits de veille sont nécessaires
au jeune érudit pour qu'il parvienne à s'y retrouver
dans la carte du ciel. L'auteur du savant traité
un rabbin de Prague du nom de David Gans
familier de Tycho Brahé
ayant conseillé pour y voir plus clair
de construire une sphère armillaire
magicien, l'ingénieux Salomon se munit
de quelques baguettes d'osier; tordues, tressées, voici
ad hoc des cerceaux qui formeront le globe
qui convient. Incessants va-et-vient alors
du livre à l'instrument, afin de mieux saisir
la mécanique des phénomènes célestes.

De cette passion astronomique, la grand-mère
s'effraie tant (il est en train cet enfant de devenir
fou) qu'elle s'empresse d'aller révéler
au père que derrière l'armoire son fils cache
un instrument diabolique. Sommé, Salomon
de s'expliquer : « Qu'est-ce donc que cet engin
que tu as fabriqué ? » Pédagogique explication du fils
avec force arguments dignes des plus virtuoses
experts ès maquis talmudiste. Quoique bien obligé
de sermonner, par devers lui ne manque pas le père
de constater qu'en effet parfaite congruence il y
a entre l'objet et les figures du livre. Décidément
voilà un fils bien doué, comment ne pas s'en réjouir ?

*

de Shlomo la libido très tôt s'éveilla
au bord d'une rivière, un jour où
âgé de onze ans, il eut l'occasion, ô blancs
ruisseaux de Chanaan, d'assister au bain
des femmes de la maisonnée, parmi lesquelles
se trouvait la jeune Bethsabée, servante
dans sa famille. Belle à mourir, corps
aux formes idéales, d'une blancheur de nacre, éblouissante dans la lumière d'un jour de printemps
encore enneigé. Mais beauté interdite, la loi
rabbinique proscrivant formellement au jeune
garçon ne serait-ce que de l'approcher
– et même de simplement la
regarder, fût-ce à la dérobée

ce jour-là donc, tout auréolée de vapeur, il la
voit sortant du bain pour aller rejoindre
dans l'eau froide du fleuve voisin
à grands cris s'éclaboussant
ses sœurs roussalkas et naïades

son corps à lui, Salomon, n'a pas été fouetté
avec les rituelles branches de bouleau.

Pourtant tout remués sont ses sangs
et tant tétanisé son être tout entier
qu'incapable de décamper au plus vite, comme
pourtant l'exige la stricte loi talmudique

*

père dès quatorze ans, et bien avant à onze
marié, après moult tractations entre son père
et divers prétendants au statut de beau-père
dont un très fortuné rabbin d'un village voisin
n'hésitant pas, ce dernier, à doubler la mise
et les concurrents, afin d'avoir pour gendre
suprême capital, un talmudiste à onze ans émérite
à qui il offre, en sus des sous de la dot
une calotte en velours noir ornée de broderies
dorées, ainsi qu'une Bible reliée de satin vert
aux plats de reliure argentée

hélas, tragique épisode du vaudeville
la petite vérole emporte la fiancée, il faut
recommencer la pièce. Sont alors sur les rangs
une veuve tenancière d'auberge, Mme Rissia
puis un riche intendant. Deux contrats sont
en toute innocence simultanément signés
le père de Salomon n'ayant pas trop de scrupule
et surtout un très pressant besoin d'argent.
Évidemment bien vite le pot aux roses est découvert.
Après quelques péripéties rocambolesques
(dont une saisie-arrêt sur le corps de la mère
de Salomon qui vient de décéder), la veuve
l'emporte au tribunal et s'empresse
de rhabiller de pied en cap le savant et mignon
désormais fiancé de sa fille

mais le candidat beau-père de son côté
ne s'avoue pas vaincu. Venu avec son cocher
au domicile de la famille du promis réclamer

que soit honoré l'autre contrat de mariage
(celui qu'il a dûment signé), il feint de se ranger
aux arguments alambiqués du rusé Josué
mais en réalité mijote in petto un scénario de rapt
– d'enlèvement de l'enfant au bercail

en pleine nuit, il se lève, fait atteler ses chevaux
et s'empare du gamin qui dort sur une table
de l'auberge paternelle. Hélas pour l'intendant
au moment où l'attelage est sur le point de quitter
l'auberge, le portail de la cour ayant grincé
plus que de raison, les chiens
se mettent à aboyer à tue-tête
et la clarté accusatrice d'une lune inopportu-
nément pleine n'arrange rien

branle-bas de combat alors, bien vite
le ravisseur est rattrapé, Salomon délivré
puis remis en mains propres à sa belle-mère
légitime, qui ne pense qu'à sans tarder
baguer l'oisillon captif et ficeler le mariage

vient donc le moment de la cérémonie. Ayant lu
quelque part que le moyen le plus sûr
pour l'époux de s'assurer sur sa femme un durable
ascendant était, au moment crucial où l'épouse
vient rejoindre son promis sous le dais nuptial
de lui marcher sur le pied, Salomon hésite à
passer à l'acte. La jeune épouse n'a, elle, pas
le moindre scrupule et lui écrase le pied
avec tant d'ardeur qu'il a bien du mal
à se retenir de hurler de douleur

mauvais début, la belle-mère n'hésitera jamais
à lever la main sur son jeune gendre. Querelles
vaisselle qui vole entre les camps, car Salomon
ne se laisse pas faire. Un jour qu'il rentre affamé
de l'école, ayant déniché un pot de lait caillé

il s'empresse de le vider. La mégère essaie
de le lui arracher. Bagarre. Salomon finit
par lui briser le pot sur la tête. Dégoulinant de lait
et de rage écumant, elle saisit un gourdin
prête à le massacrer. Pas d'autre choix
pour lui que de fissa fuir le foyer

*

connaître bibliquement sa femme, confesse-t-il
ne fut pas chose facile. Car
comment faire entre époux quand on ignore
tout du sexe ? Les mœurs de notre nation
dans ces contrées, écrit-il, ne permettaient pas
le moindre rapport entre les sexes. D'où que beaucoup
de crainte et tremblement au moment d'approcher
jusqu'à la toucher cet objet mystérieux qu'est le corps
de la jeune et jolie personne à laquelle on l'a marié.
Il aura fallu qu'on le conduise chez une sorcière
des environs pour qu'enfin abracadabra
soient levées, au moyen de quelques palpations
ses inhibitions.

une proie très convoitée pourtant que cette jeune épouse.
Le prince Radziwill, Karol de son prénom
gouverneur de Lituanie et voïvode de Vilnius
est bien connu dans la contrée tout entière
pour les méfaits divers que son penchant
pour la boisson l'amène à commettre. Tel jour
c'est l'église qu'il profane dans le ciboire
urinant ; tel autre, c'est la synagogue
qu'il dévaste, jetant à terre les rouleaux de la loi
avant d'aller avec son cortège de soudards
au cimetière juif pour y brûler stèles et monuments

et le voilà, un autre jour encore, qui vient parader
avec toute sa suite (son armée au complet
infanterie, artillerie, cavalerie, sans oublier les archers

de sa garde personnelle, les cuisines ambulantes
et la musique des janissaires), dans la bourgade
à quatre lieues de sa princière résidence
(le château de Niasvij), où la famille
de Salomon tient une auberge. Il y débarque
suivi de ses satrapes, mais quant à lui extrait
de son carrosse par ses pages et valets, car incapable
de tenir debout, tant il a abusé du vin hongrois.
On l'allonge donc tout habillé avec bottes et éperons
sur le lit très douteux de la belle-mère de Salomon
lequel préfère prendre bien vite la poudre d'escampette
(il l'avoue, sans doute en vertu de cette règle de ne jamais mentir
que la philosophie de Maïmonide l'a convaincu
très tôt d'ériger en impératif kantien)

à son réveil, son altesse remarque la jeune épouse, alors
dans la fleur de l'âge (elle et sa mère, note Maïmon
ont eu le courage de rester sur place). On s'inquiète
pour sa vertu. Un signe de quelques princes
qui assistent au lever du roi lui fait comprendre
qu'il est de son intérêt de femme de s'éclipser au plus vite

⋆

Salomon quant à lui sur le sexe par la suite
peu porté, malgré la coutume, rappelle-t-il
qui veut que pendant quatorze jours (durée
de l'impureté des femmes selon la loi
rabbinique) l'homme soit séparé de
son épouse. Ne pas se toucher, ne pas même
boire au même verre. Coutume en ceci jugée
bénéfique qu'aux yeux du mari l'épouse
conserve ce puissant charme
qu'elle avait jeune fille pour son fiancé. D'où que
nulle lassitude entre les conjoints

ce qui ne l'empêchera pas, Salomon, d'abandonner
sa femme (et plus tard de divorcer), lui préférant

pour maîtresse celle qu'il appelle, dans un récit
allégorique, Mme M., autrement dit la Méta-
physique, femme invisible et cependant
sans conteste suzeraine de Mme P.
à savoir la Physique, sa femme de chambre
et vassale quant à elle bien visible

⋆

autodidacte, c'est seul qu'il s'initia à la mathématique
à la physique, à l'astronomie… Hormis son père
pour l'hébreu et la science talmudique
pas d'autres maîtres que les livres
qu'il parvient à se procurer, prêt à faire
à pied toujours, brave fantassin des Lumières
trente lieues s'il le faut, en plein hiver, pour aller
quérir, auprès d'un rabbin lointain qui avait vécu
dans sa jeunesse à Hambourg, de vieux ouvrages
allemands, nommément un livre d'optique, un autre
de physique, plus un dictionnaire médical et
ô précieux elzévir, à Leyde imprimé
de François Viète les *Opera mathematica*

⋆

en son aventureux cursus, il eut pourtant
un professeur, expert en un domaine bien peu
académique

par chance, alors que refoulé une première fois
de Berlin, il chemine au hasard et pieds nus
sans savoir au juste où aller, un jour
dans une auberge, il se lie avec un coreligionnaire
de longue date exerçant ses talents de mendiant
professionnel. Bénédiction que ce solide gaillard
qui ne craint ni le froid ni la faim. C'est avec lui
« en terre étrangère mon unique chance
de survie » qu'il cheminera désormais de conserve.

Échange entre eux de bons services. Salomon
lui enseigne, sans succès reconnaît-il, quelques
principes de religion et morale. L'autre en retour
lui apprend à faire efficacement l'aumône : quelles
formules pour apitoyer le chaland, quels jurons bien
sentis quand il refuse. Mais piètre élève, Salomon
ne fait guère en cet art subtil de progrès. Trop timide
il n'a pas en plein air ce sens de la répartie qui
fait de lui en chambre un talmudiste hors pair

six mois déjà d'errance et de nuits à la belle étoile
tandis que c'est bientôt l'automne et ses froidures.
La santé de l'apprenti mendiant se dégradant, les deux
compères décident alors de revenir en Pologne.
Étape en route, à Posen (Poznan), où ils trouvent
le gîte et le couvert auprès d'un ravaudeur
en charge de l'hospice des pauvres
de la communauté juive de la ville

*

il n'erra pas seulement en son exode sur les routes
de Pologne, tâchant de gagner la terre promise
de Berlin. Il se chercha aussi beaucoup dans les contrées
les plus occultes du savoir, n'hésitant pas
quand il fut fatigué des randonnées sans fin
dans l'aride maquis du Talmud, à faire son baluchon
pour s'en aller consulter, aux confins prussiens
de la Pologne, à Meseritz très exactement
(près de mille kilomètres pedibus), un grand
maître de la secte des hassidim, ces dévots
qui préfèrent à l'érudition l'extase et le chant

mais il fit d'abord un tour du côté de la Kabbale.
Désireux d'accéder aux secrets du Zohar, ayant
appris qu'au bourg voisin l'assistant du rabbin
était un kabbaliste, il s'arrangea pour prendre
place tout près de lui à la synagogue et un jour

remarqua qu'à la fin de chaque office l'adjoint se plongeait
dans un petit livre qu'il prenait soin de cacher
avant de rentrer chez lui. Salomon, s'étant laissé
enfermer dans la synagogue après l'office du matin
s'empresse d'aller dénicher l'ouvrage et jusqu'au soir
s'abîme dans sa lecture, sans penser, raconte-t-il
ni à boire ni à manger. Il est vrai que les *Portes de
la sainteté* expose la meilleure manière de vivre
mystiquement afin de recevoir directement l'influx
divin et ainsi accéder au Jardin des grenades
autrement dit au paradis

ému par le zèle du jeune érudit, le rabbin kabbaliste
finit par inviter Salomon à venir chez lui consulter
tous ces livres sacrés qu'il ne pouvait lui prêter
devant sans cesse s'y référer pour ses prêches.
Et c'est ainsi que notre héros s'installe à demeure
chez le prédicateur souffrant en vain à démêler
la signification rationnelle de tel passage expliquant
en quelles diverses classes sont répartis les poils
de la barbe divine, chacune étant censée correspondre
à tel ou tel degré de la grâce du Très-Haut
à tel influx de l'intellect agent dans l'âme du croyant.
Mais comment diable concilier cette fable enfantine
où le *Deus absconditus* se voit affublé d'une barbe
et le fait qu'Il se cache dans les profondeurs
de son Néant, en excès sur tout nom (bien
qu'on l'ait baptisé *En Sof*, autrement dit l'Absolu
l'Infini, le Sans-Limites) ? Comment, comment donc ?
Wozu ?

de l'hospitalité du prédicateur, Salomon profite
abondamment, jusqu'à indisposer son hôte.
C'est que ce dernier vient d'épouser une très jeune
femme et que son logement n'a qu'une pièce, faisant
office tout à la fois de chambre à coucher et de cabinet
de travail. D'où collisions, de plus en plus fréquentes
entre le studieux silence du kabbaliste en herbe

pressé de s'abîmer dans l'union mystique avec YHWH
l'Ineffable et les extases gémissantes
d'un couple impatient de copuler

le bon rabbin en proie au démon libidineux
propose donc à Salomon d'emporter tous les livres
qu'il veut pour les étudier chez lui tout à loisir.
« Rien ne pouvait m'être plus agréable »

⋆

bien vite, Salomon devient agile en Kabbale théorique.
Reste, tout autre affaire, à mettre en pratique
une science mystique qui prétend par exemple
au moyen de quelques formules, rendre invisible
l'ascète qui aura fait l'effort de jeûner pendant trois jours.
Sûr d'être ainsi devenu passe-muraille, le jeune Maïmon
passe à l'acte et gifle violemment, pour vérifier
qu'il est bien devenu invisible, le premier camarade
venu. Tombe du Très-Haut quand illico
l'autre lui rend de sa pièce la monnaie. Déception
et retour à la seule théorie, en quête d'un savoir
rationnel où les secrets de la Kabbale seront ramenés
à de simples allégories. Au fond, conclut Salomon
rien d'autre, cette science occulte, qu'un panthéisme
Deus sive Natura, qu'un spinozisme é-
largi, concentration de la matière, puis é-
manation, expansion, voilà, *tsimtsoum*
qui tagada suffira

⋆

en route donc vers Meseritz, après qu'il eut quitté
sa place de précepteur chez un fermier aubergiste
qui ne savait pas l'hébreu ni même ne parlait le yiddish
mais seulement le russe, la langue des habitants de l'endroit.
De la masure, Maïmon brosse un tableau à la Murillo
(mais c'est le peintre satiriste Hogarth

qu'il invoque dans son récit) :
une seule pièce aux murs enduits de suie où pend
du linge noir de saleté et sèchent des saucisses
suintant d'une graisse qui s'égoutte sur la tête
de paysans assis à même le sol. Dans le coin
où l'on trait la vache unique, l'on cuit aussi
le pain, tandis que dans un autre coin
la famille trompe l'ennui du long hiver
en s'enivrant de vodka et en comptant
les puces qui, enfumées, finissent par tomber
mortes des châlits et pelisses. « Quant à moi
poursuit Salomon, au plus près du poêle, je m'évertuais
à traduire de l'hébreu en jargon judéo-polonais
des versets de la Bible à l'intention d'élèves à moitié nus. »
Lui-même en vient à noyer son chagrin dans l'eau-de-vie

pour ne rien arranger, un régiment russe
est cantonné dans les environs. Régulières
incursions de la soldatesque enivrée. L'un d'eux
un jour, un hercule ayant tout saccagé dans la maison
jeté verres et bouteilles aux visages des femmes
s'en prend pour finir à l'aubergiste qu'il passe à tabac
après lui avoir arraché par poignées
les poils de sa barbe. Seul l'alcool vient à bout
du colosse qui finit par s'écrouler sur le sol de terre
battue

une autre fois, Salomon, réquisitionné comme guide
par une colonne qui exige d'être conduite
jusqu'au prochain village, craint pour sa peau :
« Les soldats russes étaient bien capables de
m'écorcher vif, si jamais je ne leur indiquais pas
la bonne direction. » La chance voulut
qu'il fit le choix du bon itinéraire

*

arrivé à Meseritz, on le fit patienter jusqu'au jour
du sabbat pour rencontrer enfin, à la faveur

d'un banquet solennel, le grand maître d'une secte
alors en pleine ascension, le fameux Dov Bär

nombreux convives, venus parfois de très loin.
Car le voir est essentiel. Ce n'est pas tant en effet
son enseignement qui compte que sa personnalité
liée à une forme de vie sainte, l'aura qui du
Maître émane : « Je ne suis pas venu
à Meseritz pour apprendre de lui la Torah
déclare un disciple, mais pour le regarder lier
les lacets de ses souliers ».
Voici donc le saint homme arrivant en majesté
et retard, vêtu de soie blanche, blanches aussi
ses chaussures et même sa tabatière. Son charisme
est à ce prix, *shalom*, *shalom*

à la fin du repas, il se met à chanter, mélodie sans
paroles censée répandre alentour des étincelles
de sainteté, puis mettant la main à son front
il nomme un à un tous les participants sans omettre
leur lieu de résidence. Enthousiasme des adeptes ;
Shlomo ben Yehoshua de Niasvij est conquis

de quoi en effet être séduit quand on est fatigué
des longues veilles penchées sur le Talmud
et de ces sempiternelles complications et chicanes
qui font le quotidien de la vie du rabbin. Or, remarque
Maïmon, en leur majorité, les juifs polonais, destinés
à la carrière rabbinique, n'aspirent à rien d'autre qu'à l'oisiveté
d'une vie contemplative que notre Nation
leur reconnaît comme un droit imprescriptible.
Et voici que la sainte félicité, au lieu d'être gagnée
à force d'aride étude, est à portée de main.
Prières sans fin psalmodiées, accompagnées
d'exercices respiratoires et gesticulations diverses
face tournée vers le ciel, et c'est l'oubli
bienheureux de soi et la divine extase
qu'on prolongera en frappant dans ses mains

et proférant force insultes contre Satan, jusqu'à
tomber d'épuisement

certains même dans la secte répondent qu'il
leur suffit de passer le plus clair de leur temps
à traîner pipe à la bouche aux alentours
de la synagogue pour être visités d'*En Sof*

mais bien vite Salomon doit déchanter.
Décidément, ces hassidim en font trop.
Passe encore que, surjouant la joie
ils s'adonnent à diverses cabrioles et autres
sauts périlleux sur la place du marché, mais
qu'ils courent à travers les rues dans le plus simple
appareil et même cyniquement se soulagent
sans façon dans les caniveaux, voilà qui passe
l'entendement, autant que leurs sermons
sans queue ni tête, farcis en outre de lazzis
à l'encontre des rabbins s'échinant sur le Talmud

la rupture avec la secte est consommée
quand survient dans la maison du Maître
à l'heure de la prière, un incident que Salomon
rapporte ainsi : à l'un d'entre nous qui arrive
tout essoufflé à l'office qui a déjà commencé
l'on demande la raison de son retard. « Ma femme
répond-il, vient de mettre au monde une fille ».
Alors tous de le féliciter bruyamment. Tapage
dont le grand Maître, sortant de son bureau
demande la raison. On lui explique la chose
à quoi il répond que pour une fille mieux
vaudrait fouetter le père plutôt que le fêter.
(Commentaire de Maïmon : « Voilà bien la preuve
du mépris voué à l'autre sexe qui caractérise
singulièrement les hommes incultes »).
Le pauvre géniteur de fille eut beau protester
on l'empoigne violemment et on le plaque au sol
sur le seuil de la maison, « où il fut fouetté

d'abondance». C'en est trop pour Salomon
qui prend congé immédiatement de la triste
société. Adieu Meseritz et les sectateurs
de Rabbi Bär, direction la maison (à pied, toujours)

⋆

à Posen, à mi-chemin de Berlin, confesse Maïmon
j'étais encore assez religieux et les solennités juives
approchant, je me voyais mal errer de ferme
en ferme en quête d'un repas chaud, quand d'autres
s'emploieraient au salut de leur âme. J'étais même prêt
si nécessaire, à me coucher devant la synagogue
et à y rendre l'âme si jamais je ne parvenais pas
à émouvoir la compassion de ceux de ma confession.
À l'école juive où il se rend, son jargon lituanien
fait rire les élèves, non moins que son accoutrement
clownesque de clochard. Néanmoins, on le mène
chez un compatriote qui le présente au
grand rabbin de la ville comme le plus pieux
des hommes, en outre de très grande érudition.
Aussitôt on lui trouve un logis, un vrai (enfin
pouvoir se glisser entre des draps propres)
et même le généreux grand rabbin, après qu'il lui
a demandé quelle étoffe il souhaite pour son costume
donne des ordres, afin qu'on le rhabille de pied en cap

ce fut, raconte Maïmon, la période la plus heureuse
de ma vie. Jusqu'à ce qu'une histoire de carpe
en vienne à gâter pour de bon l'idylle. Veille de sabbat
on s'apprête à la farcir (oignon, poivre et raifort)
quand soudain voilà la carpe qui sort, au dire
du cuisinier, de son mutisme légendaire
et se met à parler. Émoi, panique, on appelle
en renfort un rabbin qui décrète qu'il faut au poisson
un linceul et bien vite l'ensevelir, au cas
où un esprit y aurait pris pension

Salomon, quand on lui raconte l'affaire
part d'un grand éclat de rire et déclare
à la tablée superstitieuse qu'il l'aurait bien
cette carpe quant à lui savourée.
Scandale aussitôt, haro sur l'hérétique qui croit
bon (le fanatisme a plus le don de m'exciter
que de me réfréner) d'en rajouter dans les jours
suivants, restant au lit ostensiblement à l'heure
de la prière et snobant non moins ouvertement
la synagogue. Dès lors, en butte à l'hostilité
aux insultes et cailloux des rabbins et dévots
et malgré la grande bienveillance d'un hôte
qui souhaite le garder chez lui, il décide de filer
par la première diligence

*

s'établir à Berlin ne lui fut pas facile. Débouté
du droit d'entrer, il lui fallut à plusieurs reprises
frapper à des portes de la ville obstinément hostiles.
Enfin vient le jour où il peut passer sans encombre
la *Rosenthaler Tor*, où veillent sourcilleux, postés au bureau
de l'octroi, les auxiliaires juifs de la non moins
sourcilleuse police (pas d'autre porte ouverte aux Juifs).

mais dès le lendemain de son arrivée, à peine
a-t-il pris pension chez un coreligionnaire
qu'un mandataire juif de la police
vient l'interroger, averti que ce vagabond est
un dangereux astéroïde géocroiseur qui doit
au plus vite être éloigné de Berlin. Et en effet
dans ses effets, l'agent découvre la suspecte *Terminologie
logique* de Moïse Maïmonide, accompagnée du commentaire
d'un autre douteux Moïse, lui aussi autodidacte
Mendelssohn Moses, *Aufklärer* déclaré.
Furieux, l'agent intime au pouilleux polonais
ordre de décamper sans délai. Salomon
heureusement, trouve à se réfugier chez un pays

où bien vite, si l'on se moque de son patois
son talent talmudiste suscite l'admiration

⋆

infatigable marcheur, il aime à baguenauder
au gré de son humeur dans les rues de Berlin

un jour d'été, par hasard, il tombe sur un crémier
en train de déchirer les pages d'un très épais vieux livre
qui s'avère être, ô sacrilège, la *Métaphysique ou
doctrine de Dieu, du monde et de l'âme humaine*
de Wolff Christian. Étonnement qu'on puisse traiter
de façon aussi barbare, dans une ville éclairée
un traité de si haute et rationnelle pensée ; qu'on puisse
ravaler les preuves géométriques de l'existence de Dieu
au rang de vulgaires et très approximatifs rectangles
destinés à servir de papier d'emballage. Aussitôt
Salomon de proposer au crémier qu'il veuille bien
lui céder la dépouille du corps supplicié du bouquin.
Deux Groschen, affaire conclue, Maïmon
ravi, s'empresse de regagner sa chambre pour illico
se plonger dans la lecture de cet inattendu trésor
qui vient de lui échoir. La rigueur toute mathématique
de l'auteur l'enchante, mais il ne peut le suivre
dans sa démonstration de l'existence de Dieu.
Son maître Maïmonide voit les choses autrement.
C'est l'occasion pour Salomon de rédiger une dissertation
en hébreu, qu'il envoie à Mendelssohn, lequel aussitôt
lui répond et le prie de venir le voir, du même coup
introduisant le juif venu des plus rustiques
lointains polono-lituaniens au beau milieu
du très policé milieu des Berlinois éclairés

⋆

à Berlin, enfin il peut tout à loisir bûcher
des livres de vraie science et ainsi purger

son esprit de toute superstition. Le voici
cartésien, partisan de la théorie de l'animal-machine

partisan implacable au point qu'un jour
une chèvre capricieuse et vindicative
alors qu'il se promène avec des amis
leur barrant la route et de ses cornes
les menaçant, Salomon, aucune hésitation
entreprend de dûment à coups de canne
la châtier, au grand dam de ses compagnons
qui lui reprochent sa cruauté. «Aucunement
leur répond-il, comment, n'étant jamais qu'une
machine, pourrait-elle bien souffrir?
– Mais pourtant elle gémit. – Pas plus qu'un tambour.
Si vous le battez, lui aussi résonnera.» Épisode qui
très vite lui vaut réputation d'avoir l'esprit bien dérangé

vita contemplativa, c'est bien, mais la ville turbulente
est là, qui invite à délaisser un peu l'étude
pour faire droit à ces plaisirs des sens
qu'il a jusqu'ici refoulés

son parcours, ses dons d'exception dans les diverses sciences
impressionnent. Le voilà introduit dans les plus opulentes
maisons juives. Vins fins et abondants rôtis
conversations galantes – le français est recommandé
savoir toucher le clavecin pas mal vu non plus.
Bientôt le voici qui emboîte le pas d'une bande
de lettrés bambocheurs dont les rallyes nocturnes
inexorablement finissent en diverses maisons
closes. Mais bien vite la zizanie s'installe.
De ce monde-là décidément il n'est pas.
Trop polonais pouilleux fraîchement
débarqué du bled. Et qui plus est, l'insolent
s'autorisant à professer de dangereux systèmes
athées – peste soit donc d'un mécréant
qui s'adonne à l'épicurisme et se plaît tant
à lire ce chien crevé de Spinoza

mieux vaut donc, finit par lui conseiller
modérateur toujours, Moïse Mendelssohn
son mentor et son bienfaiteur, mieux vaux
qu'il s'éloigne un temps au moins
de Berlin. Muni d'une lettre de recommandation
du maître, il ira donc s'enregistrer, éternel
apicorète errant qu'il est, pour le prochain
départ de la diligence pour Hambourg

*

arrivé dans la ville hanséatique
il se fait embaucher comme matelot
et s'embarque pour Amsterdam
avant de gagner La Haye où un riche
marchand l'invite chaque jour à sa table
malgré son apparence peu engageante
de vagabond dépenaillé, clochardisé à force
de chemin à pied et de nuits naguère
à la belle étoile suivies de matins blêmes
quand viennent l'aurore aux doigts de rose
et les épines de l'onglée. Si Salomon
orne cependant une table, c'est qu'il excelle
en matière de controverses talmudiques autant
qu'il est à l'aise sur les sujets les plus ardus
d'algèbre et de mathématique générale

imprévisible franc-tireur, toujours rebelle
aux conventions, un jour, à la fin d'un repas
tandis qu'on lui remet la coupe en argent fin
il refuse de réciter la bénédiction sur le vin
au motif que la prière n'est qu'une forme
de superstition. Indignation de la plupart
des convives. On le traite d'hérétique, heureusement
l'hôte est plus indulgent, qui consent généreux
à l'héberger neuf mois encore et sans contrepartie
aucune

il vit donc à sa guise à La Haye. Cependant
oisif et sans projet, ne voyant plus personne
il est pris d'un accès d'hypocondrie. Un soir
il est bientôt minuit, tandis que solitaire
rentrant à pied d'une maison juive où l'on a fêté
Pourim, tête baissée, mélancolique
longeant d'un pas lent un canal, soudain saisi
de toujours plus sombres pensées, il s'immobilise.
De longues minutes figé au bord du quai
penché comme sur un plongeoir, prêt à
basculer dans une eau noire, où nulle étoile
à se mirer ni quelconque quinquet de guinguette.
Hésitation longtemps, mais ses pieds obstinément
restent statue soudée au socle en pierre de la berge
et victorieux le si solide instinct de conservation

*

un jour, l'occasion lui est pourtant offerte d'échapper
alors qu'il est toujours à La Haye, à la solitude.
Jeune homme de vingt-cinq ans, portant pelisse
et chapeau bien fatigués, démarche et barbe non
de prophète majestueux mais de claudicant
campagnard mal peigné, qui plus est bredouillant
un galimatias où se mélangent bribes d'hébreu
de yiddish, de russe et polonais. Rien de bien
engageant, et malgré tout un tel éclat phallique
que vient à s'éprendre de lui une femme savante
(quarante-cinq ans mais qui avait dû être jolie
dans sa jeunesse, note Salomon charitable).
Une veuve qui vit de leçons de français et dont l'esprit
s'est de longue date échauffé à la lecture de romans précieux.
Elle veut prétendument converser avec lui de choses et
d'autres supposément érudites. À cette fin, l'invite chez elle
pour de longues parleries dans son cosy boudoir. Mais
il a beau être fin talmudiste, en matière de galanterie, tout
sauf dégrossi, Shlomo ben Josua. De la carte du Tendre
il ignore toute géographie. Seules importent pour lui

vérité et franchise. Si bien que le jour où la Clélie batave
ayant aiguillé la conversation sur le sujet de l'amour
en vient, gorge nouée et yeux humides, à lui faire
du sien l'aveu, sur le pas de la porte le retenant
par la main, suppliante («Je vous aime»), il ne sait
que s'esclaffer méchamment d'un rire sonore exagérément.
Et sans plus d'égards, lui assène ce constat-
couperet que, pour sa part, en matière d'amour
seuls comptent les appâts féminins. Le reste, tant pis
pour les romans français, n'est digne que d'estime polie.
En conséquence, «adieu Madame». Elle aura beau
invoquer, dans le billet rancunier qu'elle lui envoie
le noble exemple de Madame Dacier
«qui a étudié tous les auteurs grecs et latins et en a donné
une si belle traduction dans sa langue maternelle»;
beau le menacer de la «vengeance de l'amour bafoué»
rien n'y fait. «Madame Dacier, répond-il, pouvait bien
tomber amoureuse de tous les héros grecs
tombés sous les remparts de Troie et escompter
être par leur mânes payée de retour, je ne crains pas
quant à moi votre vengeance, puisque le temps
auquel rien ne résiste est déjà venu à bout
de vos armes – de vos dents et vos ongles
je le vois»

*

ayant dû quitter la Hollande, il décide de revenir
à Berlin. Errance entretemps en quête de quelque
emploi. Hanovre, puis Hambourg où sans le sou
une fois de plus, l'idée lui vient de se faire baptiser
dans l'espoir que cela puisse l'aider à s'intégrer
en pays germanique. Il rédige donc un mémorandum
où il expose les motifs de sa décision, comptant
ensuite aller voir, *dixit*, «le premier pasteur venu»
muni de ce qu'il espère être un passeport valide
pour être admis en terre luthérienne. Il le rédige
en son allemand brinquebalant, l'écrivant
en caractères hébreux, puis le fait récrire

par un maître d'école, en alphabet gothique.
Il y décrit son parcours, les raisons qui l'ont
conduit à quitter sa Pologne-Lituanie natale
et son destin de rabbin, à savoir son désir de
s'affranchir de l'obscurantisme et de venir
à Berlin pour étudier les sciences et ainsi
« étancher ma soif d'apprendre ».
Or, poursuit-il, notre Nation est incapable
de faire droit à de telles études, bien que
la religion juive soit, quant au fond de la foi
celle qui se rapproche le plus de la raison. Mais
la chrétienne lui est en pratique supérieure
permettant, elle, les études auxquelles je souhaite
me livrer afin de m'élever vers davantage
de perfection. Quant aux mystères de cette religion
je ne m'en inquiète pas ; en tant que simples allégories
elles ne sont pas contradictoires avec les vérités
qui importent aux hommes de raison. Voilà
Monsieur le Pasteur, ma profession de foi
vous semble-t-elle compatible ou non
avec la conversion que j'envisage ? Étonnement
de l'ecclésiastique qui lui répond qu'il est bien trop
philosophe pour faire un bon chrétien. Et c'est ainsi
conclut Maïmon, que je restai un juif endurci
au moins ma religion, tout en me dictant de penser
le vrai et de faire le bien, me permettait de ne croire
à rien

misère et paillasse dans une mansarde
auraient pu demeurer longtemps son lot à Berlin, si
une bonne âme juive de Hambourg n'était venue
à son secours, lui trouvant à deux pas gîte et couvert
au collège d'Altona où il pourrait en outre
apprendre pour de bon les langues nécessaires
à la bonne transmission des savoirs en sa possession.
Ainsi put-il acquérir, à peu près
de l'anglais et du français les rudiments, quoique
séchant souvent les cours et refusant

obstinément les exercices et leçons de latin et plus encore
de grec

jusqu'au jour où sa femme envoie un émissaire
pour qu'il retourne en Pologne, l'ayant là-bas
assigné devant un tribunal. L'affaire tourne
mal, son mécène hambourgeois lui-même finit par être excédé.
Pointant un doigt accusateur en direction du visage
rasé de l'impie, il le sermonne et se lamente :
Haro, haro, *shofar, shofar* sur ce fieffé
pécheur qui snobe effrontément la synagogue.
« Je lui tirai ma révérence, le laissai se lamenter
pris congé de mes professeurs et me rendis
de nouveau à Berlin »

★

la capitale toutefois, n'est pas
la Terre promise escomptée. S'il trouve
à se mettre à l'abri de ce qu'il appelle le despotisme
rabbinique, l'entourage de Mendelssohn
ne lui garantit pas de situation où enfin
il pourrait pour de bon échapper
au souci très prosaïque de sa subsistance.
On a beau lui confier divers travaux de traduction
l'*Aufklärung* berlinoise ne nourrit pas son homme.
Quand il soumet à ses protecteurs un manuel
de mathématique en hébreu, on lui fait remarquer
que trop peu nombreux sont dans la Nation
juive, même à Berlin, les souscripteurs qui
permettraient que soit imprimé l'ouvrage.
Et si l'on ne rechigne pas à lui écrire d'élogieuses
lettres de recommandation, d'autres circulent
jusqu'à Breslau où il s'est réfugié, l'accusant d'être
un dangereux propagateur de philosophie panthéiste
autrement dit un athée

il lui faut se résoudre, pour gagner
son pain, à se faire à nouveau précepteur.

Le voici donc pour un temps enseignant
l'hébreu et les rudiments de la mathématique
à la progéniture d'un riche commerçant juif.
Mais il lui faut loger dans la chambre des enfants
et bien vite il ne supporte plus leur agitation.
Désormais désœuvré, le soir, il traîne
dans les tabagies. Trouve malgré tout des cours
à donner, initiant notamment au calcul
infinitésimal un jeune homme assez doué
et déjà familier de l'algèbre d'Euler

c'est sur ces entrefaites qu'à Breslau
un beau matin, des fins fonds de Pologne, surgissent
sur les quais de l'Oder, sa femme et son fils aîné
au terme d'un voyage de plusieurs jours
en diligence puis coche d'eau

« Courageuse amazone », comme il l'appelle
l'épouse, une « fille aux mœurs rudes », est bien
décidée à contraindre son fuyard de rabbin à rentrer
sans barguigner au bercail. Sinon, ce sera le divorce
l'épouse est intraitable. Mais pas question
pour Salomon de retrouver le joug de la super-
stition et pas davantage celui du foyer.
Néanmoins Salomon à Breslau joue les guides
tout en puisant dans le *Guide des égarés* des arguments
pour convaincre son fils qu'il aurait avantage
à rester avec lui en terre prussienne, où les mœurs
sont beaucoup plus raffinées, et où il pourrait mieux
développer ses talents. Mais l'amazone ferraille
et l'affaire est portée devant le tribunal. Salomon
y tient tête au grand rabbin, jusqu'à ce que ce dernier finisse
rouge de colère, par monter sur ses grands chevaux
maudissant au nom de l'Éternel l'hérétique
époux pour le restant de ses jours. « Je les
laissai tous là et m'en allai », conclut Maïmon.
Une autre audience sera nécessaire, à laquelle
notre mécréant consent à condition qu'elle ne soit

pas présidée par ce même rabbin colérique.
Ayant obtenu le divorce et un butin de vingt
ducats, l'épouse et le fils retournent alors
en leur lointain *shtetl* de Lituanie-Pologne

⋆

loin de Berlin, au nord-est, où l'on parlait naguère
le vieux-prussien, à Königsberg où prospéraient
en même temps que le commerce (thé, tabac et café)
les idées nouvelles de l'*Aufklärung*, vivait, n'en ayant
à vrai dire jamais bougé, – ou plutôt *pensait* que
vraiment vivait, un homme hors du commun
à l'esprit taillé à pointes de diamant dans le granit
de la Baltique ; un homme, un philosophe, ayant
pour toujours, sapeur incomparable, ruiné
les plus solides forteresses de la métaphysique
et ce faisant ouvert sous les pieds de l'humanité
les effrayants abîmes de la finitude

cet illustre Kant, puisque c'est lui
(ce ne peut qu'être lui), Salomon le découvre
alors qu'il est revenu pour la quatrième fois
à Berlin où, miséreux toujours, il finit quand même
par trouver secours et ainsi pouvoir se loger
chez une vieille dame qui lui loue une mansarde.
Lecture fébrile, à la chandelle et plume
en main, de la *Critique de la Raison pure*.
Et relecture en s'appliquant à repenser
derrière l'auteur par soi-même, en prenant
force notes. « De là naquit ma *Philosophie
transcendantale* », un commentaire de Kant
écrit à la façon talmudiste (beaucoup de parataxe
et pointillés, d'aphorismes et digressions, etc.)
avec « un appendice sur la connaissance
symbolique et des remarques par
Salomon Maïmon de Lituanie en Pologne »

le manuscrit achevé, dûment muni en exergue
d'une dédicace *ad Kantium* reprenant l'éloge que fait
Lucrèce de son maître Épicure (« *Tu pater, et rerum
Inventor...* », toi le père et découvreur de l'univers...
« tels des abeilles nous butinons *aurea dicta, aurea*
tes paroles d'or, oui d'or... »)
Maïmon communique son opus à Marcus Herz
(à Berlin devenu son ami), afin qu'il le transmette
au grand homme, au « petit vieillard sec »
récemment visité à Kœnigsberg par le jeune Karamzine.
L'envoi fut fait le sept avril 1789 alors que
gronde à Paris l'événement qui bientôt fera
dévier Kant de son habituel itinéraire
de promenade horlogère, pour aller
au plus vite se procurer les gazettes où
l'on relate, stupéfiantes, les dernières nouvelles
du Paris populaire qui s'insurge

en attendant, il est, Kant, accablé de travail
et de sollicitations diverses. Trop de courrier
trop de livres à sa sagacité soumis. Quand il reçoit
le manuscrit de Maïmon, son premier réflexe
est de le renvoyer, pas le temps de s'y vraiment
pencher. Néanmoins, il y jette un coup d'œil
et très vite comprend que c'est
malgré la forme souvent abrupte et même
parfois confuse, mieux que du solide. En voilà
un qui l'a compris mieux que quiconque
et dont la critique qu'il fait de la chose en soi
(selon lui inutile) mérite une réponse dûment
argumentée. Il écrit donc à Maïmon, datée
du 26 mai 89, une longue, très longue lettre
et même la plus longue qu'il ait jamais écrite.
L'échange s'arrêta là, Kant ne répondant pas
aux missives qui suivirent, fussent-elles
des suppliques invoquant la « sainteté de la morale »
du *tsaddik* de Königsberg, et quand bien même Maïmon
ne demandait que l'aumône de quelques indications

brèves. C'est qu'il était, Kant, pas mal embarrassé
par les objections de son contradicteur
et aucunement enclin à renoncer, malgré les apories
de la pensée critique et les pleurs et regrets
de l'absolu perdu, à cette finitude de l'entendement
humain qu'il avait pu établir au prix de tant d'efforts
au terme de sa vie d'ascète de la pensée

Salomon, lui, tant pis, continuera de s'expliquer
avec la philosophie critique, bien résolu à ne pas
laisser dans l'ombre ce que le mage de Kœnigsberg
avait nommé, faute de mieux, un « art caché
dans les profondeurs de l'âme humaine ».
Et pour ce faire, il appela à la rescousse le ban
et l'arrière-ban de la métaphysique, toute une
coalition hétéroclite (*ein Koalitionsystem* »)
où Hume le dissident sceptique
voisine avec le très systématique Leibniz
– au passage Maïmon empruntant à ce dernier
sa théorie du calcul différentiel
afin de pouvoir penser comme un continuum
l'espace infini qui sépare du divin
l'entendement humain, et ainsi
affirmer, comme il l'écrit, qu'existe
une « âme du monde, commune à tous les êtres animés »

Berlin, sa Terre promise d'autrefois
le laissa bien encore publier deux ou trois articles
dans le *Journal für Aufklärung*, un commentaire
de Maïmonide, un essai de logique et quelques
autres livres, mais très vite on le négligea
le renvoyant à ces études hébraïques d'où il venait.
Sa pensée toutefois ne put être oubliée. Fichte
qui l'avait lu de près, regretta qu'on ait témoigné
si peu de considération pour la façon pionnière
dont il avait su ébranler l'édifice kantien (pour
cette condescendance, « les siècles à venir
amèrement se moqueront de nous »)

déjà en ces mêmes années où étudie
à Tübingen le trio fameux qu'on sait, les trois
planteurs bientôt d'un arbre de la liberté
(Hegel, Hölderlin et Schelling), déjà l'idéalisme
absolu fourbit son arsenal, afin de renflouer
de la métaphysique naufragée l'édifice
systématique. Moment, le même ou presque
(son livre paraît à Berlin en 1791), où Maïmon
mais qui le sait ?, a une longueur d'avance
ayant choisi *in fine* d'exposer sa pensée toute entière
de ci-devant épigone devenu pleinement majeur
non pas sous forme de système, mais
selon l'ordre alphabétique et audacieux
d'un *Philosophisches Wörterbuch*
(d'un dictionnaire)

*

avant d'en venir, dans son autobiographie
aux chapitres où il expose la pensée
de son maître Maïmonide, Salomon
se sera adressé dans un épilogue au lecteur
afin de justifier une entreprise autobiographique
à laquelle il aura longtemps, confie-t-il
rechigné. Il s'avère, écrit-il que bien des incidents
apparemment mineurs de l'existence
sont finalement plus instructifs
que les exploits politiques et militaires des grands
de ce monde. Son récit toutefois, précise-t-il
n'est pas à lire simplement comme un roman.
« Ni grand homme ni plaisantin
ni philosophe mondain, je n'ai pas étouffé
une douzaine de souris à l'aide d'une pompe à air
ni torturé une seule grenouille ni électrocuté
le moindre homoncule. J'ai seulement voulu
me rapprocher toujours davantage
de la vérité, pour cela ne reculant pas même
devant le diable et n'hésitant pas à quitter ma Nation

ma patrie et ma famille. Je me suis éduqué
extrait par mes propres moyens fantassins hors du maquis
des superstitions, pour cela trouvant le plus ferme appui
et le meilleur guide en celui qui est peut-être
le plus grand homme qu'ait produit
notre Nation, à savoir Maïmonide. »

il termine en évoquant le chemin qui lui reste
à parcourir pour approcher mieux encore
de sa destination finale et mieux puiser
à la source de cet intellect agent dont sa raison
finie est sans fin assoiffée

son autobiographie était parue depuis huit ans
quand il mourut, retiré en la propriété que
possédait en Silésie près de Glogau
le comte Friedrich Adolf von Kalckreuth
mécène très éclairé de ses dernières années
quoique ayant aussi combattu, général
prussien qu'il était, les soldats sans souliers
et de bientôt de l'An II, à Valmy

un pasteur devenu au château son ami
l'assiste lors de son agonie
en novembre 1800 tout rond
essayant de la convaincre *in fine*
que son âme est sur le point de quitter
sa misérable enveloppe charnelle
ne le sent-il point ? Mais non, Salomon
ne constate rien de tel et puis à quoi bon
croire et espérer ? Cela au moins, argumente
le pasteur vous aiderait à être serein.
Mais je le suis, serein, répond, quoique
épuisé, le philosophe sur le point de rendre
l'âme mais non les armes

pas pour lui de *kaddisch*, pas non plus de cailloux
déterrés puis posés sur la pierre tombale

comme le veut la coutume. On l'enterra hors
les murs comme un chien crevé, son cadavre
d'hérétique abandonné dans les douves de la ville
derrière le mur du cimetière juif, non sans
que sur le trajet du cercueil des pierres n'aient
été en sa direction lancées par d'étourdis gamins
pourtant ses coreligionnaires venus de l'école
adossée à la synagogue voisine

Vie de G.W.F. Hegel

Vie de G.W.F. Hegel
(1770-1831)

il mourut comme un homme ordinaire
du choléra, mais son enterrement lui
ne le fut pas (et encore moins sa postérité)
pour la raison qu'il avait su épiloguer
suprêmement, se faisant le grand Ré-
capitulateur, le régisseur en chef, le Roi
synthétiseur de tout ce qui fut
avant lui pensé, conceptuellement élaboré

il fut, de la longue marche du Concept
le rigoureux secrétaire et l'inspiré rhapsode ;
de la dialectique, le grand prêtre
célébrant des contraires le mariage (non
sans en vivre les plus domestiques dommages)
et de la conscience, l'odyssée
l'*itinerarium mentis in Deum*

procession aussi bien de l'Histoire
autre nom selon lui d'un Esprit absolu
autrefois transcendant et désormais sur terre
très chrétiennement descendu, n'hésitant pas
hache en main, à se frayer passage au milieu
des cadavres

lui G.W.F. néanmoins ne fut pas soldat
n'apprit pas à marcher au pas
à la différence de son frère Ludwig
officier dans l'armée napoléonienne
mort en 1812 lors de la campagne de Russie

lui fut homme non d'action mais de cabinet
statique en sa bibliothèque, seule
villégiature qui vaille pour le songeur
Souabe qu'il était. Plume à la main
lisant Platon, mais pas question
d'aller au coin des rues ratiociner
façon Socrate. Et si malgré tout
sa philosophie peut être dite ambulatoire
c'est parce que les concepts ont
sur la page l'agitation sans fin
de l'océan sur la plage

*

plongé dans les violents tourbillons
de l'époque, il le fut pourtant
ayant même pour de bon
le baptisant Esprit du monde, vu
le lendemain de l'historique bataille
Napoléon sous ses croisées passer

dans les rues de Iéna mise à sac
chevauchant, l'empereur
et « grand professeur de droit de Paris »
son fameux Vizir (robe fleur de pêcher
presque blanche, à peine truitée alezan)
tandis que la ville est en flammes
qu'il a tout juste eu le temps la veille
G.W.F., de quitter son appartement
par des soudards pillé (« on m'a dévalisé »)
sauvant in extremis, outre sa peau menacée
fourrés dans quelque poche ou sac
les ultimes feuillets, encre à peine séchée
de sa fameuse *Phénoménologie*
de l'Esprit

onze heures du soir, lundi 13 octobre 1806
tandis que depuis la maison du libraire
où il a trouvé refuge (avec sa concubine

enceinte et de celle-ci le gamin et la bambine)
il peut voir les feux des bataillons français
qui bivouaquent sur la place du marché
en toute hâte il écrit à son grand
ami Niethammer qu'il n'a plus
un sou, a dû même emprunter plume et papier.
Ajoute qu'il souhaite bonne chance
néanmoins à l'armée napoléonienne ;
s'inquiète surtout de la poste
craignant qu'elle ne puisse acheminer
jusqu'à Bamberg, l'ultime cahier
de son manuscrit, à moins
qu'une escorte sûre n'accompagne
le postillon à travers les lignes de front
« Ainsi je l'espère, Dieu vous livrera
mes gribouillages en temps voulu »

*

1770, à Stuttgart, alors duché de Wurtemberg
naissance de Georg Wilhelm Friedrich.
Lignée de pieux luthériens
ayant dû, selon la légende familiale
émigrer depuis la Carinthie – à deux pas l'Italie
d'où que vieux fond de nostalgie.
Petite bourgeoisie ; père fonctionnaire
des finances ; mère au foyer, issue
d'une famille de théologiens et juristes
cultivés, par une épidémie tôt emportée
(G.W.F. a tout juste treize ans)

lycée à Stuttgart, humanités (grec et latin
hébreu aussi), à quoi son père croit
nécessaire d'ajouter des cours particuliers
de géométrie, astronomie, sous la férule
d'un colonel d'artillerie qui emmène
à travers champs l'enfant Hegel
pour des séances d'arpentage.
Cours de danse également, mais pas très doué

trop emprunté, le premier de la classe.
Bourse ducale ensuite pour étudier
au fameux *Stift* de Tübingen
séminaire protestant, où cinq ans cloîtré
condamné à supporter les vexations et
l'uniforme noir de coupe austère
les repas pris en silence, tandis que l'élève
commis d'office lit le sermon du jour
qu'il lui a fallu concocter. Dans la glacière
du réfectoire, triste corvée d'hiver
presque torture, pour Hegel en particulier
car nul talent chez lui pour le prêche.
Se rattrape la nuit (parties sans fin
de tarot et beuveries). S'échapper
s'en aller hors les murs du couvent
G.W.F. ne s'en prive pas non plus
à cheval longues promenades
dans la campagne alentour, où vagues
bluettes peut-être, et tant pis si cela
au « vieil homme » (ainsi le surnommaient
ses condisciples) vaut le cachot

souvent, sèche les cours et s'exempte
de la prière. Préfère rester seul et penché
sur des livres en hébreu, grec ou latin
longues veillées à s'envieillir
et à rêver d'antique matin grec
(néanmoins, puisque pécheur, adepte
suis, dira-t-il plus tard, de Martin
Luther

mais il y a Hölderlin, l'ami très cher
et bientôt de quoi faire un fameux trio
quand un nouveau, nommé Schelling, arrive.
Heureux hasard (si c'est bien lui plutôt
que le terreau d'un pays en pasteurs
très fertile) qui d'un seul coup a réuni
trois futurs, il faut bien dire génies

(les dés en défi au hasard jetés
parfois le sont par des doigts de fée)
tiercé gagnant qu'il forme donc
avec Hölderlin et Schelling, ce dernier
nettement plus jeune et cependant
parce qu'ambitieux chien fou
du trio le leader et l'élément moteur

chambrée commune et vues idem
car assoiffés tous les trois d'idéal
prompts à vouer aux gémonies
l'hypocrisie de la théologie
à se griser de Kant et faire
sous le manteau circuler ses derniers
écrits ; à vénérer Rousseau, dans la foulée
Lessing, enfin ce jacobin de Fichte
dont le Moi absolu ne vaut pas moins
que de Spinoza la Substance.
Et voilà réputé panthéiste le trio
ce qui en ce temps-là veux dire
athée ni plus ni moins (*en kaï pan*
Un et Tout, tel est leur étendard
rien d'autre n'est que la Nature
en attendant que Tout soit
Rien)

on suit aussi de près, très près
(Montbéliard n'est pas loin)
les événements géants de France.
Épidémie d'enthousiasme. Bientôt
les voilà tous les trois robespierrots
plantant, rapporte la légende
dans un champ au bord du Neckar
enrubanné de tricolore
un arbre de la liberté
chêne ou platane, on ne sait pas
l'Histoire n'ayant pas retenu l'essence

*

devenir pasteur? Hors de question.
Dès lors, il n'y a plus qu'à se faire hélas
précepteur. Autrement dit laquais
de statut supérieur sans doute
– vous avez droit parfois à la table
des maîtres, mais tout au bout, côté enfants ;
droit à leur vin de choix, mais soumis
malgré tout au bon vouloir du patriarche
qui vous héberge et vous nourrit
moyennant les leçons que vous donnez
à sa pas forcément très motivée progéniture.
Six ans de préceptorat : de quoi
longuement ruminer ce qui sera bientôt
la fameuse dialectique de l'esclave et du maître

chez les Steiger, les patriciens bernois
où Hegel est d'abord en poste
si l'on parle français, on est à la Révolution
et Rousseau plus qu'hostile. Obligé donc
le Jacobin supposé de faire profil bas.
C'est en toute discrétion qu'il
s'informe du cours des choses en France
et c'est à mots couverts que ses lettres
s'aventurent à vanter l'Église invisible
à laquelle, suspects d'être maçons
ses amis et lui-même aspirent

mais, consolation, il y a, dans la propriété
que la famille possède à la campagne
à Tschugg, une très riche bibliothèque
où peut puiser l'assoiffé. Ainsi
découvre-t-il, fébrilement les annotant
des ouvrages en anglais exposant
de la théorie économique
les premiers rudiments

le vaste domaine de ses maîtres
lui donne aussi l'occasion de jouer
parfois les intendants, et le voici
veillant sur les allées qu'il va falloir
penser à sabler et surveillant la vigne
où le raisin arrive à véraison.
Depuis la chambre que là-bas l'été
il occupe, il peut même apercevoir
le lac de Bienne et par beau temps
l'île Saint-Pierre où près de trente ans
plus tôt Jean-Jacques herborisa
et aima dériver des heures
allongé au fond d'une yole
ayant pris bien soin de laisser
ses livres à demeure encaissés

du préceptorat et de la Suisse féodale
cependant il se lasse et ce n'est pas
une randonnée estivale dans les montagnes
de l'Oberland bernois qui peut suffire
à l'apaiser. Sauvage ou pas, la nature
est à son goût trop insipide. Même la vue
des glaciers diamantés le laisse de marbre
toujours il est en proie aux plus sombres
pensées. Moment noir, chaque
instant par l'intranquillité empoisonné.
Déprimé, à la fin de l'été il retourne
à Stuttgart pour quelques mois réfugié
dans la maison familiale, où sa sœur
Christiane s'emploie à le réconforter
tandis que lui revit de simplement
pouvoir voler quelques baisers
à Nanette Endel, une amie de sa sœur
modiste de son état, qui chaque matin
vient très experte lui nouer sa cravate

où aller? où trouver à s'employer?
Hölderlin, alors précepteur en poste à Francfort

a très envie qu'il le rejoigne. N'est-il pas
Hegel, son bon génie ? Ne lui a-t-il pas
dédié un long poème ? – *Eleusis*, un hymne
à Cérès qui célèbre leur commune
appartenance à cette Église clandestine
de teinte très maçonne qu'ils appellent
de leurs vœux ; chante leur rêve
de voir refleurir une belle totalité
grecque. Certes, Francfort n'est pas
Athènes, l'argent y est le seul vrai dieu
et la Bourse le seul vrai temple.
Mais mieux vaut être précepteur
que d'en être réduit
à s'en aller par les villages
vendre lacets et boîtes de cirage.
Justement une place se libère
auprès d'une famille de banquiers
où l'on est partisan des Lumières.
Comme les Gontard chez lesquels
Hölderlin officie, les Gogel font
dans le négoce et la finance.
Bourgeoisie bien assise, de longue date
affiliée maçonne (avec en sus ancêtres
dignitaires de l'influente société
secrète des Illuminati bavarois).
« Tu auras une chambre à toi »
écrit Hölderlin à celui
qu'il considère comme son frère.
Et qui plus est « du très bon vin à table ! »
À la mi-janvier 1797 Hegel arrive
donc à Francfort. Retrouvailles.
À Nanette, Hegel écrit qu'il court
les bals, va deux fois par semaine
à l'opéra (y découvre la Flûte de Mozart).
Monde pourtant qui n'est pas le sien.
Avoue à son amie souabe avoir
la nostalgie des soirs d'été
à la campagne à Tschugg. « Rousseauisme

tardif» d'un jeune homme confronté
parce qu'échoué soudain
dans une bouillonnante métropole
commerciale, alors qu'il est issu
d'une région agricole arriérée
confronté, écrira un biographe
allemand, à l'épreuve d'une scis-
sion autant que socialement
intimement vécue

d'ailleurs le séjour francfortois
se ternit sérieusement quand
Hölderlin, devenu l'amant
de la maîtresse de maison
Susette Gontard, n'a d'autre choix
que de fuir, abattu, une ville qui devient
du même coup funeste pour Hegel.
De son amour impossible pour celle
dont il fait une idéale et grecque Diotima
le poète, comme on sait, ne se remettra pas.
Quant à Hegel, plus jamais il ne dira
un mot sur son ami si cher
non pas oubli, comme on a pu dire
mais navré jusqu'à déprimer, préférant
dans le silence s'emmurer, comme pour
au plus près partager le sort qui accable
Hölderlin, le conduisant à se barricader
mystérieusement et pour toujours à
l'écart du monde des vivants
dans la tour plus tard fameuse
de Tübingen, aux bons soins
du menuisier Zimmer

la mort de son père, en janvier 1799
voit Hegel hériter d'un pécule :
de quoi, pour quelque temps au moins
assurer sa subsistance sans avoir
à courir après un emploi de précepteur

ce n'est pourtant que près de deux ans
plus tard qu'il quitte Francfort pour Iéna
où Schelling un temps l'héberge
dans l'appartement où il vit avec Caroline
l'épouse d'Auguste Schlegel, femme
enflammée toujours de ces braises
du romantisme qui continuent leur combustion
dans son salon, bien que les frères Schlegel
et d'autres (dont Tieck) aient déjà quitté Iéna

Hegel passe alors pour un disciple de Schelling
compte sur son appui pour obtenir
à l'université un poste. À cette fin se hâte
de rédiger une thèse et la soutient
le 27 juillet 1801, jour même de son anniversaire.
Vingt-cinq pages, pas plus, sur les orbites
des planètes, n'hésitant pas à maltraiter
Newton, ce qui n'est pas pour déplaire
à Goethe, qui, ministre à Weimar, ne tarde pas
à le nommer *Privatdozent*. Titre tout
symbolique, car s'il peut désormais
professer à l'université, il n'aura
d'autres subsides que les honoraires
que voudront bien lui verser
ses éventuels auditeurs, lesquels
jamais n'excéderont la trentaine.
Néanmoins, il trouve un logement
et, s'il vit modestement
il veille à boire le meilleur vin
celui que lui livre en petits tonneaux
la maison Ramann dont le comptoir
est à Erfurt

avec Schelling, éloignement et
divergences. Que tout d'abord
G.W.F. tait cependant, le temps
qu'ils fassent ensemble paraître

à Tübingen, un *Journal critique de philosophie*.
Parallèlement, pour le tiroir
écrit un *Système de la vie éthique*
où par avance il est bien prêt d'être
sinon marxiste du moins social-démocrate.
Livrée à la misère, la multitude
des ouvriers, y peut-on lire, est dans les mines
et les fabriques condamnée à des travaux
« entièrement abrutissants, insalubres
dangereux et restreignant l'habileté »

bientôt, tandis que Schelling a quitté
Iéna pour la Bavière et un meilleur salaire
Hegel accède au rang de professeur
extraordinaire, mais il lui faut attendre
encore un an pour percevoir enfin
grâce à Goethe, un maigre traitement.
Criblé de dettes, pas d'autre choix
que de boucler à marche forcée, date-
butoir le 18 octobre 1806
l'ouvrage en chantier
pour lequel un éditeur de Bamberg
lui a consenti une assez
confortable avance. Mais la
Phénoménologie de l'Esprit
n'est toujours pas finie la veille
de la bataille fameuse, quand on entend
déjà, le 13 au soir, rouler au loin
la canonnade et qu'on voit dans la plaine
s'avancer l'armée napoléonienne

alors qu'il est à Iéna aux abois
son vieil ami Niethammer
lui trouve un gagne-pain à Bamberg
en Bavière, un emploi bien rémunéré
de rédacteur en chef à la Gazette
de l'endroit, simple in-quarto
mais quotidien. De longue

date, il aime à lire plume à la main
les journaux (pour le philosophe attentif
à la marche du monde, prière
quotidienne du matin, dira-t-il;
avait même à Francfort-sur-le-Main
pris l'habitude de lire la presse anglaise).
Il suit de près l'actualité, les campagnes
napoléoniennes, Friedland aussi bien
que l'expédition française au Portugal.
Mais le journal publie surtout des nouvelles
très locales et des annonces de l'administration.
Tant pis, Hegel est scrupuleux, s'occupant
même du choix du papier et des caractères.
Mais il a beau être l'exécutant fidèle
d'une Gazette favorable à Napoléon
et lui-même partisan du « grand professeur
de droit public » qui règne à Paris
la censure lui cherche des poux. Mieux
vaut dès lors fuir la galère qu'est devenue
la direction de ce journal, surtout
quand on veut sans tarder s'atteler
à la rédaction d'une abstruse *Logique*
affaire pour laquelle il importe
d'avoir l'esprit tranquille. Un poste
de professeur-proviseur s'offrant
grâce aux bons soins de Niethammer
non pas au fond des bois mais au
Gymnasium de Nuremberg
il saute d'autant plus vite sur l'opportunité
que là-bas gouverne Mongelas
Aufklärer avéré, en outre soupçonné
non sans raison, d'être franc-maçon

⋆

il est encore aux commandes du journal
quand paraît au printemps 1807
à l'enseigne de l'éditeur Goebhardt

à Bamberg et Würzburg
son grand roman d'apprentissage
philosophique, gros octavo
de plus de huit-cents pages, la fameuse *Phéno*
-ménologie de l'Esprit (en réalité simple
sous-titre d'un ouvrage intitulé
pas moins, « Système de la Science »).
Coquilles en abondance, premier tirage
de sept-cent cinquante exemplaires
au lieu des mille prévus. Hegel proteste
auprès de l'éditeur, car c'est autant de droits
versés en moins ; or il est aux abois.
Schelling devra attendre un peu l'opus.
Goethe au contraire le reçoit très vite
par le grimoire pas mal désarçonné
bien qu'il en ait vu d'autres
ayant notamment traduit l'extravagant
à ses yeux discours du *Neveu de Rameau*
pas loin, l'auteur du *Faust*, de voir dans cette prose
opaque un galimatias légèrement dérangé

il faut attendre vingt-trois ans
pour que le premier tirage soit enfin
épuisé. Hegel alors reprend son texte
en vue d'une seconde édition. Mais ne peut
jusqu'au bout « nettoyer le navire
de son ballast inutile », la mort
en la personne du choléra, le saisissant
à la page XXVII d'une Préface
où l'on peut lire, une page plus loin
à peine, à propos de « l'énorme puissance
du négatif », que « la vie de l'esprit
n'est pas la vie qui s'effarouche
devant la mort »

⋆

dès que marié, apparemment
vie très rangée, incolore destin

de professeur ayant conquis enfin
un poste et devenant au fil des ans
de plus en plus philistin
jusqu'à l'ultime onction
d'une chaire à Berlin, prestigieuse
ayant bénéficié de l'appui éclairé
de quelques hauts fonctionnaires

trajet des plus académique
en surface du moins, car occupé
à creuser les fondations, consolider
les remparts d'un système, cathédrale
logique en même temps que théologique
(car finalement théodicée ubiquitaire
d'un Absolu partout répandu)

ce qui n'empêcha pas que fût
des plus révolutionnaire sa méthode
dialectique. Chose que Marx
se garda bien d'oublier, refusant
catégoriquement que le vieil Hegel soit
post mortem traité en chien crevé
comme le fut avant lui Spinoza

⋆

vie d'abord incertaine, de ville
en ville il pérégrine en quête
d'un poste, un vrai, une chaire pour de bon
pour enseigner et non prêcher
ce qui enfin à Heidelberg viendra.
En attendant, à Nuremberg
où il est proviseur, il se marie
avec Maria von Tucher, vingt ans
et vingt de moins que lui qui en a déjà
quarante. Pas exactement un mariage arrangé
ils s'aiment, mais le père est noble et notable
G.W.F. sans particule et sans fortune

simple proviseur et son avenir incertain.
Conditions des parents : quand il aura
un poste universitaire, pas avant.
Mais comme il n'y a pas de dot
ou presque à faire valoir en contrepartie
le père finit pas céder : les épousailles
ont lieu en septembre 1811
une fois l'autorisation royale obtenue
(indispensable quand on est fonctionnaire
du royaume de Bavière)

bourgeoisement fonder un foyer.
Être chez soi après beaucoup d'années
d'errance, voilà qui change bien des choses.
L'amour peut s'installer, se dépasser
en un lien que notre clerc nomme « religieux »
(rien d'idyllique néanmoins, Hegel
en même temps théorise la bestialité
tapie au fond du désir sexuel)

les premiers temps du ménage sont difficiles.
L'époux note sur un agenda les moindres dépenses
(logement, habillement, provisions de bois
vin, gages des domestiques… ; n'oublie
pas de consigner les sommes qu'il verse
à sa sœur Christiane quand elle est dans le besoin).
Philistin ? Il lui faut bien compter
le salaire étant maigre et très aléatoire
son versement. Pour améliorer l'ordinaire
bienvenus seront les droits d'auteur.
À brides abattues, il écrit donc
dans les six premiers mois de son mariage
la *Science de la logique*, pas moins.
S'empresse de publier l'ouvrage
(« Il m'aurait fallu une année encore ;
mais j'ai besoin d'argent pour vivre »).
Tout, cette Grande Logique, sauf un exposé
schématique analysant tiers exclu

et syllogismes. Un monument assyrien
où, si c'est lui D. Ge. Wilh. Fried. Hegel
Professeur et Recteur au Gymnasium
Royal Bavarois de Nuremberg
qui tient la plume et en 1812
publie l'ouvrage chez Johann Leonhard Schray, où
en réalité c'est l'Être lui-même, autrement dit
Dieu le Grand Tout, qui de toute éternité
a inscrit au plus intime de chaque chose
lui conférant vérité autant qu'effectivité
Sa logique

la Raison sans doute gouverne le monde.
Mais, rusée, elle ne craint pas d'emprunter
des sentiers de hasard. Et c'est pourquoi
sait-on jamais, le très rationnel philosophe
ne dédaigne pas d'acheter quand il vit en Bavière
des billets de loterie. Plusieurs années
après, s'en souvenant (je les ai « encore
entre les mains »), il prie Niethammer
de s'enquérir, via son fils fonctionnaire
à Munich, de leur destin (« je me permets
de noter leurs numéros sur la petite feuille
ci-jointe »)

⋆

enfin (il a quarante six-ans)
un poste, un vrai, lui échoit en 1816.
Erlangen le demande, Berlin même
le réclame. Mais l'offre arrive trop tard
il a déjà signé pour Heidelberg
et négocie son salaire avec le sénat
de l'université badoise : mille trois cents
florins, à quoi il aimerait qu'on ajoute
annuellement dix muids de blé
plus vingt d'épeautre. Débuts
difficiles, « pour un de mes cours

j'avais seulement quatre auditeurs »
écrit-il à sa femme, restée
provisoirement à Nuremberg

⋆

en chaire, de prime abord rien
de bien attirant chez le *vieil homme ;*
mine chagrine, tout au sérieux
de la pensée, sur son pupitre affaissé
le nez dans ses cahiers grand format
affairé à les consulter, sans arrêt se ra-
clant la gorge et reniflant
(car il prise). Laborieuse
est l'élocution : phrases entre-
coupées de silences, d'une voix
sourde marmonnées, en outre
mâtinées de dialecte souabe
avec accent traînant et nombreuses
dans le propos marches arrière
en tous sens énoncés rabotés avant
d'être pour de bon recrachés

mots accouchés dans la douleur
tant intense est avec la langue la lutte
– « à l'instar des anciens prophètes »
dira Hotho, un de ses anciens étudiants.
Mais toutefois bien vite on se sent emporté
immergé dans la chose à penser
et l'auditeur égaré à travers la forêt obscure
des concepts se voit conduit sur des hauteurs
où, longuement retardée, au terme d'un vigoureux
débroussaillage, la clarté
se fait jour et l'emporte. Au final
grand art et auditoire subjugué

nonobstant, ami de la clarté
pédagogique, ayant à Nuremberg

eu affaire à des lycéens auxquels il enseigna
huit ans durant la religion et la philosophie.
Nulle afféterie pseudo-mystique.
Sans doute tout n'est pas du premier coup
compréhensible. Mais pas d'obscurité
hautaine cherchant à camoufler
sous des dehors de fausse génialité
la simple vacuité. Pas d'excentricité
vestimentaire non plus. Il vient faire cours
vêtu d'un habit gris souris passe-partout
couleur qui sied, il l'écrira, à la sobre
sévérité du concept, à son sérieux

malgré sa légendaire obscurité
sa gaucherie toute provinciale en société
il n'était pas, quoi qu'on ait pu dire
coupé des réalités pratiques, s'occupant
par exemple d'une caisse de veuvage
pour mettre à l'abri sa femme. Abstrait
peut-être (comment ne pas?), mais
pensée très concrète aussi
ayant de Goethe beaucoup appris
comme il le lui écrit («je me considère
comme l'un de vos fils;
en mon for intérieur, j'ai reçu
de vous une nourriture qui a été
pour moi une force et un appui
contre l'abstraction»), comme
en témoignent au mieux
ses cours, ceux notamment sur l'art.
Penser concret et penser aussi son temps
l'histoire en cours et les progrès en elle
de la Raison, sa marche tumultueuse

sérieux aussi du proviseur qu'il fut
à Nuremberg: au pied levé remplaçant
au besoin tel ou tel collègue malade

pour un cours de grec aussi bien que de calcul
différentiel et intégral. Ne rechignait pas non plus
à prononcer les discours de distribution
des prix en usage dans les gymnasiums
stoïquement s'acquittant d'obligations
administratives très éloignées
de la raison pure, jusqu'à devoir un jour
se pencher urgemment, laissant en plan
l'explication d'une expression latine
sur une question de latrines
défaillantes dans l'établissement

*

à Heidelberg, bientôt, ils seront
soixante-dix à chaque jour s'assembler
pour boire assidument une pensée
certes pas mal ésotérique, aux plus
épais taillis de la substance
obstinément fouissant, mais finissant
par conduire l'assistance au plus intime
de cette région où le philosophe en majesté
siège, de l'Absolu s'employant à se faire
le scrupuleux et très dévoué secrétaire

des étudiants mais aussi, parmi les auditeurs
des curieux, de libres passionnés.
Un baron balte par exemple
Boris von Uexkull, tout juste démobilisé
après avoir dans les rangs russes
combattu Napoléon, le ci-devant
Esprit du monde. On raconte que la dialectique
du philosophe importait tant au baron
qu'il ne se déplaçait jamais
sans le lourd volume de la grande *Logique*.
D'autres lecteurs en Russie bientôt
suivront, Lénine au premier chef.

le peu liant Hegel se lie pourtant à Heidelberg
avec quelques collègues. Retrouve quelques
anciennes connaissances, Paulus par exemple
qu'il assiste quand le théologien rationaliste
entreprend de traduire du latin Spinoza.
Travaille surtout d'arrache-pied à mettre au net
une *Encyclopédie en abrégé* dont il a jeté
les bases à Nuremberg, ouvrage propédeutique
dans ses cours au lycée peu à peu ajusté.

la vie n'est pas à Heidelberg désagréable.
« Dans l'existence de Hegel, une plage
de bonheur », écrit un biographe. Le souvent
sombre philosophe prend même plaisir
à quelques soirées bien arrosées
en l'honneur du drolatique
Jean Paul, le poète romantique
avec qui l'on excursionne en bande
aux alentours, à pied ou bien en barque
sur le Neckar, non sans qu'on ait pris
soin, avant qu'il ne reparte vers d'autres
cieux, d'élever le fantasque poète
à la dignité de docteur *honoris
causa* de la remuante et non moins
vénérable université

c'est aussi à Heidelberg que Hegel reçoit
la visite inopinée d'un jeune français, venu
en Allemagne non pour le rencontrer lui
mais son moins méconnu collègue
Schelling. Entre les deux, G.W.F. donc
et Cousin Victor, immédiate sympathie
échange approfondi, bien qu'aucun
ne maîtrise de l'autre vraiment la langue
Invitations, plusieurs soirs de suite
à venir prendre le thé. Forte impression
sur son jeune visiteur du professeur
qui dix ans plus tard expliquera

à celui qui est devenu en France le premier
et très ardent prophète de son œuvre
que les thèses abruptes de son *Encyclopédie*
impérativement requièrent les éclaircissements
oraux qu'il donne dans ses cours
(et que plus tard on compilera
sous le nom d'Additions), de la sorte
suggérant que professeur il est
avant tout. S'il publie, c'est afin
écrit-il, de «fournir à ses auditeurs
un fil conducteur pour ses leçons»

★

chez lui aucun mépris hautain
pour la vie domestique. Au contraire;
elle a beau être profane et d'une calme
médiocrité, les soucis ont beau
souvent l'assaillir, famille et foyer
sont l'endroit où peut le mieux s'épanouir
ce qu'il appelle «le dimanche de la vie».
Et c'est pourquoi il loue les peintres
hollandais d'avoir su dans leurs tableaux
si bien insuffler (tel est leur grand art)
un air de magie à ces confortables intérieurs
avec leur ustensiles en apparence
insignifiants où tout un peuple industrieux
s'adonne à la joie simple d'exister
après s'être levé contre la domination
espagnole pour conquérir sa liberté

père de famille et même patriarche, il a souci
du bien-être des siens. La question du logement
ne lui est pas indifférente. Dans une lettre
à sa sœur Christiane, il se réjouit de ce que
ses deux fils légitimes puissent profiter
du cadre agréable du logement qu'il loue
aux frontières de la ville, à Heidelberg.

«Notre propriétaire, écrit-il, a un grand
domaine agricole et la ferme offre
aux enfants mille distractions. Ils peuvent
s'ébattre auprès des vaches, des chevaux
et dans la grange où depuis quelques jours
on rentre le blé et l'épeautre.»

*

si la question, *die Frage*
fut pour son cher Hölderlin
celle du père, pour lui ce fut
dirimante objection, celle du fils.
L'existence, indocile, rebelle
aux colmatages du Concept, rattrapait
par la manche le philosophe.
Il aurait bien aimé réduire les fractures
de sa vie comme il estimait être parvenu
(encerclé, c'est gagné) à faire entrer
dans le système de l'Absolu toutes
les scories que Dieu derrière lui
sur les grand-routes et vicinaux
chemins du monde à leur sort abandonne.
Mais rien à faire, quand on patauge
dans la boue des campagnes
napoléoniennes, on a beau enterrer
à la va-vite les cadavres entassés, excepté
le colonel Chabert du roman
de Balzac, ils ne se relèvent pas
adieu résurrection, adieu *Aufhebung*

avec sa logeuse à Iéna il eut
donc ce pauvre Louis, fils
à la bâtardise à vie condamné. Ayant
vu, l'enfant malvenu, le jour en
février mille huit cent sept, alors
qu'était en route chez l'imprimeur
promise à un tout autre destin

la *Phénoménologie* fameuse où l'Esprit
naît en majuscule, d'emblée béni
et vers la gloire en route.
Ses devoirs de père, il tenta
de les assumer au mieux, pourvut
à l'entretien du jeune garçon, le confiant
dans un premier temps à la sœur d'un ami
libraire. Il voulut même, quand il se fut
marié, installé à Heidelberg convenablement
lui faire une place dans son foyer.
L'enfant était agréable et studieux
Goethe lui-même en fut charmé, lui
écrivit quatre vers dans son Album.
Mais à l'adolescence inclémente
tandis qu'il étudie au lycée français
de Berlin tout se gâte ; sa belle-mère
ne le supporte plus, son père refuse
on ne sait trop pourquoi qu'il entreprenne
des études de médecine. Huit
dérisoires sous volés font tout dérailler.
Son géniteur le met à la porte et lui interdit
jusqu'au nom de Hegel. Désormais
en guise de patronyme, ce sera
pour le jeune Louis le nom du péché
celui de sa mère, née Fischer. Puisqu'il doit ne pas
exister (« M. Hegel ne m'a même pas
laissé tout mon linge, et pas un seul livre »)
il disparaît aux Pays-Bas où il s'engage
dans les troupes coloniales. À Ostende
devançant de cinquante ans Rimbald
le marin, il embarque un jour d'été
non de grisaille, à bord du Diana
adieu l'Europe aux anciens parapets.
Cinq mois de longue, très longue navigation
débarquement enfin à Batavia, avant disparition
de la troupe au cœur des ténèbres
de la jungle de Java. Nous sommes
en janvier 1826. Cinq ans et demi plus tard

il meurt là-bas de malaria (il a tout juste
vingt-quatre ans). Son père n'en saura
rien, mourra lui-même quelques mois
plus tard à peine, du choléra quant à lui

*

deux ans à peine à Heidelberg
et voici G.W.F. à Berlin, où le fait nommer
le baron Karl vom Stein zum Altenstein
ministre des Cultes et de l'Enseignement
du roi de Prusse. Un réformateur libéral
qui croit avec Hegel tenir le philosophe
qu'il lui faut, apte à donner assise
et consistance, dans l'ordre de la pensée
à l'État prussien et un moyen de contrer
ceux qui, hostiles à l'esprit des Lumières
veulent faire pencher la balance
du côté de la pure et simple Restauration.
(Altenstein, dira Goethe, a recruté
Hegel pour renforcer sa « garde
scientifique »)

tout se présente pour le mieux :
le salaire est plutôt avantageux
la fille d'Altenstein se charge même
de louer à Berlin un logement
pour la famille de Hegel, lequel en outre
obtient une indemnité couvrant
ses frais de déménagement et de voyage
et même l'exemption des droits de douane
pour ses bagages, dont il dresse, dans
une lettre au ministre, la liste :
2 tonneaux de literie et d'ustensiles
de ménage, 2 caisses de livres
(l'une d'un poids de 586
onces et demie ; l'autre de 382 –
ce qui en tout, pour les livres

fait près de 27 kg) et un coffre
de vêtements et de linge.

bien que résidence royale
et capitale, Berlin demeure alors
une ville d'allure provinciale
(bien peu de rues sont pavées
et l'éclairage au gaz
n'apparaît qu'en 1826).
À la bonne société, Hegel ne s'intégrera
qu'à demi. Il reste un provincial
un peu pataud, le parti aristocratique
le prend de haut; il mène plutôt
la vie Biedermeier de Monsieur
Toutlemonde. Derrière son crâne
écrira plus tard méchamment
Engels, on voyait dépasser, comme chez
Goethe, la perruque du philistin.
Pure métaphore, car rien
de semblable dans le portrait
célèbre peint par Schlesinger
quelques mois avant la mort
du philosophe. Nulle frivolité.
Gravité plutôt du regard cadré
par la grisaille des favoris
et quelques maigres mèches
verticalement disposées sur le front.
Car si vie philistine au coin du feu
familial il y a, tout autre est la vie
inquiète de la pensée

s'il fréquente le salon très en vue
de Rahel Varnhagen, il n'est pas
très soucieux de se mettre
au diapason de ces romantiques Berlinois
tirés à quatre épingles qu'il y croise.
Certes, quand il se rend au théâtre
il lui arrive de porter frac bleu

et pantalon nankin, mais pas le genre
à se produire en chaire
poudré et cravaté façon Brummell
ni d'arborer des gants beurre frais
négligemment d'une main aristo
exhibés comme l'aîné des Schlegel

– un peu étonné de le voir chez lui
en robe de chambre usée, un visiteur
venu de Stuttgart le dépeint
en pensionnaire d'une maison de retraite
flanqué d'un valet sec et emperruqué
qui a tout d'un vieillard de l'ancienne
Franconie et l'air plus
morose encore que son maître

pourtant devient presque, à Berlin
au fil des ans, un bon vivant.
De vin italien très amateur, il envoie
un mot à son ami Förster, un ancien étudiant
pour qu'il lui fasse parvenir
s'il en a encore « assez grande provision »
une demie douzaine de bouteilles
de *Lagrimae Christi*. « Vous
me dispenseriez amicalement
un plaisir très fortifiant »

très amateur également de théâtre
et d'opéra, de voix ; avec prédilection
pour les cantatrices italiennes
(la Pisaroni, la Catalani).
Tout Rossini, tout Mozart et tout Weber
non, il ne les donnerait pas
pour la *Passion selon Saint-Matthieu*.
La version qu'en donne Mendelssohn
ressuscitant l'œuvre de Bach
à l'Académie de Chant de Berlin en 1829
le laisse indifférent (« Ce n'est pas

de la vraie musique», aurait-il
au terme du concert, conclu).
Et pas davantage, il n'adhère à la musique
pure, celle par exemple des quatuors
de Beethoven. Sans doute, remarque-t-il
dans ses cours, un mélomane averti
peut-il prendre plaisir à suivre les tours
et détours de l'architecture subtile
et compliquée que le compositeur
a savamment su dans son œuvre ménager.
Nul doute que la musique «indépendante»
a ses mérites propres. Mais
pour exercer sa pleine puissance
elle a besoin d'un contenu consistant
lequel ne peut lui être donné
vraiment que par un texte. La simple
succession des sons dans le temps
peut sans doute suffire à Orphée
pour obtenir que les plus sauvages
des animaux viennent à ses
pieds se coucher. Mais à l'homme
amoureux des Muses, il faut
autre chose; il lui faut ajouter
à la musique des paroles; seules
elles peuvent faire contrepoids
à l'arbitraire sans substance
d'une liberté subjective
par les sons enflammée

*

la renommée grandit
son cours de midi à treize heures
devient vite un événement majeur
de la vie culturelle berlinoise.
Pour être sûr d'avoir une bonne place
mieux vaut arriver dans l'amphi
en avance. S'y pressent deux cents
personnes; étudiants mais aussi

hauts fonctionnaires, officiers
diplomates et pas mal d'étrangers
dont beaucoup de jeunes nobles polonais
(lesquels souffrent à suivre
du maître l'allemand raboteux)

il ne fait pourtant pas, à l'Université
l'unanimité. Schopenhauer le brocarde :
un vrai philosophe ne saurait être
fonctionnaire. Mais personne n'accourt
à ses cours à lui quand il devient
à Berlin Privat-docent.
Avec Schleiermacher le conflit
est ouvert. Proche du parti aristo
le théologien réformé prend de haut
celui qui à ses yeux n'est qu'un bourgeois
ambitieux et surtout, à peine camouflé
un athée. Pas question
que son collègue luthérien puisse
siéger à l'Académie des Sciences
sa philosophie spéculative
n'étant pas une vraie science.
Hegel de son côté ne se prive pas
d'écorcher en cours le patronyme
du collègue, le baptisant Schläuermacher
ce qui veut dire retors

reconnaissance et honneurs
toutefois arrivent et les disciples abondent.
Il est élu recteur en 1829 ; en 1831
reçoit l'ordre de l'Aigle rouge
de troisième classe. Déjà en 1826
l'anniversaire du maître est fêté
avec faste. Il raconte dans une lettre
à sa femme comment, tandis qu'il
joue au whist chez M. Bloch, où
le souper se prolonge, au moment même
où minuit sonne et qu'on bascule dans le 27 août

un cliquetis de verres se fait entendre
en son honneur. Et le soir, au terme
d'un autre souper dans un restaurant sis
Unter den Linden, une députation
d'étudiants, précédée d'une fanfare
lui remet une coupe d'argent
sur un coussin de velours («À leur
maître éminent, don affectueux
de ses élèves reconnaissants»).
Parmi d'autres cadeaux, une statuette
de la part de son ami Rösel, accompagnée
d'un poème de circonstance; de Pompéi
rapportée, une poupée figurant
Isis en prêtresse en train
d'offrir un sacrifice aux dieux lares.
On eut bien de la peine à finir
avant minuit. Dort le lendemain
jusqu'à onze heures

*

prudent, Hegel prit toujours soin
de ne pas provoquer ceux qui
de plus en plus au sommet de l'État
prussien s'opposaient aux réformes.
Il se savait sous surveillance, sa façon de voir
la religion n'étant pas en haut lieu
en odeur de sainteté. Et il a beau dire
que l'État, s'il n'est certes pas une œuvre d'art
est la venue de Dieu dans le monde
son insistance sur la raison et le droit naturel
irrite beaucoup tous ceux, réactionnaires
qui voudraient bien effacer tout
souvenir de la Révolution française
et aimeraient que le supposé philosophe
de l'État prussien cesse enfin de porter
des toasts au champagne chaque quatorze juillet
en souvenir de la prise de la Bastille

comme il le fait encore en mille huit cent vingt
lors d'un voyage à Dresde

★

il ne fit pas, comme Goethe l'avait fait
le voyage en Italie. Se contenta d'aller voir
dans les galeries de Dresde, Cassel, Vienne
La Haye ou encore Amsterdam
les maîtres italiens – les flamands
et allemands également. Passionnément
car, non moins que Goethe son ami
il est sensible à la question de la couleur
admirant ces peintres vénitiens et
surtout hollandais, qui, vivant au voisinage
de la mer, en des pays bas quadrillés
d'eaux, de canaux, de marais, ont su
en faire le plus virtuose usage

en route pour la Hollande, étape à
Magdebourg, après avoir dû
rebuté par le chariot à ridelles
et à ciel ouvert qu'on lui propose
retourner à Berlin chercher une voiture
aux sièges bien rembourrés garnis
de maroquin vert. Trouve malgré
tout le temps à Magdebourg
de visiter « la célèbre cathédrale »
et le non moins célèbre Lazare
Carnot « un aimable vieillard
et un aimable Français », mathématicien
en exil qu'enchante la visite
impromptue du philosophe.
Il fait beau, le temps incite
à une promenade le long de l'Elbe
où il voit passer, il les compte
treize bateaux hambourgeois

ensuite, après Cassel et quelques autres
villes, c'est Coblence où il arrive
nuit noire et pluie battante
à deux heures du matin
le 24 septembre 1822. Où passer la nuit?
il faut courir d'auberge en auberge
avant d'en trouver une, l'hôtellerie
des Trois Suisses, où enfin, trempé
il peut enfiler la dernière chemise
sèche qui lui reste et dans un lit
un vrai, dormir. Le surlendemain, profite
d'une éclaircie pour une promenade
en barque sur le Rhin, son cours d'eau favori

coteaux au loin, vignobles, fumées, minces filets
qui montent, premiers sarments qu'on brûle

la nuit est bientôt tombée, le fleuve
coule sous ses fenêtres, mêlant
sa lente et sourde musique à celle
lugubre contrepoint, de chouettes
qu'il entend pour la première fois
de sa vie, écrit-il, hululer. Le lendemain
matin, il prend place à bord d'un coche
d'eau direction Cologne, ville
où l'impressionnent, de la cathédrale
en travaux, les hautes nefs, qui
forment, écrit-il à sa femme, une forêt
spirituelle et pleine d'art, forêt
qui existe pour elle-même, peu importe
que des hommes rampent ou non
à ses pieds

le voyage se poursuit, à sa femme
par le menu raconté. En route pour
Aix-la-Chapelle, où dans la cathédrale
il s'amusera à s'asseoir sur le trône
de Charlemagne. En attendant

il faut dans la voiture supporter
d'être assis à côté d'un Wurzembourgeois
vulgaire et bavard et d'un avocat
suffisant qui tripote comme un trophée
le *Faust* de Goethe, Bible qu'aurait
probablement, dix ans plus tard
remplacée, relié plein cuir lui aussi
un Baedeker en format poche
et cartes à profusion

mais s'il voyage, c'est avant tout pour
le plaisir de voir des tableaux, jusqu'à plus soif
s'enivrer de peinture. Ainsi à Aix
il passe toute une journée (deux fois
trois heures, dit-il), chez le collectionneur
Bettendorf, en sa compagnie admirant
des Memling, Van Eyck
Roger van der Weyden, Dürer
et surtout une *Nuit* du Corrège
« de la plus haute perfection ».
Enthousiasme qu'en soirée maintient
à haute température une séance
aux bains de la ville bien connus
pour leur eau brûlante et sulfureuse ;
tant pis si la plupart des tableaux
ne sont que des copies. Abrégeons
le voyage se poursuit jusqu'à la « mer
du Nord illimitée », où souffle « son ami
le vent du sud-ouest ». Plage où il ramasse
des coquillages et en guise de cadeau
souvenir achète un oiseau fait
des mêmes coquillages. Entre temps
il y aura eu Liège et Bruxelles où
l'accueille et le promène son ancien
étudiant van Ghert. Visite du champ
de bataille de Waterloo (on grimpe sur
la hauteur d'où Napoléon supervisa
en vain la manœuvre et l'on arpente

les chemins à travers bois où sous chaque
arpent de terre « des braves sont
enterrés »). En Hollande les routes ont
l'avantage d'être pavées, le voyage
est donc un plaisir. Visites à Gand
Anvers d'églises catholiques où statues
vitraux et tableaux ; s'attarde aussi
aux douze confessionnaux
de la cathédrale anversoise
pour les figures grandeur nature
de leurs sculptures sur bois.
Sinon, beau pays, le plus peuplé
du monde, mais « partout des prairies
vertes avec du bétail bien nourri
et de grands parcs plantés de chênes
et de hêtres ». Les villes aussi sont
prospères. Tableaux de Rembrandt
à la Galerie de peinture d'Amsterdam
où l'enchante l'overdose de canaux et bateaux.
Long voyage de retour, jour et nuit
vers Berlin ; fini les routes pavées
la lourde diligence peine à travers
des landes infertiles par des chemins
sableux ou mal empierrés, une vraie
« chambre de torture » jusqu'à Osnabrück
où c'est enfin un lit

*

d'autres voyages, très peu.
Autant de digressions, d'heureuses
digressions rompant le cours
éreintant des écrits et des cours.
Mais se fatigue de l'inconfort ;
des 36 heures qu'il faut, roulant
jour et nuit, pour aller de Prague
à Vienne. Marie, sa jeune épouse
lui manque, et la paix du foyer
et non moins le travail, l'étude au calme

septembre 1824, en route pour Vienne
il prend dans sa voiture, jusqu'à Dresde
la nièce que lui confie un pasteur
de campagne. Je n'ai pas osé
refuser. Pas laide, précise-t-il
à sa femme, mais plus de la première
jeunesse et tout à fait insignifiante ;
ne pense donc pas de mal
de cette compagnie. Puis c'est Prague
où il se repaît de peintures avant d'aller
assister à un défilé militaire.
Bohême, morceau de Moravie
avant que Vienne enfin. Peinture
encore mais plus encore soirées
à l'Opéra italien. Enthousiasme
pour les voix venues là
en tournée pour l'été, avant
de retourner à Naples. Selon lui
Rossini supérieur à Mozart.
Musique qui n'a de sens que chantée
faite pour les gosiers italiens avant tout
et servie à la perfection par la Signora
Dardanelli, soprane, « quelle belle femme
j'en serais presque tombé amoureux ! »

*

fatigue à l'été (tout l'hiver penché
sur la seconde édition de son
Encyclopédie, qu'il remanie, introduisant
dans ce qui est destiné à être
un livre de cours, afin que ce soit
moins abstrus, maintes « remarques
exotériques ». Tandis qu'à Heidelberg
un fidèle, Daub, professeur de théologie
penché sur les épreuves
fait la chasse aux coquilles

l'auteur écrit une longue Préface
– trente deux feuillets pas moins – le tout
achevé à Berlin le 25 mai 1827.
Demande alors à Son Excellence
Altenstein un congé. Ainsi pourra-t-il
satisfaire son désir d'aller à Paris
où Victor Cousin le presse de lui rendre visite
(«vous logerez chez moi et nous passerons
de bonnes journées fraternelles»)

fin août se met en route. Secoué
d'abord dans des cabriolets très
inconfortables, où il faut à quatre
se tasser, avant qu'une voiture
bien meilleure lui permette
d'occuper seul une banquette
douillet sofa où il pourra dormir
presque toute la nuit.
Étape à Bad Ems, où il ne manque
pas de profiter des bains avant
d'aller à Trèves, tourisme encore
visiter les ruines romaines.
Le 3 septembre, enfin Paris
cette «capitale du monde civilisé»
où il trouve une «chambre garnie»
rue de Tournon, hôtel des Princes;
tout l'impressionne: les boutiques de luxe
le Palais-Royal, la Halle aux vins, les cafés
les cabinets de lecture, le Louvre bien sûr
Zarafa, la girafe du Jardin des Plantes
attraction fraîchement débarquée d'Égypte
et jusqu'aux «cabinets d'aisance»
«inodores», souligne-t-il à sa femme.
Il va beaucoup au théâtre: Molière, Voltaire
mais aussi une troupe anglaise qui joue
de Shakespeare *Othello*. À l'opéra aussi
pour écouter de Rossini *Sémiramis*
avec la signora Pisaroni dans le rôle

titre. Chaque jour, Cousin s'applique à jouer
les cicérone : Versailles bien sûr
à dos d'âne pèlerinage jusqu'à
Ermenonville où l'on attire son attention
sur un rosier qu'aurait planté Rousseau
et même un abattoir, « curiosité
écrit-il à sa femme, que Paris doit
comme cent autres choses
à Napoléon ». Matinées consacrées
à lire et compulser, rue Richelieu
de lourds opus à la Bibliothèque
des Manuscrits (pas encore dénommée
Nationale)

début octobre, après quatre semaines
parisiennes, retour à la maison
jusqu'à Cologne accompagné
de l'ami Cousin. La route aiguise
l'appétit (« je mange et boit comme
un Flamand »). Étape à Bruxelles
chez van Ghert, l'ancien élève
et détour par Weimar où l'accueille
Goethe, « le vieil ami vénéré ». Thé
auquel se joint le grand-duc, visite
du jardin botanique et le lendemain
dîner avec le vieil homme, « c'est-à-dire
l'homme toujours jeune, robuste
en pleine santé », repas auquel assistent
le fils et les deux petits-fils
ainsi que le secrétaire du grand homme
Eckermann. Ulysse enfin rejoint Berlin
en voiture de louage plutôt qu'en malle-
poste, le vieux monsieur qu'il est, croit-il
devenu, aspirant au confort afin d'être
en mesure de reprendre ses cours
avec toute l'énergie requise

*

sa *Philosophie du Droit* tout juste
sortie des presses, il envoie un exemplaire
aux autorités : à Altenstein, son fidèle
protecteur, Ministre de l'Instruction
publique et des Cultes. Un autre
à Hardenberg, cousin de Novalis
et chancelier du roi ; naguère
réformateur libéral, au fil des ans
devenu pas mal réactionnaire.
Une lettre accompagne l'envoi ;
le « très obéissant serviteur » s'y
réjouit d'appartenir à l'État prussien
et de constater l'accord de son exposé
« scientifique » avec les principes qui guident
le « gouvernement éclairé de Sa Majesté
le roi ». Certes, Rousseau a eu le grand
mérite de faire de la volonté le principe
même de l'État, mais le contrat social
est une mauvaise idée, une dangereuse
abstraction qui tout droit mène à
la Terreur. *Vox populi* n'est pas *vox dei*
la souveraineté du monarque est absolue
quand bien même son rôle se limite à
« mettre les points sur les "i " ». Voilà
qui mérite bien qu'on devienne recteur
et qu'on décerne au philosophe
l'Ordre de l'Aigle rouge

⋆

il n'empêche qu'en haut lieu
on a Hegel à l'œil. Trop encore
partisan des Lumières il demeure
habitant au cœur de la contra-
diction, tant pis pour l'inconfort.
Et n'est-il pas trop proche de ses étudiants
souvent des « démagogues » et athées

entichés de grands mots, liberté
démocratie *und so weiter?*
Quand son répétiteur Henning
est embastillé (on a trouvé chez lui
des lettres où sa belle-mère
fait l'éloge de Napoléon !), Hegel
n'hésite pas à se joindre aux étudiants
audacieux qui nocturnement
empruntent une barque (l'arrière
de la prison donne sur la Spree)
pour aller jusque sous la fenêtre
de sa cellule dire de vive voix
leur soutien au camarade emprisonné.
Coups d'aviron légers, puis la barque
s'immobilise, à peine un clapotis
tandis que monte le long de la muraille
les quelques mots en latin (« *Num
me vides?* ») que Hegel est chargé
de prononcer en prenant soin
de ne pas trop hisser la voix

pourtant il n'aime guère
prendre des risques. « Je suis
un homme craintif, épris
de tranquillité », écrit-il à Niethammer.
Or à Berlin, où il est venu « pour être
dans un centre et non dans une province »
il est particulièrement exposé.
Déjà, son ami le sait bien
« le philosophe est un *expositus né* » ;
mais s'il fait un cours sur la religion
il l'est encore davantage. Or son cours
sur le sujet attire de plus en plus les foules
et les notes prises par ses étudiants circulent
par toute l'Allemagne, jusque dans la moindre
petite ville de garnison, à Pasewalk
par exemple, d'où lui écrit un jeune lieutenant
du 2ème régiment de cuirassés : comment

pourrait-il se procurer ce cours (il a pu avoir
les autres par l'entremise du médecin de son régiment
naguère auditeur de Hegel à Berlin)

la même année (1829), en cure
à Carlsbad pour y soigner aux eaux
un mal de poitrine, il tombe par hasard
sur un Schelling lui «tout à fait bien portant
et robuste» et passe avec lui cinq jours
«en vieille et cordiale amitié». Du moins
selon ses dires, car Schelling décrit lui
à sa femme un Hegel à la voix
«un peu désagréable» et exagérément
«près de moi empressé». Vieille rancune
jalousie d'un dont l'étoile savante a beaucoup pâli
et devenu (c'est Heine qui plus tard le dira)
«l'homme de main des cavernes jésuites
où sont forgées les chaînes de l'esprit»

⋆

quelques mois plus tôt, Wilhelm Hense
peintre de son état, a fait de G.W.F.
un portrait à la plume et la sépia
un portrait au dessin très fin, très aérien
(très fidèle aussi, du moins
on peut le supposer, vu que le moindre
cheveu et la touffe de barbe
très minime au menton
quelques poils à peine, grisonnent
bien vivants, libres sur le papier)
portrait auquel G.W.F. ajoute de sa main
la légende suivante:
«Notre connaissance doit être
une reconnaissance. Qui me connaît
ici pourra me reconnaître»
avec la mention VII 1829.
On est en juillet à Berlin, les fenêtres

grandes ouvertes donnent sur la campagne
en fête, lumière idéale. Et tandis que pose
le philosophe, Fanny Mendelssohn
tout juste avec le peintre mariée
accompagne au piano son époux
peut-être jouant (elle connaît par cœur
toute la partition) le *Clavier bien tempéré*
raison supplémentaire pour Hegel
d'avoir l'air si serein et si jeune
comme s'il allait demain à son tour
partir pour quelques mois à Rome
où le peintre, avant son mariage
passa quelques années, à étudier
Raphaël et d'autres maîtres
italiens anciens

la vieillesse et la mort parfois
sur un visage très vite s'inscrivent.
Deux ans plus tard à peine
c'est le portrait célèbre, à l'huile
de Jakob Schlesinger. Regard
soudain bien lourd et poches
sous les yeux très creusées.
Triste figure, comme déjà
prête au masque mortuaire
qui viendra quelques mois plus
tard à peine, en novembre
après qu'il se fut tué à ses derniers
cours, péniblement montant
les quelques marches de la
professorale estrade. Quoique
le jeudi précédant sa mort, c'est
semble-t-il avec beaucoup d'allant
qu'il enlève ses cours, ayant même
encore le samedi suivant assez
d'énergie pour faire passer des examens.
Mais le lendemain dimanche, malaise
en fin de matinée ; on fait venir

un médecin et décommande les amis
invités pour le déjeuner. Maux d'estomac
vomissements mêlés de bile. Très agité
pendant la nuit, mais néanmoins
trouve son mal supportable, autant
dit-il, qu'une rage de dent. Très faible
au matin. Veut se lever, difficulté à uriner.
Second médecin en renfort qui prescrit
cataplasmes à la moutarde et sangsues.
Vers trois heures, finit par s'endormir
paisiblement. Mais déjà froide est
la partie gauche du visage
et froides aussi les mains qui bleuissent.
« Permets-moi d'en rester là », écrit
Marie Hegel dans une lettre où elle
relate la fin de son époux à Christiane
la sœur du philosophe

comme on soupçonne le choléra
sa femme craint qu'il ne soit enterré
de nuit à la va-vite dans le carré
réservé aux victimes de l'épidémie.
En outre on redoute, dans les hautes
sphères, que les obsèques tournent
à la manifestation de trop nombreux
étudiants. Finalement, une autorisation
est arrachée pour qu'on fasse
une exception et les funérailles ont lieu
en bonne et due forme au « cimetière
des Français », aux côtés de Fichte
et de Solger, comme Hegel l'avait
souhaité. Venus en foule, malgré
la police et le choléra, les étudiants
bientôt forment une haie
d'honneur et, une fois passée
la porte du cimetière, entonnent
un chœur

*

on ne manqua pas de vilipender Hegel
post mortem, lui reprochant encore et toujours
son soutien à la monarchie prussienne
par exemple dans le *Dictionnaire de l'État*
que font paraître en 1846 deux Carl du nom
de von Rotteck et Welcker

en 1837 et 38, un autre Karl
un certain Marx, suit à Berlin
les cours de droit dispensés par
Eduard Gans. Disciple le plus en vue
de Hegel, juif républicain et libéral
proche en outre des Saint-Simoniens
Gans s'était fait baptiser pour
pouvoir enseigner à l'Université.
Plus de trente ans plus tard, Marx
qui n'est plus jeune mais n'a rien oublié
se fâche tout rouge contre Wilhelm
Liebknecht, coupable d'avoir
contre Hegel méchamment dégoisé.
«Je lui avais écrit, s'emporte-t-il dans
une lettre à Engels en date du 10 mai
1870, que s'il ne savait sur Hegel
que rabâcher cette vieille merde de
Rotteck-Welcker, il ferait mieux
de fermer sa gueule.»

Vie de Giacomo Leopardi

Vie de Giacomo Leopardi
(1798-1837)

il ne connut certes pas le mot de poétariat, mais
la condition, oui
la précarité, la connaissance au carré
la création surtout, la création continuée
aventurée, mal armée

à travers l'Italie qui n'était pas encore l'Italie, il erra
de ville en ville
faute d'avoir pu trouver un poste fixe
ne se voyant pas, avec sa mauvaise vue
copiste à vie
à la bibliothèque vaticane, à Rome

*

il connut très jeune la tonsure, gavé
de latin, grec, hébreu, etc.
par Monaldo, son père, qui bien que
comte n'avait souveraineté
qu'en la principauté de sa bibliothèque
(refuge à l'abri du dragon conjugal, où remparé
derrière des milliers de volumes
le paternel pouvait librement régenter
la poussière et sa progéniture)

*

il connut très tôt ce que peut/ne peut pas un corps
sous l'effet de la tension trop extrême de sa pensée
ne parvenant pas à vider sa vessie, sauf
au détour d'une promenade
enfin réussissant à s'évader du mirador de soi

il tenait la race des hommes pour semblable
à celle des plantes à feuilles
caduques :
en fleur le matin, secs ou fanés le soir

*

il connut néanmoins les jours légers du printemps
en regretta le temps où enfant il pouvait grimper
au sommet d'une colline et là-haut allongé
rêver, regard au loin, vers la mer, là où les nuages
à la queue lou-lou défilent

ou bien, par mauvais temps, restait
des heures et des heures dans sa chambre
à contempler, peinte au plafond
une scène pastorale inspirée de Théocrite

*

il connut très tôt le sentiment douloureux
d'être à part, de ne pouvoir rejoindre la fête
qu'est parfois la vie étale des gens ordinaires

fatigué d'une vie troglodyte parmi
les in-quarto, in-octavo
il avait coutume de faire des pauses
pour aller poser son front à la fenêtre

ensoutané le corps d'abord se cabre
contre trop de lumière
la membrane éblouie des tempes chauve-souris
palpite et puis l'emporte
l'ivresse de baigner dans la photo-couleur du jour immense

tache anis et sanguine
ignoble et beau en bas le bourg
comme un tombeau depuis des siècles

endormi dans l'orangeraie de ses murs
de brique. Recanati bigote et loin
des capitales où sont les grands cafés crépitant
de foules électriques

soir de juillet, orage au loin violet
avec roulements de tambour, abois de chiens
rires d'enfants qui s'énervent au milieu
de rectangles blancs

dans un jardin en contrebas étalé
on ramasse du linge en toute hâte

enfants, malgré les cris perçants des mères
qui jouent à se glisser entre les draps qu'on plie

lui, perché dans les airs et les livres
suit du regard la sarabande
merle mélancolique en livrée noire
mais un cœur de félin accoudé bientôt au balcon

ou bien accordéon qui se plie et déplie
laissant se perdre dans la nuit un air légèrement citron
fête en bas dans les rues du bourg
sorbets et ritournelles

lui est bluesman à bord d'un Harmonika-Zug
voyageant seul dans un compartiment fantôme
convertissant (car il était très fort en matière de couleurs)
ce qu'un autre bientôt appellera guignon
en vers couleur bleu cerise
(qui est un bleu tirant sur le noir du temps
plutôt que sur l'azur doré
des ciels où les anges de Lotto Lorenzo
vont et viennent)

couleurs sûrement, mais
pas d'illusion, pas de musique au ciel

pas de bandonéon, malgré les millions
de cirons là-haut scintillant

au-delà du clocher, vide et muette
est la nuit, et les étoiles, il le sait, un jour
finissent dans l'éternullité
mouchées comme des chandelles

comme il sait que cendre est le fond de l'air
cendre est la vérité du monde.
Cependant il proteste quand on écrase du pied
une luciole – traînée brillante un instant
avant qu'avec la poussière un léger vent ne l'emporte

⋆

il connut, à vingt ans, de la fugue
les émois et frissons
ayant cru un jour pouvoir se procurer
un passeport, afin de fuir incognito
Recanati, lassé de trop d'années
enfamillé, embastillé, reclus
dans la trop paternelle bibliothèque
(j'étais alors en mon adolescence, plongé dans des études difficiles, des grammaires, des dictionnaires grecs, hébreux, et autres choses tout aussi ennuyeuses, mais nécessaires)

mais découvert n'aura que le loisir de triturer
le cordon blanc et jaune du document
où il est ainsi décrit :
« Taille petite. Cheveux noirs. Sourcils noirs. Yeux bleu pâle. Nez ordinaire. Bouche régulière. Menton également. Carnation pâle. »

⋆

il ne connut pas les beachbars de Rimini
ni ceux d'Ostie, la plage où fut
assassiné Pasolini

mais néanmoins se gava de *gelati*
de sorbets au citron à Napoli
en mourut même, d'indigestion, paraît-il

il ne connut pas la campagne de Russie
mais rencontra chez Vieusseux, à Bologne
au cours de l'hiver 1831, le très savant comte
Mourawieff-Apostol, Ivan Matveiévitch
père de trois décabristes dont l'un fut le 25 juillet
1826 pendu

⋆

il connut mieux que quiconque les maux du corps
souffrant d'ophtalmies fréquentes, etc.

lisait beaucoup néanmoins, que faire d'autre ?
eut bien du mal à corriger les épreuves de ses *Canti*

⋆

il ne connut pas les femmes
ni bibliquement ni autrement qu'à l'abri d'un niqab
imaginaire par lui porté
n'en détesta pas moins les moines
encapuchonnés
qui l'effrayaient tant dans les rues de Recanati
au temps de son enfance

⋆

il connut, la chérissant autant que la craignant
la solitude

néanmoins, en toutes saisons enseveli
dans son vieux manteau au col vert
avait coutume dans ses promenades
de se faire accompagner

par les jeunes gens les plus séduisants
y voyant un moyen de remédier à sa propre laideur
et d'ainsi mieux approcher, espérait-il, les femmes

⋆

il ne connut que trop les écrivains napolitains
détestant le catholicisme borné
de la plupart d'entre eux

(des pages des livres qu'ils lui offraient, quand le papier
en était suffisamment doux
il aimait, dit-on, à se servir
de matinal torche-cul)

⋆

il connut souvent la tentation du suicide
professant un matérialisme sans espoir
persistait néanmoins à voir, dans le néant du monde, des îles
flottantes et bienheureuses
des fragments de beauté, de possible plaisir

sans illusion aucune quant à la vie
nondimeno il sacrifia toujours plus avec l'âge
à sa passion enfantine des pâtisseries
(sorbets, gaufres, granités
al limone, au chocolat, macarons, mille-feuilles, fruits confits,
etc.)

⋆

il connut Rome, qu'il n'aima pas
sinon la route qui conduisait au tombeau du Tasse

il cessa d'y porter la soutane, préférant, dixit
une source très apocryphe
arborer du rouge à lèvre

et porter des talons hauts
presque des stilettos

on n'ira pas néanmoins jusqu'à
l'imaginer faire des pointes
sur des chaussons de danse
fourrés chacun d'une escalope de veau
devançant ainsi de cent cinquante ans
Pina (Pina Bausch), laquelle pourtant
l'aurait sans doute volontiers
engagé à jouer la mort
à fond, à corps perdu
à incarner Viktor, l'énigmatique
revenant du spectacle éponyme

*

il connut bien, trop bien, la médisance, la perfidie
et même la trahison la plus intime
son géniteur ayant cru bon de faire
paraître à Pesaro un pamphlet
anti-libéral sans nom d'auteur
Dialoghetti à succès qu'on s'empressa
de lui attribuer, à lui le fils
livre infâmissime, scélératissime, déclara-t-il

néanmoins il n'insista pas, ayant besoin
pour survivre loin de Recanati
des écus paternels

*

il ne connut pas les écrits de Girard René relatifs
à la désignation triangulaire
aima cependant par procuration
Maddalena Pelzet, une actrice surnommée Lenina
dont était follement épris son ami Ranieri
qu'il suivait, lui Giacomo, tandis que l'amant, Antonio
la poursuivait, elle, de ville en ville à travers toute l'Italie

il ne connut pas après sa mort
le Panthéon des poètes homos

bien qu'à la fin ayant constamment vécu
en très étroite union avec ledit Ranieri
(mais à bon droit on arguera que colocation
ne saurait signifier nécessairement
notoire concubinage)

★

il connut une forme de constipation chronique
pour la combattre prenant divers purgatifs
contre l'hydropisie du lait
non de coco mais d'ânesse

ne connut pas, quoique aux vertus laxatives, le kiwi
alors en Europe inconnu, bien que le fruit chinois ait été
dès 1750 décrit par un jésuite français du nom de
Chéron d'Incarville, qui l'avait découvert
dans la haute vallée du Yang-Tsé

★

il connut la vanité de tout, notant
en 1821, dans son *Zibaldone*, qu'en dernière instance
ultime est le néant
au principe de toutes choses, Dieu y compris
s'étant convaincu que rien
n'est nécessaire, que tout finit par retourner
au néant
l'espace et le temps eux-mêmes en participant, n'étant
au fond substantiellement que des noms
et Dieu idem par conséquent

écrivit néanmoins, justement fameux, un *Éloge des oiseaux*
et une semaine plus tard se mit, ô joie de composer

à un *Cantique matinal du coq sauvage*
supposément par lui traduit d'un poème écrit
sur parchemin en caractères hébraïques
scir detarnegol bara letzafra
dans une langue tenant (sic)
du chaldéen, du tarmugique, du rabbinique
du cabalistique et du talmudique

le premier de ces deux petits écrits est un hymne
(loués soient les oiseaux et l'*allegrezza*
de leurs chants sans fin
si communicative)

le second un chant crépusculaire invitant à ne pas
se laisser prendre à l'illusion du jour
chaque matin renaissant
(un temps viendra où rien ne sera plus
où seul restera, éternul
scir detarnegol bara letzafra
le silence le plus nu)

⋆

il ne connut pas, des caresses féminines, l'infinie douceur
n'emporta pas dans sa tombe de fleurs
pas même de rhétorique, mais celle seule, par les années fanée
de sa virginité, bien qu'ayant follement aimé
Fanny Targioni Tozzetti
laquelle *signora*, devenue très âgée, crut bon
de confesser, cruelle, qu'elle l'avait refusé
pour la simple raison que le poète défunt
de son vivant puait

⋆

il connut la misère
à la fin, son gilet couleur brique était très élimé
les maux s'accumulaient (asthme, bronchite, hydropisie
genou qui ne cessait d'enfler noirâtre)
néanmoins, entre les gouttes de l'épidémie de choléra

qui avait fait de Naples un lazaret
il parvint à passer

*

il connut le jaune éclatant des genêts
qui parfois à flanc de volcan s'épanouissent
ayant vécu ses derniers mois sur les pentes
du Vésuve, à Santa Maria la Bruna exactement
un avocat ayant bien voulu lui prêter
leur prêter (à Ranieri et à lui)
sa villa. Y fut heureux, jamais
du paysage napolitain rassasié
(descentes vers les plages
marches à mi-pente des collines
randonnées à Pompéi et Herculanum, etc.)

peut-être connut-il ainsi le rêve
caressé souvent d'une vie vraiment
esthétique

(néanmoins, après le départ du poète mécréant
l'avocat s'empressa de faire bénir
par un chanoine qui était son parent
toutes les pièces où avait bien pu
séjourner l'impie)

*

il ne connut pas d'agonie, du moins
ne prit pas au sérieux la sienne.
Mourir, il n'avait au fond jamais rien
fait d'autre

(masque du mort par un sculpteur, puis dessin, tandis que Ranieri se démène afin que le cadavre ne finisse pas dans le cimetière des cholériques; au bout du compte parvenant à obtenir d'un curé, contre un panier de poissons frais, que le

cercueil au moins soit déposé dans un souterrain non moins frais de l'église de
San Vitale
oui San Vitale (c'est bien ça)

scir detarnegol bara letzafra

Vie de Karl Marx

Vie de Karl Marx
(1818-1883)

il ne mit pas fin à la philosophie
ne l'extermina pas. Plutôt, il l'exter-
nalisa, la transportant sur
le terrain mouvementé, accidenté
plein de fureur et bruit, de l'Histoire
des luttes entre les classes, à mort.
Sur le terrain tentaculaire aussi bien
des usines et machines, locomotives
empoisonnant de vapeurs et fumées
les villes et pour cela vidant, l'ogre
capitaliste, à tour de bras
les ci-devant campagnes

⋆

né sous le signe du Taureau, plutôt
grand (1 m 75), torse costaud
ce qui lui vaudra plus tard de n'avoir
pas à se déshabiller un jour qu'il doit
subir un examen médical
afin d'obtenir un prêt. Sa bonne
mine suffit au toubib – ni vus
ni connus les furoncles qui ruinent
à petit feu sa santé. Idéal aussi le torse de boxeur
pour les bustes jupitériens
qui au siècle suivant triompheront
en maints points du globe
et non moins les photos canoniques
surtout si l'on y ajoute la crinière
léonine et la non moins fameuse

non moins peignée
barbe blanche de prophète
cachant une bourgeoise lavallière
tandis que, velue aux dires
d'Annenkov, la main droite
est glissée sous le revers du veston
façon Napoléon. Pas un grand orateur
paraît-il et, jamais effacé, un fort
accent mosellan d'où léger bégaiement

*

le prophète en eut-il assez à la fin
d'être prophète ? toujours est-il
que venu à Alger un an à peine
avant sa mort dans l'espoir d'y soigner
ses poumons, il se résout un beau jour
d'avril, offrande au soleil algérois
à faire table rase de sa barbe assyrienne
et de sa tignasse rasta, la moustache
seule échappant au sacrifice sur l'autel
d'un barbier, kabyle prétend-on
officiant dans la rue à ciel ouvert

ainsi était-il fin prêt, plus léger
pour les jours de grand soleil
et le siècle suivant, quoique on le préférât
quand vint le temps du grand mensonge
et marxisme bien réel, trop réel, en bon père
Noël à la barbe de neige et d'autant plus
paisible sinon momifié que peau lisse
au pinceau sûrement retouchée

à Alger, prend soin toutefois d'une dernière
photo destinée à ses filles, qui le préfèrent
en débonnaire pater familias pour leur part
id est avec barbe très blanche, crinière aussi
poivre et sel seuls la moustache et les sourcils

classique ovale d'un portrait en bon
bourgeois très comme il faut
où l'on devine, désacralisant
la barbe de clarté des patriarches
l'esquisse d'un bon sourire avec regard
fixant confiant l'appareil. Rien du couteau
entre les dents, le costume au contraire
d'un citoyen rangé, curiste ordinaire
en costume avec gilet, chemise
blanche et nœud papillon
à peine sous la barbe visible

«E. Dutertre Photographe
Agha Supérieur Alger»:
photo de sa main dédicacée
à Laura sa cadette:
To my dear Cacadou. Old Nick

n'a semble-t-il, le vieux diable, pas hésité
car nullement hostile à l'usage
des images, pourvu qu'à petite dose
non cultuelle, et même ne dédaignant
pas d'envoyer à ses plus chers correspondants
sa photo, attentif à ce que le cliché
ne soit pas par des *watercolours*
trop coulantes gâché, tandis que
pour Noël le bon docteur Kugelmann
de Hambourg lui envoie un buste de Zeus
y voyant un portrait en majesté
du Maure tout craché qui pourra
désormais trôner, en guise de nativité
dans le salon sur le marbre de la cheminée

⋆

il ne professa pas, fut à la fois théoricien
et homme d'action, d'indignation

et réflexion, n'hésitant pas à prophétiser que
(mais prophétie solidement, dialectiquement
argumentée) – que dans l'avenir viendrait
un homme libre et total, complet

lui cependant fortissimo d'abord
le tenta la carrière (ou non-carrière plutôt)
de poète. Comme eux d'ailleurs (les poètes)
de tempérament pas mal irascible. Et au final
en un certain sens, c'est bien écrivain qu'il fit
homme de lettres qu'il fut, au sens premier
du mot, car infatigable épistolier
– et polyglotte, mêlant dans ses missives
les langues, ainsi anticipant de Joyce
James le plus tard très fameux
Finnegans Wake

sur les bancs du lycée déjà il écrit
des poèmes, à Bonn un peu plus tard suit
les cours de Schlegel (August)
ainsi suivant l'exemple de son lointain
parent Heine (cousin peut-être par sa mère)
de vingt ans son aîné. Lequel Heine, prénom
Heinrich, futur poète considérable
fut, de cet enseignement romantique
et vers l'Orient tourné, durablement
marqué, quoiqu'il ne se privât pas
par la suite de brocarder les ampoulées
montées en chaire de l'auguste professeur
obséquieusement suivi d'un domestique en livrée
chargé de changer les chandelles
consumées, tandis que l'auditoire
à ses pieds s'enflamme

à Bonn adhère, Karl, à une Ligue des poètes
passant son temps le plus clair
dans les bouges et tavernes enfumés
boisson, cigare après cigare, bagarres

à foison, bohème et duel au sabre.
Là qu'il gagne haut la main, vu son teint
olivâtre et son comportement
pirate, le sarrasin surnom de Maure

et presque simultanément la main
de Jenny von Westphalen
sœur aînée d'un ami de lycée
dont le père haut fonctionnaire
transmet au futur capital auteur
du Capital une passion pour Shakespeare
qui ne le quittera plus, à Londres
instaurant la coutume dominicale
de joutes théâtrales avec ses filles
raffolant elles aussi du british dramaturge

près de sept ans, pas moins
de fiançailles, amour de loin
(Jenny restée à contre cœur à
Trèves la romaine, maudissant
ce vieux nid de prêtres pourris
où l'on voit d'un très mauvais œil
qu'elle soit de quatre ans de son Karl
chéri l'aînée, tandis que lui à Berlin
fait l'apprenti juriste, séchant
abondamment les cours
et menant grand, trop grand train
si bien que chez tailleurs et libraires
accumulation primitive de dettes
qui jusqu'au bout l'accableront)

à sa douce, moult poèmes il dédie;
pour elle, traduit d'Ovide une élégie
écrit des poésies très romantiques
les baptise chants sauvages
s'essaie à un roman satirique, songe
à se faire critique théâtral, compose
intitulé Cléanthe, un dialogue

de vingt-quatre placards pas moins
etc. Bref, dans la poésie persiste
malgré son père qui lui écrit que
c'est très bien sans doute d'honorer les Muses
mais je serais fort dépité de voir
mon fils s'abaisser à paraître dans le monde
sous les dehors d'un très banal
petit poète, n'être au final
qu'un très piteux second couteau
des lettres. Plus tard, beaucoup plus tard
le fils se ralliera au jugement du père
n'hésitant pas à qualifier (quoique en privé
dans une lettre à Engels) de petite merde lyrico-
mélancolique le chant d'été d'un pourtant
proche camarade trop fier d'avoir
gagné quelques galons dans la minable
armée des poètes romantiques

*

mille huit cent quarante-deux.
Bauer Bruno, jeune hégélien, est
du Maure le mentor.
Plus athée que moi tu meurs.
C'est bientôt Pâques, on s'en va
bras dessus bras dessous, virée
à Godesberg, lieu d'excursion
aux environs de Bonn. Les deux
comparses y louent deux ânes
et hue dada font au village
une entrée remarquée
chevauchant leur montures
au trot façon Jésus entrant
royal dans Jérusalem. Mais
pour eux, de vivats, nenni. D'aucune
foule les manteaux sur leur passage
pieusement étalés

promettait pourtant, Karl, quelques années
plus tôt, à son peu sévère père de s'assagir.
S'était mis pour de bon à la philosophie
et découvert, vrai choc, Hegel
soudain l'Idée ici-bas tombée, dans le réel
le vrai, celui contre lequel pour de bon
on se cogne, et les dieux, si dieux il y a
au centre de la terre plutôt qu'au ciel

à son père écrit alors qu'il a brûlé
tous ses poèmes, pris conscience
de la nullité, vanité de ses travaux
littéraires. De dépit j'ai couru, dit-il
comme un fou dans le jardin bordant
l'eau sale de la Spree qui lave les âmes
et délave le thé. Pardonne, cher père
à ton fils qui t'aime à tout jamais
son écriture illisible, mais je n'y vois
pas clair, ma chandelle est h. s.
Aie je t'en prie l'obligeance de saluer
ma douce, mon admirable Jenny

*

ultérieurement il écrira
dans son *18 Brumaire* que la poésie
la vraie est à chercher dans la révolution
qu'elle descend dans la rue
ne peut s'écrire qu'au futur
celui du prolétariat
qui la fait devenir sociale

prolétariat, un mot immonde et païen
injurieux aux yeux de Lamartine prophétisant
qu'il disparaîtrait vite de la langue
en même temps que s'effacerait le prolétaire
dans la société. Marx au contraire
fit du mot un drapeau, ayant expérimenté

à Cologne, à Paris puis à Londres
que lorsque les ouvriers s'assemblent
la fraternité n'est pas chez eux
un mot creux, la noblesse de l'humanité
brille sur ces figures endurcies
par le travail, vous pourriez le constater
écrit-il à Feuerbach, si vous aviez l'occasion
d'assister à Paris à ces réunions
d'ouvriers communistes exilés
qui ont suivi cet été (on est en 1844)
deux fois par semaine des cours
donnés par leurs dirigeants clandestins
sur votre *Essence du christianisme*

⋆

cependant l'amour de la poésie et des vers
jamais ne quitta le Maure. On atteste
qu'il pouvait réciter par cœur
de longs passages de Goethe
et Heine, ses deux poètes allemands
préférés

l'amour des classiques et de la plus haute
culture jamais non plus ne le quitta
Eschyle dans le texte chaque année
relu, Dante admiré, Bach idem
et, bible de la famille tout entière
Shakespeare à la maison chaque dimanche
déclamé, joué ; tournois où l'on récite
Le Roi Lear ou telle autre pièce
la scène, s'il fait beau, se transportant
du côté des prairies et verdurées
collines de Hampstead Heath

réfugié à Paris, il n'y prisa guère
d'Eugène Sue les mystères en feuilleton.
Mais Heine toujours, le cher Heinrich, qui souvent

venait au 22 de la rue Vaneau enchanter
la maisonnée de sa conversation
(des Teutons rêveurs très moqueur
un jour, le déjà fameux poète
très pieds-sur-terre, sauva même
lui appliquant les plus ad hoc
compresses, âgée de quelques mois
à peine, prise de convulsions
la petite Jenny, Jennychen)

le douze janvier 1845, alors
qu'il doit banni quitter Paris
pour Bruxelles, Marx écrit au poète
que c'est la perte de son cher Heine
et du patrimoine qu'il représente
qui lui est dans cet exil le plus pénible
J'aimerais vous emporter dans mes bagages
Transmettez mes salutations
et celles de ma femme à votre épouse
Votre K. Marx

de Heine, le Maure ne partageait
pas cependant les craintes qu'avec
le communisme au pouvoir
c'en soit fini de Bach et de Shakespeare.
Il est vrai qu'après la révolution
de 1848 M. de Lamartine supprima
la pension que la France versait
au poète allemand. Mes jambes
écrit alors Heine, à la chute de la royauté
n'ont pas survécu et me voici
cul-de-jatte, ecce homo
en route vers le tombeau

Engels rendant visite à Paris
trois ans plus tard au même Heine
écrit à Marx que le poète est

au plus mal, presque en train
de mourir, ne pouvant plus faire
un pas, du lit au fauteuil se traînant
en s'appuyant aux murs, devant
en outre supporter dans l'immeuble
en travaux d'incessants bruits
horripilants (scies, rabots, marteaux...)
qui le rendent comme fou.
Vivra pourtant encore, Heine, huit ans
cloué sur son matelas-tombeau
rongeant l'os ultime d'un brin
de foi sans église retrouvée
entouré de ses chers vieux
dieux païens et des soins platoniques
d'une jeune admiratrice du nom
d'Élise Krinitz qu'il surnomme
son gracieux chat musqué

*

mars 1843. Marx est à bord d'un coche
d'eau qui remonte, hâlé par des chevaux-
vapeur, le Rhin direction Bonn où il réside
alors. De retour de Zalt-Bommel
(Hollande) où il est allé solliciter un oncle
fortuné autant que bienveillant, Lion
Philips. Duquel parent il espère quelque don
car il lui faut un minimum de subsides
afin de pouvoir enfin (près de sept ans
déjà qu'ils sont fiancés secrètement)
épouser Jenny, sa mère lui ayant
refusé toute avance sur sa part d'héritage

il aime ces voyages à fleur d'eau, lenteur
à bord, la pensée mieux qu'ailleurs
peut s'y abandonner à ses courants
songeurs, secrets désirs. Jenny apprécie
beaucoup moins; s'inquiète de savoir
son cœur adoré marivaudant

sur ces lents bateaux
où s'ennuient trop de belles
et oisives demoiselles. Menace
même dans une lettre, plaisantant
à demi, son doux polisson aux cheveux
noirs, comme elle l'appelle
d'ajouter au contrat de mariage
un article spécial proscrivant
de semblables équipées
de passereau célibataire
sous peine de sanction

★

pour se marier un emploi serait le bienvenu
mais rien à espérer de l'université. Alors
le fiancé au long cours se tourne vers le métier de journaliste
devient rédacteur en chef de la *Rheinische*
Zeitung (600 thalers d'appointements par an)
y écrit, plus tard fameux, des articles sur une loi
relative au supposé vol de bois dont seraient
coupables les paysans pauvres. Mais bois
tombé c'est bois donné. Bois à tous, bois
commun – et peste soit des féodaux
forestiers. De la sorte délaisse, notre philosophe
les nuées de la spéculation, ou plutôt
leur adjoint la terre ferme et triviale
ayant quitté la position du poirier
pour marcher sur ses jambes, ainsi
s'enfonçant dans les fourrés du droit
coutumier, approchant au plus près
cette réalité, souvent sanglante
où l'on finit toujours par se cogner
celle de la lutte des classes, dont il
se fera désormais l'infatigable analyste

après Bonn, s'établit à Cologne, mais bien vite
la *Rheinische Zeitung* est interdite.
Écrit à Arnold Ruge (mai 43) que

les Allemands ont perdu tout
sens de la dignité humaine ; que
seul ce sentiment, après les Grecs évanoui
du monde réel, dans les vapeurs bleutées
du ciel avec le christianisme emporté – seul
lui peut faire que prenne fin le règne
animal en politique ; tandis que vains
(il le dit en latin) sont les bêlements des philistins
– *muta pecora, prona et ventri obsedentia*
qui ne songent, moutonniers, qu'à leur ventre

pas question de respirer plus longtemps
l'air prussien, impossible d'écrire sous
la censure. Ce sera donc avec Ruge
une autre piste, un journal franco-
allemand pour les besoins duquel il ira
s'installer à Paris. C'est là qu'il faut
aller si l'on ne veut pas attraper
la mentalité d'esclave qui règne en
Allemagne. Là-bas qu'est l'avenir, que
la philosophie s'est sécularisée

en outre on lui promet outre-Rhin de substantiels
émoluments d'autant plus bienvenus
qu'amoureux de la tête aux pieds et
le plus sérieusement du monde, comme
il l'écrit à Ruge, il compte bien
se marier (hélas, bien vite
l'affaire capotera et les *Annales*
franco-allemandes n'iront pas
plus loin que le premier numéro)

⋆

entre temps Karl aura pu épouser Jenny
à Bad Kreuznach – contrat notarié
en bonne et due forme, trousseau
(argenterie, nappes damassées
aux armes des ancêtres écossais

de la mariée) cérémonie civile
puis religieuse en l'église Saint-Paul
au bord de la Nahe
(rite luthérien, Carl ayant été
à l'âge de six ans baptisé
– bien qu'issu d'une lignée
de rabbins, son père quelques années
auparavant s'était lui-même converti
afin de pouvoir exercer librement
son métier d'avocat selon le Code Napoléon
demeuré en vigueur après la chute de l'empereur)

(à ce fervent lecteur de Voltaire et Rousseau
qu'était ce père peu sermonneur, Karl
resta toute sa vie très attaché, gardant
dans une poche intérieure de sa veste
attestant de sa piété filiale, un daguerréotype
photo jaunie qu'à la mort de son ami
Engels déposa dans son cercueil)

voyage de noces, deux semaines en bateau
sur le Rhin remonté jusqu'à Baden-Baden
joli juin, saules riverains et vergers
fleuris se figeant en arrière. Au retour
quatre mois à Kreuznach, logeant
avec la mère de Jenny. Pour échapper
à la promiscuité, le Docteur Marx s'évade
à la bibliothèque de l'endroit, y prend
force notes et rédige une critique
de la *Philosophie du droit* de Hegel
où il professe in fine son athéisme
décrétant, définitif, la religion opium du peuple

⋆

révolution partout. Ce soir 400 000 ouvriers
défilent devant l'Hôtel de ville
les attroupements se multiplient à nouveau
écrit Jenny dans une lettre au camarade

Weydemeyer qu'elle signe Votre
Citoyenne et Vagabonde (on est le jeudi
16 mars, un mois plus tôt à peine la monarchie
a été renversée, les barricades ont fleuri
dans Paris, le *Manifeste* a paru à Londres).
Mais pas le temps d'en dire plus
trop surmenée Jenny, avec le ménage
et les trois marmots coincée
dans deux pièces à peine d'une pension
nommée hôtel Manchester (IIe arrond.)
en attendant qu'arrivent les malles
restées à Bruxelles dont ils viennent
d'être expulsés, tandis que desdites valises
les clés sont à Valenciennes
(il faudra pas moins de huit mois
pour récupérer les meubles et bagages)

idem en Allemagne, partout
des émeutes à Munich, Cassel, Nassau
Cologne aussi, où avec Engels
le Maure se rend illico, ayant obtenu
délivré par la Préfecture de police
un passeport en bonne et due forme
au nom de Marx Charles profession
Docteur en Philosophie

là-bas s'activent les deux amis
à rassembler les fonds nécessaires
afin de publier la *Neue Rheinische Zeitung*
Organ der Demokratie – un quotidien
(parfois deux éditions par jour)
dont Marx sera le rédacteur en chef
y sacrifiant sans compter temps et argent
dans l'affaire engloutissant pas moins
de sept mille thalers

l'affaire marche fort quelques mois
au rythme des soulèvements contre

l'armée prussienne. Immenses meetings
barricades à Cologne le 25 septembre 1848
mais aussitôt loi martiale et interdiction
du journal. Il put reparaître pourtant
mais ne put aller au-delà du 19 mai
1849, n° 309 qu'on imprima en rouge
20 000 exemplaires vendus

bien qu'il ait gagné en février, armé
du Code Napoléon, à Cologne, son procès
pour offense au procureur et à la police
Marx ne put échapper en mai à l'expulsion.
À nouveau direction Paris, où le gouvernement
veut l'assigner à résidence dans le lointain
Morbihan des Vénètes. Mais pas question pour lui
d'aller végéter dans ces Marais Pontins
de Bretagne. Rejoindre à Lausanne
le Général (surnom par Fred acquis
en raison de son passé de cadet dans l'armée
prussienne) ? Lausanne où s'est Engels
momentanément replié après avoir
fait le soldat dans le pays de Bade.
Faute de passeport, ce sera Londres ;
je pars demain, on essaiera là-bas, *Dear Fred*
de fonder derechef un journal en allemand

*

rédigée à London, la nouvelle *Gazette*
baptisée *Revue d'économie politique*
est imprimée à Hambourg. Six numéros
paraissent avec un certain succès
mais les fonds ne rentrent pas
et bientôt la famille sans un sou
est expulsée de son logement
à Chelsea, un beau jour de printemps
froid et pluvieux, les prêteurs sur gage
sans ménagement jetant

à la rue tous les biens du ménage :
lits, linge, vêtements, tout, y compris
les jouets des enfants et jusqu'au
berceau du dernier-né, tandis
que dehors s'assemblent comme
au spectacle deux à trois cents badauds
toute la racaille de Chelsea. Longtemps
que les bijoux, eux, sont au mont-de-piété.
Malgré tout, raconte Jenny, les filles poussent
magnifiquement et le jeune Musch
trois ans, est un lutin qui chante
toute la journée avec une voix terrible
de stentor la *Marseillaise* de Freiligrath

⋆

Nouvelle Gazette Rhénane, *Annales
franco-allemandes*... publiciste, journaliste
Marx continuera de l'être en exil. À Paris, Bruxelles
puis installé à Londres, il écrira
pour un prospère journal américain
(200 000 abonnés), le *New York Daily
Tribune*, des articles, éditoriaux aussi
sur les sujets de politique les plus
divers (l'impôt sur le papier *in
England*, l'emprunt en Sardaigne
le prix mondial des céréales, en
Calabre Garibaldi, la guerre de
Sécession, les préparatifs militaires
prussiens, le marché monétaire
und so weiter, le tout écrit *in english*
directement

pis-aller cependant que ces papiers
car il aimerait pouvoir à plein temps
s'occuper de son livre en chantier. Mais
il faut vivre, nourrir les siens. Aussi
quand le journal américain bat de l'aile

accepte-t-il d'écrire pour *Die Presse*
quotidien autrichien. Au moins, c'est bien
payé à Vienne par rapport aux normes
allemandes et Fred l'aidera pour la partie
militaire des événements américains

*

les polémiques aussi sont chronophages
mais impossible de ne pas river leur clou
à ceux qui insinuent et calomnient.
Heureusement, il y a, défouloir
la salle d'armes où les assauts au sabre
l'aident à garder bien froid son sang
et bien ferme la main qui châ-
tiera, d'estoc et de taille frappera
tous les roquets et judas calomniateurs

une heure du matin, Pieper, un camarade
fait irruption chez Marx à Soho. Cheveux
en bataille, vêtements déchirés, il s'est
à grand peine échappé d'un banquet
(700 personnes) où lui et Schramm
un autre camarade, se sont fait
sérieusement rosser et traiter de mouchards

bien vite Marx et Engels en ont assez
de la populace de l'émigration, de ses querelles
de boutiquiers, des gémissements sur la fraternité
des poses théâtrales et du goût des belles
phrases, de la lutte pour les places
de la bassesse des attaques. S'ils veulent
ces chiens, l'aristocratie de la bêtise plutôt
que celle de l'esprit, tant pis pour eux

nos deux compères prennent le large, Engels s'en va
il faut bien se sustenter, à Manchester
gérer la filature familiale ; il bûchera le soir
les questions militaires, perfectionnera

son russe, apprendra le persan. Le Maure
de son côté à double tour s'enferme
dans l'étude des théoriciens de l'économie
journées à lire, sans fin extraire
au British Museum. S'écrivent
désormais presque chaque jour
vale faveque

l'heure n'est plus à l'action
adieu à la bande d'ânes qui ont pris
le pouvoir dans le parti. Peu nous chaut
la popularité, l'essentiel est maintenant
de pouvoir encore parvenir
à faire imprimer nos analyses et libelles

⋆

à Bruxelles, le Dr Marx aura donné des cours
gratuits (sujet : travail salarié et capital)
à l'association d'éducation ouvrière allemande
plus tard à Londres à nouveau des cours
d'économie politique à quelques prolétaires
(qu'il qualifie d'élite) tandis qu'il se met
pour de bon à l'écriture du *Capital*

d'où que plus encore que les réunions ouvrières
les livres à Londres furent son univers
chaque matin file à pied au British
Museum pour la journée s'installant
sous le grand œil de verre de la vaste
coupole de la salle de lecture
où il exhume de vieux manuscrits
in-folio et compulse des livres
de toutes sortes, des ouvrages par exemple
sur les mœurs des Russes et autres Illyriens
qu'Engels lui a demandé d'emprunter pour lui

plus tard la famille put quitter
le minuscule appartement de Soho

pour s'installer dans une maison bourgeoise.
Abords pas mal boueux (le quartier est
nouveau) tant pis ; mais allure victorienne
briques et bossage en pierre avec perron, fenêtres
en ogive et *bow window*, pourquoi pas
L'essentiel est qu'enfin de l'espace et un loyer
somme toute modique (36 livres) ; sans compter
qu'à deux pas sont les collines de Hampstead
Heath, lieu bucolique à souhait
et propice aux observations météo-
rologiques (Constable naguère s'y absorba
dans ses fameuses études de nuages)

à l'étage, un bureau, large pièce
traversante, une fenêtre donne sur le parc
le Maure y peut tout à loisir réfléchir
et voir venir, front sur la vitre, les averses
tandis que du matin jusqu'à très tard le soir
il tourne autour de son écritoire
au point dira Lafargue que le tapis
bien vite exhibe le tracé d'une piste
comme on en voit l'été dans les prairies
du Far-West

en décembre 1860, l'abondante bibliothèque
qu'il avait dû abandonner à Cologne
dix ans plus tôt arrive enfin à Londres.
Du moins ce qu'il en reste, car on lui a volé
tout Fourier, idem pour Goethe et Voltaire
plus la *Logique* de Hegel et maints
classiques grecs et, plus dommageable
encore, toute une rare collection
d'économistes du XVIIIème à grands
frais pieusement rassemblés

il se console le soir en lisant, pour
se détendre dit-il, d'Appien *Les Guerres
civiles à Rome* en grec dans le texte.

En trouve épatant le récit
où Spartacus apparaît en noble
figure du prolétariat antique, tandis que
Pompée est un vrai salopard

*

quelques semaines plus tard en route
pour Berlin où il compte bien avec l'appui
de son rival Lassalle récupérer
sa nationalité prussienne.
Auparavant étape en Hollande
chez son oncle Lion afin de régler
une question d'héritage et pouvoir enfin
éponger ses dettes et sortir
pour de bon de la dèche

à Berlin, Lassalle lui offre l'hospitalité
dans la demeure luxueuse où il vit avec
la comtesse Sophie von Hatzfeld.
De celle-ci Marx livrera un portrait cruel :
son visage est un vestige où l'on peut
avec les rides compter les ans (vingt
et vingt égalent cinquante-sept, écrit-il
à sa cousine Antoinette Philips).
Il est vrai que la « comtesse rouge »
comme on appelle la divorcée scandaleuse
et fumeuse a vingt ans de plus que Lassalle

j'ai beau être traité comme une star
je m'ennuie comme un rat mort
– la gauche, qu'on n'appelle pas encore
caviar, n'est vraiment pas de Marx
la tasse de thé. Et le style infatué
de Lassalle l'horripile (plus tard
il se laissera même aller à des propos
antisémites à son encontre, qualifiant
Lazare-Lassalle de « nègre juif »). Toutefois

de ladite Sophie, il apprécie qu'elle ne soit pas
pour deux sous bas-bleu ; qu'intelligence
et aisance aristocratique soient chez elle
au service d'un engagement sincère
en faveur du mouvement révolutionnaire

la dame tenant salon, il lui faut endurer
soirée mondaine sur soirée mondaine.
On le traîne même à l'opéra pour un ballet
d'un ennui mortel qu'il doit suivre dans
une loge *horribile dictu* contiguë
à celle de sa majesté

songe vaguement, un instant, à s'établir
à Berlin pour y fonder un journal.
Mais l'affaire tourne court et
sa demande de recouvrer sa nationalité
prussienne échoue. De toute façon Berlin
est affreux, et même si l'Allemagne, promue
mater dolorosa des poètes, paraît un beau
pays, c'est à condition de n'y pas
vivre (sans compter que pour ses filles
effroyable est la pensée de quitter
le pays de leur si cher Shakespeare)

*

le 1er juillet 1868, il achète au bazar du coin
un crayon (il en fait ample consommation)
portant en lettres dorées une inscription
en russe (Русский Графить) ; avec en outre mention
de la marque (Теодорь Шталь), où il n'a aucun mal
derrière le cyrillique, à retrouver
le nom allemand de Teodor Schtal.
Heureux hasard, il s'est mis depuis
quelque temps au russe afin de pouvoir
lire des ouvrages d'économie écrits
en langue de Pouchkine. Et le voici

soulignant, annotant d'un crayon gras
de graphite fabriqué à Petersbourg
(où justement une traduction du *Capital*
est en cours d'impression)
de savants traités et rapports

⋆

toutefois, pas bibliophile pour un sou
perpétuel champ de bataille est
sa bibliothèque. Reliures torturées
pages cornées, cochées, ses livres sont
des hoplites envoyés sans
ménagement au front, lourdement
harnachés de notes et points d'exclamation
partout hachurés de méchants coups de crayon;
je suis une machine condamnée
à dévorer les bouquins pour les recracher
sur le fumier de l'histoire

si Engels, grand amateur de *fox hunting*, est épris
d'équipées au grand air avec meute aboyante
lancée aux trousses de goupil le rouge
le Maure lui part chaque jour ou presque
à la chasse à tout imprimé qui pourrait
alimenter la chaudière de sa locomotive
friand tout particulièrement des *Blue Books*
ces rapports officiels sur les fabriques
ou la santé publique; louant, le pourfendeur
des assoiffés du taux de profit, la statistique
anglaise et ces experts, aussi impartiaux
que désintéressés, écrit-il, que sont
les inspecteurs britanniques dévoilant
sans fard dans leurs rapports
les maux et monstruosités du capital.
Jubilation le jour où il déniche, hourra
chez un bouquiniste, *by accident*
au beau milieu d'un amas de vieux papiers

un de ces livres bleus, un rapport
de la Chambre des lords
sur le fermage en Irlande

⋆

louer une maison bourgeoise pourtant
ne suffira pas à empêcher la mouise.
Car on s'efforce malgré tout de tenir le rang
qui va avec l'adresse – Grafton Terrace
numéro 9, Maitland Park; de sauver un peu
les apparences à cause des enfants
– impossible, confie-t-il à Fred
de s'y démerder au jour le jour
comme à Soho, d'autant que vont croissant
les charges familiales et que c'en est soudain
fini des rentrées qu'apportaient les articles
écrits pour le *New-York Daily Tribune.*
Me voilà donc, cher Engels
complètement sur la paille
je me vois hélas une fois encore
dans l'obligation de te demander
de m'envoyer un peu d'argent avant lundi
– jamais on n'aura autant écrit sur l'argent tout
en étant à ce point de thune démuni

bien que *leader maximo*, Carlito
jusqu'à la fin et infailliblement
en effet dépendit des subsides envoyés
chaque semaine par son alter ego.
Best thanks for the £ 20 (ou 10, ou 5)
ainsi commencent la plupart des lettres
que Marx envoie au plus que charitable
ami astreint à manager à Manchester
la succursale de l'entreprise familiale
(heureusement, il y a les échappées
équestres dans la campagne alentour
les jours bénis de chasse au renard

Marx même en frémit, c'est un sport dangereux
- s'il arrivait à Fred quelque accident?)

★

«une ennuyeuse idylle», ainsi Marx ironise-t-il
à propos de ces longues années d'exil
à Londres, à attendre que reviennent enfin
des temps de barricades. Idylle qui pour lui
aura signifié (omettons un instant la misère) retrait studieux

et très fécond aussi, puisque c'est
au creux de ces sombres années endeuillées
attendant patiemment l'éclair, qu'il aura
pu, malgré hémorroïdes et furoncles
rester à la table de peine suffisamment
longtemps rivé, jusqu'à très tard
dans la nuit, pour achever, près de vingt
ans après être arrivé à Londres
le livre premier du *Capital.* Tandis
que nuées de guerre à l'horizon
et qu'à Paris gronde héneaurme l'orage
hydraule mystérieux
d'où bondira bientôt, baïonnettes
pointant en haut des barricades
la Commune

★

un soir de mars 65, rentre
horriblement *harased* d'une séance
de nuit au café Bolleter, à Soho
car pas quitte de la charge très chrono-
phage de l'Internationale où il lui
revient de démêler les embrouilles
et querelles de la «merde française».
Après quoi signature de près de deux cents
cartes d'adhérents. Que faire une fois

qu'on est pris dans l'engrenage ?
d'autant que le lendemain au *St. Martin' Hall* meeting sur la Pologne.
Préférerait de loin mettre tranquillement
à son livre capital (« son œuvre officielle »)
la dernière main

trouve quand même le moyen
dans les interstices, de remplir
un cahier relatif au calcul différentiel.
A besoin cependant, le cheval de labour
en proie aux *carbuncles*, de carburant
ad hoc. En conséquence écrit à l'ami
Fred qu'il ferait une bonne action
s'il lui envoyait un peu de *vinum*
pour renouveler sa cave. Le Général
s'exécute et expédie à Londres du claret
en attendant de trouver un porto
convenable, indiquant à son *lieber Mohr*
que le jour où le manuscrit
enfin partira chez l'imprimeur
lui Engels se cuitera sans vergogne

c'est tous les jours que les créanciers
toquent à la porte, le boucher, l'épicier
le fromager et tout le saint-frusquin
sans compter la note de gaz
et surtout le nouveau proprio
lequel *landlord* somme le Maure
de payer au plus vite le loyer
du dernier trimestre, sous peine
de devoir louer sinon à quelqu'un d'autre

heureusement le boulanger du quartier
est lui un brave type qui nous est très attaché
je lui dois 17 £, mais il n'insiste pas
bien qu'il ait lui-même le plus grand mal
à joindre les deux bouts. Et même

un jour de grande dèche, pas d'autre choix
que de le taper d'une livre. Withers (postérisons
le nom de ce bon boulanger) certes grimace
(chez lui a déjà, Marx, une bien lourde ardoise)
mais grand cœur s'exécute

et – plus heureusement encore – il y a
généreux, fiable absolument
le Général de Manchester et ses mandats
postaux, ses envois, on l'a dit, réguliers
de coupures dûment numérotées :
V/J 71968 – Manchester, 7 janvier 1868 £10
T/N 14065 – Londres, 26 1868 £10

*

incessamment devoir à l'ami
quémander, le Maure s'en serait
volontiers passé. Mais comment ?
Mauvaise conscience qui s'ensuit
et durablement s'incruste et taraude
(la « conscience – écrira-t-il, ce truc-là
on ne s'en débarrasse jamais vraiment »)

hourra ! s'écriera Engels, le jour
faste où le Maure lui annoncera qu'enfin
finish le premier tome de la somme.
Rien pour Fred qui équivaille, en guise de
retour sur investissement, l'inestimable
Capital et sa valeur d'usage à longue
portée et mondial rayon d'action. Aussi
s'empresse-t-il d'envoyer
à son vieux camarade de quoi
pouvoir retirer, en dépôt
chez le prêteur sur gages, montre
et habits, avant d'embarquer pour
Hambourg où l'auteur compte remettre
à l'éditeur en mains propres le précieux
manuscrit par Jenny mis au net

*

c'est l'hiver, un soir de brume
à Londres, les filles sont parties
se coucher, Madame aussi, dernières
braises rougeoyant dans la cheminée.
La partie d'échecs s'éternise entre le Maure
et Lenchen, la gouvernante au grand cœur
et à tout faire, depuis des lustres
attachée à la famille. Silence
Hélène Demuth (tel est son nom exact)
attend patiemment que le patron
décide où placer le cavalier qu'il tient
en suspens entre le pouce et l'index
de sa main gauche, tandis que le cigare
à main droite brasille. Au milieu
des volutes de fumée, la reine
d'enlèvement menacée. Défi
et connivence, complicité charnelle
fantôme entre eux, demi-secret
hantant depuis quinze ans bientôt
le foyer car le roi-lion lui a fait un enfant
un garçon Frederick, né en mille
huit cent cinquante et un exactement
conçu on ne sait trop comment
en un temps où la famille s'entassait
à six dans un appartement miteux
du côté de Soho, à la sauvette
sans doute et faute que le *pater
familias* ait pu avec elle pratiquer
correctement à la parisienne

bon prince l'ami Fred consent
à endosser la paternité puis l'enfant
adultérin, motus, mis en pension
dans une famille d'accueil (n'en
mourut pas toutefois, devint même

ingénieur mécanicien et vécut
jusqu'à l'âge honorable
de soixante-dix sept ans
bien après que sa mère, la si
dévouée Lenchen, a été
enterrée dans le caveau
des Marx sous les frondaisons
du cimetière de Highgate à Londres

*

internationaliste, Marx le fut ô combien
et mieux que quiconque, car pas question pour autant
d'oublier qu'il y a des nations – des nations
et les langues qui vont avec. Quand son gendre
futur Paul Lafargue, alors proudhonien
s'aventure, lors d'une réunion in London
du conseil général de l'Internationale
à clamer que les nations ne sont que surannés
préjugés, le Maure le reprend et goguenard
ironise : puisque notre ami a fait
son *speech* dans une langue, le français
que la majorité de l'assistance
n'entend pas, est-ce à dire
qu'en niant les nations
il suppose, le camarade, leur absorption
par la supposée nation-modèle que
serait la française ?

*

accoucher du *Capital*, ce très puissant
massif très haut culminant, ne fut pas mince
affaire, la maladie trop souvent
s'en mêlant. À peine un premier jet
était-il sur le papier couché encore
tout fumant fulminant, qu'
éruption cutanée, que la peau
basanée du Maure se couvrit
de petits volcans de taupe

le prolétariat n'était pas seul à creuser
ses galeries souterraines, l'anthrax aussi
s'y était mis, par quel ennemi commandité
empêchant le scribe de trop longtemps
rester assis ; les furoncles, ces félons
s'employaient à squatter sournoisement
ses parties les plus intimes. Et même
confie-t-il un jour à son *dear* Fred
sans gêne, deux sur les bourses (qui certes
vont par deux) ont cru bon d'épanouir
rosas rosas, leurs roses importunes. De quoi
ébranler le plus calme *temper*, celui de Sylla
(Lucius Cornelius) par exemple ; de quoi
avoir envie de suicide, envie de se jeter
dans le feu d'un volcan à l'instar
de cet autre penseur à crinière
Empédocle d'Agrigente en Sicile, où
l'Etna fut son haut tombeau car
on rapporte (mais Diogène Laërce
met l'histoire en doute) qu'il voulut
disparaître dans le feu afin
de prouver qu'il était vraiment un dieu

⋆

enfin il voit le bout du premier livre du
Capital, en achève le manuscrit
en espère même quelques ressources
mais l'imprimeur lambine et si tardent
les derniers placards, les furoncles eux
s'empressent, orgie à l'assaut de ses fesses
impossible d'écrire longuement au cher
Fred qui s'enquiert charitable
How about carbuncles ? Comment
vont ceux que les biographes appellent
fameux furoncles, car mal placés
ces satanés petits voleurs
couleur de pierre rouge foncé

pas d'autre solution s'il veut pouvoir
s'asseoir et terminer le foutu bouquin
que d'aller au plus court et d'opérer
lui-même : « Aujourd'hui (le 20 février 66)
j'ai pris un rasoir et en personne incisé
ce chien d'anthrax, retroussant le salaud
ses babines à l'orée de mes parties
sexuelles ; il fallait que ça
saigne et ça m'a soulagé »

sans tarder Marx s'embarque
le 13 avril 67 pour Hambourg
à bord d'un steamer avec le précieux
projectile (le plus redoutable missile
écrit-il, qu'on ait jamais lancé
à la tête des bourgeois) afin
de le remettre à Meissner l'éditeur
en mains propres. Tempête qui se déchaîne
la traversée est un baptême du feu
ce qui ne déplaît pas à Marx content
de prendre l'air enfin et insensible
au mal de mer. Tandis que chaises
et tables valsent et que beaucoup
vomissent, lui vide quelques
verres en petit mais joyeux comité
avec d'autres gaillards de sa trempe
amateurs de gros temps

enfin l'enfant chéri paraît ; encore faut-il
briser la conspiration du silence
Engels mis à contribution pour quelques
recensions, les deux compères
convenant que mieux vaut, pour éviter
qu'on découvre le pot aux roses
les signer d'un nom de guerre quelconque
ou d'un pseudo anglais
A. Williams *or something of the sort*

enfin du capital les mystères dévoilés
– pas rien *Das Kapital*, un bouquin sommital
le secret de la forme-argent
saisi là où il gît, à savoir dans
l'enchaînement intérieur (enchaînement
il y revient dans ses lettres sans cesse)
là où les économistes bourgeois
ces ânes s'arrêtent à la forme
phénoménale et tombent dans ces pièges
que seule sait déjouer la méthode dialectique

non pas M–A–M mais A–M–A
M comme marchandise A comme argent
mais nul amour dans cet *ama*
solamente du capital Kapital
capital qui toujours plus
thésaurise, *o tesoro mio*
et *citius* toujours plus olympien circule
d'où qu'au final non pas l'usage non
pas les bottes destinées à sur le pavé
s'user, mais inodore et sans saveur la
seule valeur marchande, le capital
la plus-value extorquée pour toujours
plus de profit. De quoi enfin réveiller
les esprits ouvriers et susciter des *strike*?

au moins quelques-uns du livre
font leur miel; Joseph Dietzgen par exemple
tanneur établi sur le Rhin, autodidacte
un des ouvriers les plus géniaux
que je connaisse (je veux dire par
ses lettres et non personnellement).
Réception difficile; obligé d'insister
auprès du bon docteur Kugelmann
pour qu'il écrive à Liebknecht afin
que celui-ci attire en Allemagne l'attention
sur l'opus lors des réunions ouvrières

septembre soixante-huit, Bruxelles
troisième congrès de l'Internationale
une centaine de délégués. Marx
n'y assiste pas, mais une résolution
proposée par un tailleur du nom de Lessner
est adoptée qui invite les prolétaires
de tous les pays à étudier *Le Capital*
et à militer pour que l'ouvrage
soit traduit en toutes les langues qu'il se peut

*

rien ne va bien droit cependant; refus
de telle revue de publier l'article louangeur
longuement par Engels concocté
dettes aux dettes s'ajoutant
et où trouver l'argent pour le coûteux
mariage de Laura la cadette
(avec Lafargue «notre nègre»
comme il l'appelle)? C'est Fred encore
qui se dévoue (merci *dear* Fred pour le billet
doux), Fred le providentiel qui pourvoit
aux provendes, envoyant une fois de plus
de quoi calmer les épiciers, boulangers
bouchers et autres créanciers

le temps de la mélancolie définitive
peut encore dieu merci patienter quelques années.
Les seules condoléances sont pour un hérisson
décédé chez Engels – le pauvre oursin s'est étranglé
lui-même en s'empêtrant dans une couverture
tandis qu'on fêtait à grand renfort de punch
au jardin les mariés. Paix à ses cendres et
better luck to the next one, écrit Engels
à l'intention de la jeune Tussy
des trois filles Marx la benjamine
qui avait pris la bête en affection

au moins l'aura-t-on ce hérisson
une dernière fois soûlé, ajoute le Général

au fil des ans les doutes vont cependant croissant
maladies, poids des ans font que
peu à peu l'intranquillité gagne

sans cesse fil à retordre au sein
de l'Internationale, car s'il est pape
à Londres, c'est *in partibus infidelium.*
Sans cesse ferrailler il lui faut contre maints
dissidents tous gredins et canailles
philistines, *ragamuffins*, tous des ânes
animal favori, parfois bâté, de son vitupérant
bestiaire. On y trouve aussi quelques
crapauds, mais le temps n'est pas encore
venu des vipères lubriques et autres
hyènes dactylographes, ni d'ailleurs
celui des machines à écrire. C'est
à la plume d'oie que tout doit être recopié
par le pool familial de ses dévouées
secrétaires, seules aptes à déchiffrer
ses micro-hiéroglyphes (à moins que
sinogrammes), Laura étant promue
chef de bureau et à défaut d'autres
lauriers par le maître surnommée
son empereur de Chine à lui

*

ombres qui vont
toujours s'allongeant
déjà prêtes à enjamber le siècle
à assombrir le bientôt
désastreux vingtième
– son siècle pourtant, celui de son
règne impérial, ou plutôt
celui de son icône, en millions

de portraits brandis, d'affiches
de bustes et insignes, répliquée

quoique aurore en Russie
où très tôt une première traduction
est mise en chantier, tirage
encourageant de trois mille ex-
emplaires, belle ironie du sort
car endurci russophobe il n'a
cessé, le Maure, de vitupérer l'empire
des tsars et voilà qu'à Saint-Pétersbourg
à Piter voilà que – oui à Piter
et son prémonitoire palais d'hiver, couleur
vert d'eau au bord de la Neva, là que…
Mais normal, écrit Marx, l'aristocratie
Russe, en Allemagne éduquée
a toujours raffolé comme d'une pure
gourmandise des théories les plus
avancées venues de l'Occident

*

Démocrite et sa théorie, sa physique
comparée à celle d'Épicure (ce fut
sa thèse à Iéna soutenue *in abstentia*)
soit, mais la pratique, le mode de vie
lequel choisir ?

malgré la dèche à London
adoucie, on l'a dit, par les incessants dons
d'*uncle* Engels, l'oncle si bon
(ainsi l'appelaient les trois filles)
le Maure opta pour la vie bourgeoise
(« à Londres il faut garder les *apparences* »)
plutôt que la vie prolétaire, afin dit-il de pouvoir
à ses filles offrir la meilleure éducation
qui soit (cours d'italien et de piano
de gymnastique même, pour Eleanor la dernière)

une bêtise sûrement que de s'être marié
la pire erreur, confie-t-il à Fred
pour des gens aux larges aspirations ;
on finit par se perdre dans les petites misères
de la vie domestique et privée
et la mienne en ce moment est
the most troubled life that can be
imagined never mind

sans enfants, ç'aurait pu être
différent ; quoiqu'il n'eût pu de toute façon
se passer du confort d'un bureau
pour y mener à bien sa vie théoricienne
ni non plus se priver des pennies
nécessaires afin de pouvoir librement
fumer cigare sur cigare, gaspillant
sans vergogne, raconte-t-on
(bien maigre luxe), quantité
de boîtes d'allumettes sans doute
indispensables pour que rougeoient
sans cesse les braises de son cerveau

en 1862, il s'en fallut de peu toutefois
que de prolétaire sur le papier
il ne devienne pour de bon praticien
(c'est son mot) autrement dit gratte-papier
ayant postulé (adieu le fauteuil confortable
de l'abstraction), dûment postulé donc auprès
d'une compagnie de chemins de fer
pour un emploi morne dans un bureau
mais niet nenni sa demande fut
refusée, écriture décidément trop
gâtée d'illisibles pattes de mouche gothiques
– tant mieux pour le grand œuvre en chantier
tant pis pour les horaires de trains
la locomotive de la révolution
n'en continuera pas moins, sans
le concours de l'employé mal employé

qu'il eût été, de foncer vers l'avenir
plutôt que rester au dépôt

⋆

plus tard en bon père de famille
le Maure n'hésitera pas dans une longue
lettre à morigéner son futur gendre
priant Monsieur l'amoroso de bien vouloir
reconsidérer sa manière trop pressée
de faire la cour à Laura, alors qu'en la matière
la retenue s'impose

en outre reprochant au pauvre Paul
d'être trop peu travailleur
et s'inquiétant en conséquence
le *pater familias*, de savoir s'il sera bien
en mesure, ce vaillant Gascon, de mettre
sa future épouse à l'abri du besoin. Pas question
que sa fille, sa chère Cacadou (il adorait
donner des surnoms), «son oiseau
sa secrétaire, cuisinière, cavalière, poétesse»
revive la galère que lui-même, Karl, à son plus vif
regret, en vint à faire subir à sa femme Jenny.
En attendant, mon cher Lafargue
mettez-vous à l'anglais sinon
vos chances ici à London
seront des plus problématiques

trois mois plus tard, il écrit néanmoins
au père dudit Paul, le remerciant
pour le vin, excellent vraiment, qu'il lui a
de Bordeaux envoyé, ajoutant: vous savez
je viens moi aussi d'un pays vinicole
suis même de vignes un ex-possesseur
du côté de Trèves coteaux
penchés sur la Moselle où l'on vendange
un réputé riesling

en privé, pourtant, écrivant à sa fille aînée Jenny
sa « chère Don Quichotte », le Maure
ne se prive pas de persifler, ironisant
en des termes où fleurissent sans vergogne
les préjugés de l'époque : « j'ai sur le dos
le descendant d'un gorille qui ne peut guère
supporter d'être séparé de la douce petite
souris dont il s'est entiché. Mais bon, notre
pendard de créole mérite des compliments
il a travaillé dur toute la journée »

*

lorsque éclatera la Commune, le « brave
Gascon », devenu de Laura l'époux
très officiel, tentera à Bordeaux de soulever
les ouvriers en soutien au mouvement parisien
– pavés qu'on descelle et qui volent
en direction de la Garde nationale.
Mais l'affaire tourne mal, il faut se mettre à l'abri
direction Luchon en famille, Luchon où
les eaux chaudes et sulfureuses ne suffisent pas
à soigner les enfants, triste juillet pluvieux
dysenterie dont meurt le dernier-né, cinq mois
à peine, tandis que Paul, son père, recherché
doit s'enfuir, par des sentiers de montagne
au plus vite passer en Espagne

*

après qu'à Paris la Commune a fini
dans le bain de sang qu'on sait
il faut veiller au sort d'une Internationale
qui a bien du mal à devenir le genre humain.
Le Général a quitté Manchester
plantant sa tente à Londres (à dix
minutes à pied de chez les Marx).

Idéal pour des promenades à deux
qui font le plus grand bien au Maure
très bon aussi pour les affaires du parti.
Les deux complices passent des heures
à déjouer les manœuvres bakouninistes
le Maure sans cesse vitupérant contre
tous ces crétins demi-habiles et autres
literati demi-savants qui encombrent
et empoisonnent les journaux et revues du parti

il faut aussi venir en aide aux nombreux *refugees*
qui, sans un sous sans rien, ont pu passer
la Manche. Trouver hébergements, emplois
et récolter des fonds. La fille du chef
« pétroleur », Jennychen, s'y emploie
courant d'une banlieue à l'autre, écrivant
nuit et jour force lettres. Le Maure, lui
doit enchaîner réunion sur réunion
en tant que secrétaire de l'Inter-
nationale. Présider même un banquet où il se voit
placé entre deux héros polonais de l'insurrection
parisienne, le général Wroblewski, défenseur
de la Butte-aux-Cailles contre les Versaillais
et le frère cadet de Dombrowski, dessinateur de
son état, ayant pris part en tant que colonel
aux combats, lui du côté d'Asnières

il y a aussi *Le Capital*, les épreuves à réviser
de la deuxième édition allemande
la traduction en français par Jules Roy
à revoir (en réalité Marx de fond
en comble remanie, ajoutant maints
développements). Trop de travail pour qu'il puisse
se permettre de quitter son antre au premier
étage de la maison de Maitland Park.
On parvient néanmoins à le persuader
de faire une pause de cinq jours pour aller
respirer l'air de la mer à Brighton

où un bain quotidien aura, il l'écrira
à sa femme, le meilleur effet
sur son *general state of health*

*

Jenny *mater dolorosa* et vierge
noire – tel est le mot qu'il emploie
« vierge noire » (*nigra sum sed formosa*)
dans une longue lettre d'amour
de loin (il est à Cottonopolis avec Fred
et ces satanées hémorroïdes qui le font
danser, tandis qu'elle est chez sa mère
à Trèves). « Madame, je vous aime, à défaut
d'embrasser ton *dolce* visage
lui écrit-il, de mille baisers
je couvre ta photographie
aussi noircie soit-elle par les ans. »
D'être privé de sa si chère présence
se lamentant le pauvre Maure
plus tristement qu'Ovide
banni de Rome

meanwhile à Manchester l'ami Fred
mène lui double vie, loin des normes
victoriennes du temps
un appartement pour la façade
les affaires et le qu'en dira-t-on
un autre pour la vie à la colle prolétaire
en ménage avec Mary Burns, ouvrière
irlandaise ayant servi d'abord à Fred de fixeur
pour aller enquêter dans les quartiers
miséreux de la *dirty old town* qu'est Salford
le couple bientôt rejoint par Lizzie
cadette qui très vite, après la mort de son
aînée, deviendra à son tour d'Engels
la concubine, sur son lit de mort
en bonne et due forme, à sa demande
à elle, épousée

*

quel mode de vie, prolétaire ou bourgeois?
mais aussi comment mourir, el Moro
ne fit pas qu'y réfléchir à l'abri des bouquins
du British Museum. C'est in situ qu'il alla
s'en enquérir, rendant visite aux camarades
d'exil sur le point de passer l'arme à gauche

ainsi est-il (il le raconte à Fred) au chevet
de Karl Schapper, oubliant les querelles
avec lui d'autrefois, appréciant
du gros mollusque, comme il l'appelle
in petto, la force d'âme au moment
de *fast sinking*, la manière très classe, très
distinguée (en français dans le texte)
qu'il a eu, sa femme et son
fils aîné étant présents dans la chambre
d'évoquer *in french* («je ferai bientôt
la dernière grimace») l'imminence
de sa propre mort, se moquant
au passage de ceux qui au dernier
moment bien vite se convertissent

bien qu'il ne soit pas théoricien
ayant su demeurer, lui l'hippo-
potame (un autre surnom de Schapper)
fidèle à ses principes. «N'oublie pas
Karl, de le dire à tous, en ces temps
de réaction: si j'ai vécu
en travailleur, maintenant c'est
en prolétaire que je trépasse – car pas
question d'avaler in extremis cette ânerie
de l'immortalité de l'âme»

la mort bien sûr le Maure y songeait
comment ne pas? Jamais n'avait pu

(et Jenny moins encore) se remettre
d'avoir vu mourir un beau matin d'avril
dans ses bras, huit ans tout juste
son si charmant, si vif et si brave
Edgar – Musch, tel était le surnom
du fils chéri de la maison
où il était le Colonel, tandis qu'oncle
Engels, à Manchester, était le Général.
Ce qu'est le vrai malheur, c'est alors
seulement que je l'ai appris

de temps à autre vers la fin
lui revenait une anecdote
qu'il avait lue au temps de sa thèse
anecdote où Diogène (Laërce)
racontait qu'Épicure à l'âge
de soixante-douze ans, sentant
la mort venir, s'immergea
dans une baignoire de bronze
remplie d'eau chaude, demandant
qu'on lui apporte du vin pur
après quoi il partit dans les frimas
de l'Hadès. Marx alors se souvint
de ces bains d'eau de mer chaude
qu'il prenait à Margate, se disant
que c'était pour en finir un très bon
scénario, une *very good idea*

quoique lui aussi tuberculeux, il
n'eut pas à agoniser en présence
des siens. Veuf et ayant perdu
deux mois auparavant sa fille Jenny
c'est seul qu'il mourut, moral
brisé, poumons très mal en point.
Contraint, en février 1883, de garder
la chambre ; capable de rien d'autre
que de lire d'amusants romans français
et bientôt même ne peut plus que feuilleter

des catalogues d'éditeurs.
Un demi-litre de lait par jour
une bouteille de cognac tous les quatre
jours, mais rien n'y fait, toujours la toux
toujours les vomissements. Chaque jour
après le déjeuner, visite d'Engels, avec la crainte
qu'un jour prochain les rideaux soient tirés
à son arrivée. Et c'est bien ce qui se produit
un jour d'avant-printemps, le 14 mars
1883 très exactement. Lenchen
vers quinze heures trouve le Maure inconscient, endormi
à sa table de travail – table de peine
table de joie où il avait noirci
tant de feuilles. Hémorragie semble-t-il ;
on le transporte sur son lit. Et bientôt
plus de pouls, plus de respiration, Engels
ne peut que le constater quand il monte
à l'étage au 41 Maitland Park Road

*

au rayon de la mort ce ne fut pas tout.
Quoique ses filles, à l'instar de l'oncle
Engels, aient eu à cœur de faire vivre
l'œuvre paternelle, ne ménageant pas
leur peine, écrivant, traduisant, éditant
conférençant à tour de bras, elles ne voulurent pas
attendre la mort et choisirent le suicide. Eleanor
à 43 ans, ne supportant pas la trahison
d'Aveling son concubin, mit fin à ses jours
un beau jour de printemps deux ans
avant la fin du siècle. Quant à Laura
c'est 13 ans plus tard, un jour de novembre
en 1911 en banlieue à Draveil que solidaire
elle accompagna dans la mort volontaire
son mari, le médecin qu'était
Paul Lafargue ayant résolu de n'aller pas
au-delà de 70 ans. Nul souhait de

se voir retirer par l'impitoyable vieillesse
(ainsi le formule-t-il sur le mot qu'ils laissèrent
à destination de leurs proches) les plaisirs
et les joies de l'existence, et devenir
une charge à lui-même et aux autres

*

dans les dernières années, pour tâcher
d'atténuer les effets de l'âge
et le têtu retour des mêmes maladies, Karl
changea d'air régulièrement. Habitué
de Karlsbad, fit aussi de fréquents
séjours *seaside*, en hiver comme en été
à Brighton, Margate ou Ramsgate
goûtant à un luxe balnéaire alors
timidement se démocratisant

plus tard (il a passé les soixante ans)
s'isole même pour une longue *rustication*
de sept semaines à Saint-Hélier
Hôtel de l'Europe dans l'île de Jersey
avec Tussy sa benjamine.
Au goût du Maure, trop de touristes
*frenchie*s en l'occurrence ; néanmoins
sa fille trouve plusieurs criques
où se baigner tranquille. Il faut toutefois
abréger le séjour pour aller bien vite
retrouver les siens, à Ramsgate
62, Plains of Waterloo, sa fille aînée
Jennychen venant (« Vive le petit citoyen
du monde ! ») d'accoucher d'un Edgar.
On est en août mais temps pourri
orages, trombes d'eau (samedi 23
it rained dogs and cats), les bains d'eau
de mer (chauffée toujours) lui font un peu
oublier rage de dents et chat dans la gorge
mais pas assez pour avoir envie de plonger

pour de bon dans les cahiers mathématiques
dans ses bagages apportés avec un livre
sur la vie des paysans irlandais – des contes
et légendes aussi, mais qui valent à ses yeux
d'abord par la crudité instructive des descriptions

*

un autre séjour, à l'île de Wight cette fois
avec la même Tussy, ne suffira pas pourtant à guérir
ses poumons. Le respirateur
qu'il a dû porter lors de ses promenades
n'a été, se plaint-il, qu'une pénible
muselière. Cap au sud, conseille-t-on
de toute part au vieux Maure. Direction
Alger, l'air est très bon dit-on
pour les poumons au pays des vrais Maures

le 17 février 1882 le voici donc à
Marseille Saint-Charles. Enfin.
Car pannes de locomotive à répétition
(Valence puis Cassis), si bien qu'il est
deux heures du matin quand le train
arrive en gare, en plus de quoi longue
procédure dans un hall où s'engouffre
un glacial mistral, avant d'enfin pouvoir
récupérer ses deux grosses malles
(vêtements chauds, médicaments
et quelques livres évidemment).
Courte nuit au Grand Hôtel du Petit Louvre
et le lendemain direction la Joliette
où il embarque en soirée pour Alger
à bord d'un paquebot à vapeur
des Messageries maritimes nommé Saïd
(1163 tonneaux, capitaine Macé
57 passagers). À l'hôtel même, Marx
a pu acheter, au tarif de 80 francs, un billet
pour une traversée espérée confortable
à bord d'une cabine de première classe

hélas, débuts malheureux, malgré
le nom du bateau (*Felix* en arabe). Excellent
steamer, écrit-il à Fred, mais deux nuits
sans sommeil, à cause de coups de vent
violents et du bruit d'enfer montant
à travers le pont depuis la salle
des machines. Plutôt que bercé
par les flots, trente quatre heures
à se faire secouer dans sa cabine –
impossible de dormir. Et une fois
à Alger, hiver froid et pluvieux
comme on n'en a pas vu depuis
bien longtemps en ces lieux
avec vents qui n'on rien d'étésiens

*

baie d'Alger, le soleil n'est pas encore
levé quand le Saïd jette l'ancre.
Port en eau trop peu profonde
pour accoster; une nuée de barques
s'approchent qui transportent les passagers
jusqu'au quai. L'y attend un ami de son
gendre Longuet, un ex-fouriériste
nommé Albert Fermé, juge de son état
qui le conduit jusqu'à l'hôtel d'Orient

météo toujours désespérante.
Un temps à rester dans la salle fumeurs
du palace, mais sa santé lui interdit le tabac;
regrette, écrit-il, l'heureuse
période où il pouvait s'absenter
dans les volutes d'un cigare

à défaut, s'empresse dès le premier
matin d'enfiler son manteau en peau
de rhinocéros et d'aller faire sur le port

un tour. Quelques pas boulevard
de la République, imposant balcon
soutenu par des arcades, et le voici
qui descend la rampe qui conduit
sur le quai. La mer et son bleu gris
sans fin, l'écrin étagé de la ville
blancheur des rues, verdure des jardins
voguant très loin par les collines
vers des hauteurs couleur peau-de-lion
où flottent quelques nuages que carmino-
groseille à peine la lumière du matin ;
et dans les grands lointains mince
feston : ce sont les neiges de Kabylie
sur les sommets du Djurdjura

*

sur place il eut l'occasion d'observer
d'un œil ethnographique les mœurs
des Maures, les vrais. Dans une lettre
à Jenny (sa « douce enfant ») le vieux Nick
s'attarde sur le mot (*english* : *Moor, deutsch* : *Mohr*)
notant qu'en Algérie on les appelle Arabes ;
qu'une petite minorité d'entre eux, ayant quitté
villages, douars et désert, vit
dans les villes, à côté des Européens

plus grands généralement que les Français
leur visage est ovale, busqué leur nez
et très noires et brillantes leurs prunelles
leur teint va du presque blanc au bronzé
très foncé. Quant au vêtement, même
en loques, il garde fière allure, un genre
de toge de très fine laine blanche
– le complétant un capot à capuchon
selon le temps sur le crâne rabattu
plus un turban ou une calotte ;
les pieds sont nus, chaussés parfois

de pantoufles (Marx emploie le mot français)
autrement dit babouches en maroquin
jaune ou rouge. Ils ont, ces Maures
grande élégance, beaucoup de noblesse
et de grâce, de loin surpassant les meilleurs
comédiens européens dans l'art de se draper
chacun dans sa capote, y compris quand ils sont
juchés sur leurs ânes, laissant pendre
leurs jambes d'un seul et même côté

*

quelques années plus tôt il avait pris
force notes en lisant un historien russe
Kovalevsky, qui s'était intéressé
à la destruction de la propriété collective
des Arabes par la colonisation, un vol
explicite. Aurait bien voulu, Marx, aller
sur le terrain voir de plus près la chose
mais impossible, *dieses stupid* métier
d'invalide qui est le sien lui interdit
toute excursion. Pas même celles
qu'organise, à l'usage des hiverneurs
parmi lesquels ses commensaux
de la pension Victoria, un professeur
de botanique nommé Durando
en charge du Jardin d'essai voisin
et en même temps leader du Club
alpin local (section de l'Atlas)

pas question donc pour le curiste
Marx d'être lambda touriste.
Marche matinale toutefois
sur les hauteurs d'Alger, au milieu
des jardins suspendus, vergers, palmiers
eucalyptus oliviers et bougainvilliers violets
deux heures, voilà qui est déjà
pour ses poumons beaucoup

et royale pour les yeux la vue
avec en contrebas la baie, le port
éblouissant paysage depuis
le boulevard Bon Accueil
dans ce quartier de Mustapha
supérieur où le discret Marquet
Albert posera son chevalet quarante
ans plus tard, sans fin sur le motif peignant
maintes vues de la baie flamboyante
et du port peuplé de grues et paquebots
avec la mer au fond ouverte au bleu
sans fin du ciel. – Sans doute le paysage
n'y est-il pour rien ; toujours est-il pourtant
que sur le tard, au sortir de la Seconde guerre
Marquet rejoignit le parti de Marx, prenant
sa carte au Parti Communiste

végétale idylle afro-européenne ;
pastorale, illusoire réconciliation
au son d'une musique militaire
(guêtres blanches et pantalons bouffants
de zouaves, tâches rouges des fez
qu'on aperçoit passant dans la verdure
apaisée des allées de grands platanes
et bambous). Mais si âge d'or, c'est
sur fond de coloniale cruauté
(Fermé, le juge, l'a informé des corps
des indigènes décapités, suppli-
ciés. Rendus aux familles en entier ?
Quod non ! Comment alors sans la tête
au tronc recousue pourrait-on
entrer au paradis d'Allah ? Retourne
donc plutôt chez ces chiens de chrétiens !)

⋆

retour vers la colline magique
(la pension est un peu un sanatorium)

où voici l'heure des soins prescrits
par le docteur Stéphann, applications
sur tout le torse d'un collodion spécial
pas besoin de bronzer, les emplâtres
à base de *lytta vesicatoria* feront
plus maure encore le buste ainsi
mit pinceau tätowiert du vieux Nick

à moins, il le note avec ironie, que formant
des vessies par où le liquide encombrant
la plèvre s'évacue, son dos ne soit ainsi
transformé en champ de melons miniature

mi avril, le beau temps revient et avec lui
une santé moins mauvaise. Il aurait
aimé, Marx, pouvoir travailler
un peu et n'avoir pas seulement à se mettre
sous la dent, chaque matin pour lui
mis de côté par la patronne
de l'établissement, le très peu
substantiel et très philistin
Petit Colon Algérien (lequel toutefois
n'omettra pas un an plus tard
à l'annonce de sa mort, d'insérer dans son
numéro du 18 mars un entrefilet
nécrologique le qualifiant de «chef
de l'école socialiste allemande et de grand
philosophe»)

n'avait pas omis pourtant de glisser
dans ses bagages un exemplaire du *Capital*
comptant bien trouver le temps et la force
de le revoir en vue d'une troisième édition.
Mais non, trop mal en point, se contente
de descendre sur les quais, quidam
à la foule se mêlant pour admirer, à l'ancre
dans la baie, l'imposant cuirassier russe
baptisé «Pierre le Grand». Et quelques

jours plus tard ce sera une escadre française
cette fois c'est depuis un canot qu'en
compagnie de Fermé, son très dévoué
cicérone, il suivra la manœuvre

puis très vite sirocco violent sur la ville
sable et poussière pour les poumons malsains
on est le 12 avril et à neuf heures déjà
quand il descend au port, il fait
à l'ombre 19 degrés et au soleil 35. Mieux
vaudra éviter la canicule. Il est temps
de quitter Alger et de se mettre en quête
de cadeaux et souvenirs d'Afrique.
Du chocolat pour les enfants ;
pour les filles et Lenchen des bijoux
et pour Fred, son ministre de la guerre
à Manchester, comme il l'appelle, un
poignard dans le style kabyle sera
parfait (là où on le plante l'herbe ne
repousse pas, lui écrira, tout réjoui
le Général pour l'en remercier).

⋆

le premier mai les bagages sont prêts
un dernier verre dans le salon de la pension
avec l'ami Fermé. Mauvaise nouvelle
aux municipales, le citoyen Lalut
candidat républicain à Alger est battu
par le représentant de la grande
bourgeoisie coloniale. Le temps n'est
pas meilleur, très lourde chaleur
et orage en vue sur la mer

le vapeur néanmoins le lendemain
à l'heure dite appareille
6 heures du soir, adieu Alger
le Péluse gagne le large, ultime regard

pour la ville blanche couronnée de verdure

n'a pu avoir hélas qu'une cabine double.
Guère envie, le Maure, en mal qu'il est
de cabane (ou mieux : kiosque, folie
à mi-pente au milieu des palmiers et des pins)
guère envie de cohabiter avec un philistin
lyonnais. Préfère gagner le pont
où il passerait volontiers une bonne partie
de la traversée à faire les cent pas
du gaillard d'avant à la poupe et retour
mais tempête, trombes d'eau, bien
vite l'obligent à regagner, repris
d'une mauvaise toux, la peu hospitalière
cabine. La traversée tourne au calvaire

c'est seul sur la Riviera, le cinq mai
sous la pluie, que l'importateur de mauvais
temps qu'il est, comme il dit, fête
ses soixante-quatre ans. Tristesse
à Nizza, où néanmoins la végétation
note-t-il, est non moins qu'à Alger
africaine. Puis c'est Monte Carlo
où le docteur Stéphann lui a recommandé
non pas le casino mais un sien confrère
du nom de Kunemann. Entre deux
traitements sous forme de vésicatoires
(14 en tout), il aura le temps d'observer
aux terrasses des cafés la frénésie
des joueurs – la principauté
est un asile de fous

*

ombres qui vont
toujours s'allongeant

Dr Gumpert (Manchester), Dr Stéphann (Alger), Dr Kunemann (Monte Carlo), Dr Dourlen (Argenteuil), Dr Feugier

(Enghien), Dr Williamson (île de Wight), Dr Donkin (Londres)
– la fin aura été pour la carcasse du vieux Maure une litanie
sans fin
de médecins

lui-même d'ailleurs à Monte Carlo
médecin malgré lui, car ayant remis
à la secrétaire en même temps
qu'une lettre du Dr Stéphann
sa propre carte de visite (Dr Marx)
sans le vouloir, il égare le médecin monégasque
qui croit avoir affaire à un confrère.
Conséquemment de quoi, l'ayant
ausculté, le vrai toubib lui parle sans détour
comme il sied entre confrères qui savent
combien mortels sont les mortels :
la pleurésie est à nouveau bien là…

néanmoins son état finit par s'améliorer.
Reste que les nuits désormais sont vraiment
trop chaudes sur la Riviera. Décide donc
de rentrer. Prend le train à Cannes
non sans s'être muni, tant pis
pour son foie, de deux bouteilles
de bordeaux (haut-médoc d'excellent millésime)
médicament hautement recommandé, indispensable
même pour son estomac et son moral
selon du moins ce bon docteur Kunemann
plaisante-t-il dans une lettre à Fred.
À sa fille aînée Jennychen, écrit que
pas la peine de faire à la gare le poireau.
Ulysse se débrouillera bien
pour revenir parmi les siens

*

Johnny la prunelle des mes yeux, ainsi
parle-t-il du petit Jean Laurent Frederick

Longuet, six ans, dans une lettre à la mère
de l'enfant

donc Argenteuil enfin où rien
ne lui plaît tant que de retrouver
le soir les petits dans une maison cosy
(à deux pas de celle qu'habita peu de temps
auparavant Monet) tandis qu'il va
dans la journée, curiste il le faut bien
inhaler l'eau sulfureuse qui fait d'Enghien
la renommée thermale – grande salle
où l'on tourne autour d'une table équipée
de tuyaux ; vapeur qu'aspirent des fantômes
de la tête aux pieds vêtus de caoutchouc
– « une vraie scène de l'*Inferno* de Dante »
commente-t-il pour l'ami Fred

mais bon, heureux le veuf de pouvoir contre
la mélancolie qui gagne avec le crépuscule
pratiquer l'art d'être grand-père.
Et peu importe si le roi-lion à quatre pattes
n'a plus sa crinière d'autrefois à secouer
pour effrayer l'enfant Johnny ni sa barbe
hugolienne ; il peut encore à dada
sur ses épaules le hisser royal
pour de longues promenades en bord de Seine

semble cet été-là (1882) se rétablir. Et même
son « créole médical » (ainsi appelle-t-il parfois
Lafargue) le trouve à nouveau plein de projets
la tête rasée mais à foison riche d'Afrique
et d'Arabie, ayant là-bas fait fructifier
ses lectures londoniennes et encyclopédiques
sur l'histoire et les mœurs arabes
l'empire ottoman, la colonisation française
etc. D'ailleurs, ajoute le gendre Gascon
il est devenu là-bas Maure pour de bon ;
couleur châtaigne, il fait partie désormais

de ce *colored people* où vient à véraison
l'avenir du prolétariat

confiera plus tard, Lafargue, que
son beau-père ne veut pas qu'on
le qualifie de marxiste

en septembre, Laura sa cadette l'accompagne
pour une ultime voyage censé
calmer sa toux de valétudinaire.
S'en va donc respirer l'air alpin
au bord du Léman. Lausanne puis Vevey.
Au retour, le docteur Douren (Argenteuil)
l'autorise à regagner London à condition
de n'y pas rester plus que trois
semaines, maximum. Retrouve son bureau
et reprend ses lectures d'ouvrages russes
relatifs à la condition paysanne
et à l'essor là-bas (où ses théories
font florès) du capitalisme
(« en russe sur mes étagères » : il a même établi
dans un de ses cahiers une liste recensant
tous les livres qu'il possède dans cette langue
apprise sur le tard : *Les Artels en Russie*
La Propriété commune de la terre
dans la province d'Arkhangelsk…)

Ventnor à nouveau dans l'île de Wight
quand un jour de janvier 83, le 12 exactement, il voit
inattendue débarquer, long voyage
depuis Londres, Eleanor
la plus jeune de ses filles, décomposée.
Immédiatement il comprend :
la benjamine a reçu un télégramme
lui annonçant la mort de sa sœur à Argenteuil
« Je savais, écrira-t-elle, que j'apportais
à mon père son arrêt de mort.
Il me pria instamment d'aller au plus vite

à Paris pour aider à garder les enfants. »
Effondré, le vieux capitaine
de l'Internationale décide de rentrer
par le premier bateau à Londres

Vie de Gustave Chpet

Vie de Gustave Chpet
(1879-1937)

alors qu'il est exilé à Tomsk
– maisons de bois et de guingois
enfoncées dans la neige, squelettes
d'arbres dénudés; de bois aussi quelques poteaux
électriques, périscopes dans la blancheur
surnageant, et, grands navires de granit
quelques imposants bâtiments officiels
d'avant Lénine (poste, gare, prison ...)

alors qu'il est là-bas, Chpet, en Sibérie se gelant
depuis Moscou, sa fille Marina l'informe
de son mariage en janvier 37 avec un dénommé
Storch Sergueï. Il lui répond amusé
qu'ainsi donc elle a été enlevée
par une cigogne – et s'en réjouit
parce que les cigognes, dit-on, apportent des enfants

Storch en allemand signifie en effet cigogne
et Chpet a tout l'air aussi d'un patronyme
d'origine germanique, copie conforme du mot
qui en allemand signifie «tard» (*spät*).
Mais non, double erreur, ce n'est pas sur le tard
mais très tôt qu'il est venu à la philosophie
de Kant, Hegel et consorts. Et bien trop tôt
aussi que ses travaux, de plus en plus entravés
censurés, brusquement disparurent:
en décembre 37, sur ordre de Staline, fusillé fut-il
au motif, de toutes pièces fabriqué
d'un complot monarchiste et fasciste

расстрелян, расстрелян (*rastréliane, ratsréliane*)
fusillé, fusillé

en fait, explique sa fille Marina, le nom
de Chpet est d'origine polonaise, sa mère
étant née noble du côté de Cracovie
(et puisque père inconnu, c'est un parent
de Marcelina Iosifovna qui sur le tard accepta
d'adopter le garçon désormais adulte, afin qu'il puisse
s'inscrire en bonne et due forme
à l'Université Saint-Vladimir de Kiev).
Chpet, donc, vient d'un verbe slave, *chpétit'*
qui signifie brocarder, moquer l'air de rien. Et en effet
on raconte qu'il aimait bien chambrer, Chpet
ses interlocuteurs, comme il aimait manier
l'humour à l'encontre de sa propre personne.
Dans les années d'avant la révolution bolchevique
son ami Andreï Biely, l'écrivain, dira même
du philosophe, qu'il est, nonobstant celle
autrement retorse et cinglante de l'Histoire
« l'ironie ambulante de la gauche »

⋆

ne prends pas froid surtout…
Fils unique et mère célibataire. Quand il quitte
Kiev pour aller à Moscou étudier
Marcelina vit très mal leur séparation. Passe
de longues heures, elle le lui confessera plus tard
dans sa chambre recluse, incapable d'autre chose que de
– que de sans fin regarder la photo
chérie de ce fils pour lequel elle aurait tout donné ;
a de fait tout sacrifié

on l'y voit tiré à quatre épingles, comme il sera
toujours par la suite. Exception toutefois :
une autre de ses filles, Tatiana, racontera bien plus tard le choc
qu'elle ressentit quand elle le vit à la prison de Tomsk.

Première fois qu'elle le voyait mal rasé. Car jamais
de laisser-aller ; jamais elle ne le vit, pas même
au petit-déjeuner apparaître en robe de chambre
mais toujours avec veste et cravate, rasé de près

veste et cravate, chemise blanche aussi
à col cassé, amidonné, cheveux soigneusement
peignés avec raie légèrement à gauche.
Tout ça très comme il faut, mais un très peu banal
regard, où la division du travail est entre
les deux yeux à l'œuvre, le gauche attentif
au monde extérieur, prêt à en passer au crible
les signes de toutes sortes et leurs structures
tandis que le droit, paupière supérieure légèrement
abaissée, semble habité, bien qu'il fût, le sujet
de cet œil, à Göttingen, l'un des disciples préférés
du très rationaliste Husserl – habité donc
par cette puissance partout à l'œuvre, supposément
mystique pour beaucoup (pour Kandinsky notamment
qui, à peu près à la même époque, la nomme
« nécessité intérieure »), puissance irrépressible
quand il s'agit, sous quelque ciel et de quelque
façon que ce soit, d'artistiquement œuvrer

*

ophtalmie – l'amour est une maladie des yeux.
Le désir, contagieux, musicien ambulant, circule
par le regard. Voilà ce que Platon nous dit dans le *Phèdre*
explique-t-il. Ses élèves très rangées du très chic lycée
de jeunes filles Alfiorovoï sont bien sûr fascinées.
Toutes. Mais ses paroles, *in petto*, Chpet les destine
spécialement à une jeune fille discrète
assise à l'avant-dernier rang à gauche (une parente
proche, lui a-t-on dit, de Rachmaninov et de Ziloti).
Il essaie pourtant de ne pas trop la fixer. On est en 1910
bientôt il partira en Europe de l'Ouest
pour trois ans. Elle le rejoindra en 1913 à Paris

et au retour à Moscou ils se marieront. Natalia
Constantinova a treize ans de moins que lui
(dans une lettre qu'il lui adresse le 12 novembre 1911
il s'interroge, s'interpellant lui-même: «pourquoi
l'importunes-tu, cette enfant? Crois-tu vraiment
qu'elle a besoin de ton amour?»

mais peu importe la différence d'âge (Platon ne le fait-il
pas dire à Socrate?), il n'y a pas lieu de dénigrer Eros
son délire est divin dès lors (voilà le point où la palinodie
s'impose) qu'est gouvernée ad hoc son énergie.
– *Ad hoc?* la vie qui vaut, de si difficile et indécise définition.
Chpet n'est-il pas d'ailleurs lui-même en ce temps-là, avant
d'aller suivre à Göttingen les cours de Husserl, un très
humien sceptique?

⋆

vie et destin. Le sien, après ses voyages à l'Ouest
(Berlin, Paris, Édimbourg, Göttingen...)
fut d'aller toujours plus à l'Est: Moscou après
Kiev, puis les années d'exil en Sibérie
(étapes à Iénisseïsk et Tomsk, et pour finir
son cadavre jeté dans un ravin perdu, caché
de tout regard, au plus épais des collines
boisées des monts Kachtak, non loin de Tomsk)

расстрелян, расстрелян (*rastréliane, ratsréliane*)
fusillé, fusillé

l'on chercha à l'effacer totalement, fusillant
jusqu'à son nom, tu, aboli, quand parut en russe
cette *Phénoménologie de l'esprit*
qu'il avait, seul, traduite pour l'Académie
des Sciences Soviétique. Nulle mention nulle
part d'un traducteur quand paraît l'ouvrage
bien après sa mort, en 59

*

très tôt, à vingt ans tout juste, il connut
la prison, arrêté pour participation à des groupes
marxistes, alors qu'il est à Kiev inscrit à la faculté
des sciences. On le voit sur une photo
encagé avec six autres détenus, sur trois rangs
entassés à la fenêtre d'une cellule, s'agrippant
aux barreaux qui la quadrillent. Tandis que
ses compagnons fixent avidement l'objectif
enviant sans doute la chance qu'a le photographe
de pouvoir librement vaquer
lui, coiffé d'une casquette à visière de cuir
semble indifférent, le bras gauche appuyé à un barreau
regardant ailleurs ; pour un peu sur le point
d'esquisser un sourire de vieux sage équanime
– ou d'esthète évaluant que voilà un parfait cadrage

l'occasion du deuxième séjour (un passage éclair
plutôt) fut tout sauf banale :
c'est à la prison de Boutyrki, à Moscou
qu'en effet fut en 1913 célébré, en catimini, son second
mariage avec son ancienne élève, Natalia
Constantinovna. Pas un pope en ville
qui veuille bien marier un homme divorcé
(et qui plus est initialement baptisé selon le rite luthérien) ;
et personne dans la parentèle, pas même sa propre
mère, qui veuille bien assister à la cérémonie)

*

« le morphème, écrit-il dans ses *Fragments esthétiques*
est la houppelande du sens », la pelisse dont il s'enve-
loppe pour affronter les grands froids du langage
les morsures du silence illogique

mais sur la beauté, il buta.
Impossible d'arriver

à en cerner le duramen, d'en donner une définition
qui vaille universellement. Alors fatigué d'en rester
à l'aubier, imitant la démarche des sciences
dites dures, il en proposa, pour rire, une fantomale
formule d'allure algébrique, une fraction numérique
ainsi libellée :

$$S\left[\frac{\Sigma^{u}{}_{n}\prod(1+{}^{u}{}_{n})M_{f}}{m\mathrm{lg}}\right]^{e} \pm s \pm 1$$

énigmatique, sans équation, restera plus tard, cadrée
par sa fenêtre à l'ouest, la beauté grande et moderne
des hydravions, de leur chorégraphie
striant les flots sans fin de l'Iénisseï

incapturable la Muse. Indécomposable aussi
la forme poétique, secrète sa musique

*

ce qu'on appellera bien plus tard le tournant
linguistique de la philosophie, il en fut très tôt
un adepte. Il fréquente en 1919 le Cercle
Linguistique de Moscou, où il débat avec
Jakobson, pas vraiment convaincu par la théorie
de l'arbitraire du signe. Pour lui, pourtant polyglotte
un lien secret et pas que contingent unit les mots et
les choses. Corrélation qu'il s'agit de penser, souvenir
de Cratyle lointain, en insistant sur ce fait que la langue
est énergie – sans toutefois céder à cette mystique
du langage que défendaient des penseurs de l'orthodoxie
tel Pavel Florenski

(peu avant la Révolution, on s'était beaucoup querellé
dans l'église orthodoxe pour savoir si le nom
de Jésus était ou non le pur fruit du hasard. Au mont Athos
plusieurs centaines de moines russes s'étaient fait les partisans
de la thèse selon laquelle déjà le Nom est Dieu lui-même
en vertu d'une efficacité magique du mot. Les « Glori-

ficateurs du Nom» comme on les appelait furent condamnés
comme hérétiques par leur hiérarchie et le tsar envoya
des navires pour les ramener de force en Russie
où ils furent réduits à l'état laïc, leurs habits religieux
leur ayant été confisqués et leurs cheveux rasés

le régime soviétique ne fut pas plus indulgent.
148 de ces hérétiques furent déportés en 1930
aux îles Solovki et fusillés.
Fusillé aussi, en 1937, Pavel Florenski)

*

en 1921, le pouvoir soviétique ferme
le Département de Philosophie de l'Université
de Moscou où il a été nommé en 1918. Le voilà
sans emploi. Comment vivre désormais? comment
échapper au sombre destin qui pour lui se dessine?
Il eut pourtant une occasion d'y échapper. Comme
bien d'autres en effet, il aurait pu s'embarquer à bord
d'un de ces deux bateaux qui en août
puis septembre 1922 quittent Petrograd pour Stettin
ville alors allemande. Afin de pouvoir expulser
tous ces gêneurs de l'intelligentsia qui s'opposent
au régime soviétique, Lénine n'avait pas hésité
à modifier le code pénal.
Dans la nuit du 16 au 17 août, arrestation
(plusieurs centaines) : l'exécution ou l'expulsion
pas d'autre choix. Pas question d'emporter
des objets de valeur, pas même des livres, et vous paierez
Messieurs le prix de votre voyage

ce «bateau des philosophes», comme on l'appellera
plus tard, Chpet refuse d'en être passager.
Il demande à Lounatcharski, qu'il connaît bien
depuis leur commune jeunesse à Kiev
de faire le nécessaire pour qu'on retire
son nom de la liste des intellectuels promis

à l'expulsion. De son côté, son ami Jurgis Baltrusaitis
poète et alors ambassadeur de Vilnius à Moscou
lui propose de demander la nationalité lituanienne.
Mais non, c'est en Russie qu'il veut rester
quoi qu'il advienne, quoi qu'il puisse observer
de ce qui chaque jour davantage fait du pays d'adoption
une prison et très vite un charnier où les gerfauts
prospèrent. En date du 24 janvier 1921, il note
ainsi dans son journal qu'en très grand danger désormais
se trouve tout ce qui est de l'ordre de la pensée.
Sous prétexte d'égalité, on est en train d'aligner
le travail de l'esprit et ses exigences propres
sur la plèbe. Autant dire au degré zéro.
Lui n'aura plus qu'à se rabattre pour survivre
sur des travaux de traduction, le reste
sera pour le tiroir. Et pas question d'adhérer
au syndicat des travailleurs scientifiques
c'est, écrit-il, un repaire d'arrivistes et d'opportunistes

⋆

il fut un temps pourtant où, jeune étudiant
l'avait fasciné la pensée marxiste. Maints
mérites sans doute, une radicalité certaine et des solutions
simples qui ne peuvent que séduire. Mais au final
philosophiquement, ça ne saurait tenir.
Il l'écrira dans un ouvrage de 1916 qu'il intitule
L'histoire comme problème de logique

le régime soviétique, il était prêt malgré tout
à l'accepter, pourvu qu'on le laisse travailler
se considérant comme un citoyen ordinaire
disposant d'un droit de vote (la Constitution
nouvelle qu'on prépare ne garantit-elle pas en son article
125 les plus fondamentales libertés ?)

contre tout espoir
(il n'y croit plus guère), en novembre 35, il écrira même

à Staline, alors qu'il est depuis bientôt huit mois
en exil à Iénisseïsk où il a trouvé le précieux secours
de citoyens bienveillants. Nulle envie qu'on le transfère
à Tomsk. Il veut seulement travailler au service
de son pays, comme il l'a fait jusqu'ici, à raison de
14 heures par jour. Ses talents de traducteur
ne serait-ce que cela, peuvent être très utiles
à la science soviétique. Ne parle-t-il pas, il le rappelle
à Staline, 17 langues? «Et jamais je n'ai pu imaginer
ma vie en dehors de la Russie»

*

chut, les enfants … il ne faut pas déranger papa.
On est en fin d'après-midi; il travaillera encore
toute la nuit, assisté des quelque cinq mille volumes
de sa bibliothèque et de dizaines de cigarettes
dont les mégots ont vite fait de remplir
le gros cendrier de faïence bleu posé parmi
les piles de livres qui encombrent la table.
La porte du bureau, la plupart du temps
reste obstinément fermée. Néanmoins, chaque soir
rite après le dîner: pour la famille qui fait cercle
il aime lire un chapitre d'*Onéguine*, s'arrêtant
pour commenter tel ou tel mot qu'il aura savouré
comme un bonbon. Sans compter qu'à Moscou
dans l'appartement de la rue Brioussov, au dernier étage
d'un immeuble coopératif construit à destination
des travailleurs du théâtre, bien des amis artistes
s'attardent et les soirées se prolongent
jusqu'à pas d'heure – oubliée celle du coucher

certes, il veillait à nourrir ses enfants de lectures
très diverses, les autorisant à emprunter
livre après livre dans sa bibliothèque. Mais
il regrettera plus tard d'avoir malgré tout été
avec eux trop distant, de trop vite grimper
l'escalier pour s'éclipser dans son bureau.

Il aura malgré tout su maintenir un vrai lien
les questionnant souvent sur leurs tourments d'enfants
puis d'adolescents. Et quand il sera en Sibérie
et eux adultes à Moscou, serrée, presque quotidienne
sera la correspondance qu'avec eux il entretiendra

à son fils Sergueï (un adolescent de seize ans
à peine), il décrit la pièce de la nouvelle maison
où il vient d'emménager. On est en août, sa fenêtre
est grande ouverte et le spectacle est captivant
au ciel (où défilent des nuages de beau temps)
comme à terre, sur la rive de l'Iénisseï
où l'on s'affaire autour des bateaux qui descendront
le fleuve. Et puis, joignant le ciel et l'eau, il y a le
ballet des hydravions, gerbes d'eau cisaillant le clapot
qui amerrissent et décollent. J'aimerais bien avoir
un biplan – ou plus simplement une paire de
jumelles. Le propriétaire de la maison songe
hélas, à me loger dans une autre pièce. Plus de
fenêtre à l'ouest, plus de vue sur le fleuve

*

on repart, le traîneau glisse
à nouveau, drelin, drelin, les grelots

Marina pas rassurée. Son père a pris place
sur un premier traîneau avec son aînée Nora
et le cocher, tandis qu'elle, Marinouchka
suit seule avec le second traîneau chargé
de tous les bagages (caisses de livres et paquets
divers, valises…)

– 20 environ, mais départ sous un beau soleil
мороз и солнце, direction Krasnoïarsk où l'on fera
chez des amis étape, avant de gagner Tomsk
où le philosophe est autorisé à s'établir
après qu'en sa faveur maintes personnalités du monde
des arts et des sciences ont à Moscou pétitionné

on est parti par un beau soleil, taïga, taïga
sans fin, blancheur aveuglante, silence à peine
entamé par l'envol d'un oiseau. Marina finit par
s'endormir, ce dont profite le cheval pour s'arrêter.
Allons, hue dia, elle secoue vigoureusement les rênes.
On repart, mais avec le soir venu, lourds nuages
noirs nuages, et la neige en rage
bourrasque enfarinant le visage, tandis qu'au loin
lugubre hurlement, des loups probablement

devant plus rien, disparu le traîneau paternel.
Heureusement, voici un relais de poste, les chevaux
vont pouvoir refaire leurs forces et les voyageurs
dormiront sur des lits en fer dans une grande pièce.
Le lendemain, Marina échange sa place avec Nora
et fait le reste du chemin à bord du traîneau de tête.
Les derniers cent kilomètres s'effectueront, aubaine
à bord d'une voiture de tourisme, une AMO-F 15
un modèle dérivé d'un célèbre camion Fiat

repos quelques jours chez des amis à Krasnoïarsk
avant de prendre le train pour Tomsk. Marina
note que son père, qui s'est défait de sa lourde pelisse
en peau d'ours pour enfiler son vieux manteau moscovite
à col d'astrakan datant d'avant la révolution, paraît
soudain bien amaigri

un an plus tard, pour fêter l'anniversaire de leur départ
de Iénisséïsk, Gustave Gustavovitch composera pour
Lenora et Marina, en souvenir de leur voyage
parodie des *Démons* de Pouchkine (non sans clin
d'œil moqueur aux Futuristes), un poème énumérant
les villages traversés avant d'atteindre Krasnoïarsk :

grelots, drelin, drelin
Maklakovo
Oust-Toungouzkoïe ! Ouf !…

Abalakovo – Kazatchinskoïe!... Pfoui, pfe!...
Pinega-a-a!
Bobrovka – Trach-trakt-trach-pr-trax-trach!
Mourta – Zouss-gz-sss-zgsss...
Krasnoïar! – – – – –
Taïga
Toml – Tosk – Tomskl – Tomlsk! ...

⋆

à Tomsk, il fallut se réinstaller et d'abord
trouver un logement. Ce fut une simple chambre
dans un appartement occupé par une famille
de quatre personnes, à deux pas de la poste.
Un grand lit en fer suffit à occuper toute la largeur
de la pièce. La nuit, Marina, qui est restée avec son père
doit mettre le matelas par terre pour y dormir.
Une providentielle petite table sert à Gustave Gustavovitch
de bureau. On bricole avec quelques caisses un semblant
de bibliothèque et l'on prend les repas sur une valise
posée sur une chaise. La cuisine est commune avec
les hôtes (la famille Vilenchik). Marina accompagne
au marché la maîtresse de maison, qui lui enseigne
l'art de marchander : comment négocier un litre
de lait, congelé sous forme de disques ronds empilés
sur un étal. –38° le premier mars 1936, et l'Iénisseï
à nouveau pris par les glaces, malgré les flots tumultueux
de l'Angara qui s'y jette. Impressionnants craquements
et bientôt un mètre et demi d'épaisseur. Il faut contre
le froid s'équiper (manteau de fourrure et chapka
en peau de chat, bottes de feutre...) et, tous les quinze jours
aller dans l'immeuble du NKVD pointer

l'argent manque. À Moscou, Natalia Konstantinova
est contrainte de vendre des pans entiers de la bibliothèque.
Crève-cœur que de devoir ainsi se séparer d'une édition
princeps de Pouchkine. Consulté, Gustave Gustavovitch
indique depuis Tomsk quels livres consentir à sacrifier

et lesquels à tout prix garder. Seule
la bibliothèque de philosophie sera épargnée

*

la vie néanmoins peu à peu prend tournure à Tomsk.
Chaque jour ou presque, il va à la poste et régulièrement
il visite les librairies de la ville. Fait avec sa fille des promenades
dans les vieux quartiers, là où l'on peut admirer
les sculptures qui ornent les façades des immeubles
et les encorbellements audacieux des maisons en bois.
À sa femme, Chpet réclame qu'elle lui envoie
des cigarettes, si possible des Palmyre du Nord
plutôt que des Belomorkanal, et pour le tabac
le meilleur, le Yalta, quoique le Sphinx
soit lui aussi très bon

il se languit de ne pouvoir travailler. Tout va mieux
quand sa femme arrive de Moscou pour son anniversaire
le 7 avril, porteuse d'une excellente nouvelle : ça y est
le contrat pour la traduction de la *Phénoménologie*
de l'Esprit de Hegel est signé. Là-haut, à l'Académie
des Sciences, ils n'ont trouvé personne qui soit
capable de mener à bien une telle entreprise. Chpet
trop heureux de se mettre au travail. Navette entre
Tomsk et Moscou. S'aidant de plusieurs dictionnaires
(allemands ou bilingues), il remplit de petits cahiers.
Leur papier est de bien meilleure qualité que celui
des feuilles qu'il a jusque là utilisées. « Il m'en faudra
bien une centaine (c'est dix kopeck l'unité) ». Ensuite
il les envoie à Moscou en recommandé. Natalia
en tape le texte et le lui renvoie pour corrections.
« Je ne pense sinon qu'à l'été, à la nature
qui va bien finir par se réveiller. Que Hegel
nous aide chaque jour à nous rapprocher de la belle saison ! »

après le départ de Natalia, de proches amies
viendront à Tomsk assister l'exilé. Dès la mi-avril

Elizabeta Nikolaïevna Konchina loue une chambre
dans la maison qu'il habite. Partage avec lui
ses repas. Veille sur sa tranquillité, tandis qu'il traduit.
Seul témoin, une chatte à trois couleurs – laide
mais quel bon caractère ! S'est postée
sur son épaule gauche. Écharpe à son cou.
Un quart d'heure bientôt qu'elle est là, raconte-t-il
à sa femme, comme fascinée par le cri de souris
de sa plume. Le travail avance bien ; depuis ton départ
j'ai traduit les pages 93 à 136. J'arrive à des phrases
plus courtes et plus tranchantes. Mon dentier me laisse
en paix. Je le porte toute la journée ; pas d'enflure.
Mon humeur est du coup bien meilleure

envisage l'achat d'un fauteuil d'occasion.
« Suis allé hier avec Elizabeta en essayer l'assise.
Les ressorts sont fermes. Pratique pour lire et se détendre
mais un peu bas pour écrire. Infiniment plus
confortable que mon actuel tabouret. Trente roubles ;
on verra. En attendant, je vais aller aux bains »

★

écrit à Jurgis Baltrusaitis, en avril 36, qu'il a la nostalgie
de Iénisséïsk, avec son vaste ciel et ses immenses
étendues d'eau. Où est, s'interroge-t-il, sa vraie place
dans cette époque si troublée, si incompréhensible ?
Tomsk est certes une grande ville, la nature
au printemps y est belle, mais on a le sentiment
que plus un endroit est beau, plus ils (*ils* !) s'emploient à le salir.
C'est une grande ville universitaire, mais la vie de l'esprit
s'y réduit à des simulacres. « J'attends avec impatience
le printemps, la géologie et la botanique elles au moins
tiendront leur promesse »

★

le temps à Tomsk est en mai chaotique.
Sautes d'humeur de la météo. Un jour, le 2 mai

il peut sortir sans chaussures du côté ensoleillé
de la maison. Deux jours plus tard, le froid
à nouveau et la neige à gros flocons. Deux pas
dehors et ses bottes très vite sont boueuses.
Grand froid dans les jours qui suivent. Tout juste
si l'on parvient, dans la cuisine, à maintenir
1 ou 2 degrés – « grâce, plaisante-t-il, à la chaleur
de mes cigarettes et au feu de mes allumettes
(qui d'ailleurs ont fait disparaître les souris... »)

fin mai, le beau temps revient. On peut ouvrir enfin
les fenêtres. « Joyeuse infusion d'air pur et des bruits de la vie :
chants des moineaux, cris des coqs, voix d'enfants
et même une vache qui meugle. Rejoints hélas
par le hurlement d'une radio syphillitique
et le souffle sourd d'un avion »

la Tom, la rivière qui traverse la ville, enfin se dégèle
et commence à couler. Quand Sergueï cet été
viendra, ils pourront, son fils et lui, faire en barque
le tour de l'île Boyarski

⋆

taches pâles à travers les feuillages sombres
à l'ouest un ciel gris-bleu. Gris sur gris, un tableau
philosophique. Rehaussé d'un peu d'or livide
sur les franges du disque lunaire. Maigre halo :
en plein jour, presque la nuit.
C'était, se souvient un voisin qui l'accompagnait
une journée sans nuages. Nous avons grimpé
en haut d'une colline au nord de la ville
pour pouvoir mieux observer l'éclipse totale
de soleil qui le 19 juin 1936 a traversé toute l'Union
soviétique. Il avait apporté des lunettes noires
et m'a montré comment regarder sans s'abîmer les yeux

⋆

la dernière photo qu'on ait de lui date
du 11 mai 36. « Celles de Iénisséïsk
étaient bien meilleures. Ne montre à personne
cette horreur ! », écrit-il à Natalia. La photo
il est vrai est très floue. On y voit un visage
amaigri qui s'avance depuis la nuit, regard fixe
dans le creux des orbites. Total dépouillement
juste un visage, et le reste enténébré jusqu'à
l'annulation

la précédente a été prise en mars 35 au moment
de son arrestation à Moscou. Une photo d'identité
façon fichage judiciaire, où on le voit vieilli
visage chiffonné et traits creusés de prisonnier

*

à Margarita (sa « chère Margaritochka »)
la deuxième de ses filles, mère d'un petit Kotik, trois ans
qui souffre d'un écoulement nasal permanent
il donne des conseils médicaux : pas facile
pour un enfant de cet âge de se moucher correctement.
Veille à ce qu'il ne mouche pas ses deux narines
en même temps ; sinon la morve risque de se retrouver
dans les oreilles, ce qui peut provoquer otites
et autres infections chroniques

à Marina, la quatrième de ses filles, qui s'est inscrite
en faculté d'ethnographie (une « bêtise » selon lui)
il conseille de commencer par une solide formation
en linguistique, car il lui faudra apprendre de nouvelles langues

*

le mois d'août a été vraiment minable ; pluie et froid
constamment. Dès le premier septembre, les mélèzes
ont jauni. Très vite les jours qui raccourcissent et l'arrivée

de la première neige. Sérénité, élan de joie, malgré tout
que sa lumière paisible, même s'il craint, Gustave Gustavovitch
l'hiver à venir, surtout si vient à manquer
le bois de chauffage. Dès huit heures désormais
il faut allumer les bougies. Et bientôt la paraffine va
manquer. «J'ai quand même pu traduire
quelques paragraphes de la *Phénoménologie*, pendant qu'il
faisait encore jour». Difficile, Hegel, et en même temps
si captivant. Pas de plus haut plaisir que celui qu'on ressent
quand a pu trouver en russe les mots le plus ad hoc
pour rendre cet esprit spéculatif propre au langage lui-même
que le philosophe fait jouer à plein en allemand

douleurs à l'estomac et main qui tremble. Il ne peut plus
écrire. Natalia, revenue pour quelques semaines à Tomsk
le force à consulter. Un ulcère probablement.
Pas de viande, un régime à base de lait et de légumes

le 21 octobre 37, Natalia Konstantinova reprend le train
pour Moscou. À la fenêtre du wagon, elle agite la main
longtemps, longtemps, jusqu'au virage à gauche
où bientôt le train va disparaître.
«Dans 102 heures et 15 minutes, si tout va bien
tu devrais être à Moscou. Le cœur me serre à la pensée
que peut-être nous ne nous reverrons plus... Bon, je vais
me faire cuire deux œufs pour le dîner
et boirai un peu de lait aigre»

huit heures du soir et déjà nous nous calfeutrons.
Il fait froid et la ville est plongée dans le noir. Toujours
la panne d'électricité; seuls les bâtiments officiels
ont de la lumière. À neuf heures, on a frappé
à la porte pour me remettre le télégramme
que tu m'as envoyé de Kirov. Tout de suite
mon moral s'est trouvé amélioré. Envoie-moi
si tu veux bien une édition bon marché des poèmes
de Lamartine (en français bien sûr). Tu devrais
pouvoir trouver le livre dans la librairie qui se trouve

en face du bâtiment de la grande poste. Avant de me
l'envoyer, lis attentivement le poème intitulé
«La Solitude». Tu n'y apprendras rien de neuf, mais
tu pourras y entendre à nouveau s'exprimer mes sentiments
et mon état d'esprit. Baisers. Je ne suis pas encore au lit
il me faut faire face à une «crise de bougies» (je croyais
en avoir encore 20; je n'en ai plus que 5!)

*

le 27 octobre 1937, racontera son voisin
ils sont venus le chercher. Il les a suivis
tranquillement, sans rien dire

*

le 28, le télégramme tant redouté arriva
à Moscou, rue Brioussov: «envoyez-moi le chapeau».
Message laconique et crypté, mais sans mystère et
terrible pour la famille, en ces temps de terreur.
C'était le signal convenu avec ceux qui à Tomsk
hébergeaient le déporté pour signifier qu'il avait été
à nouveau arrêté.
La première fois, ç'avait été à Moscou
en 1935, quand il avait été condamné à cinq ans d'exil
en vertu de l'article 58-10-2-11 du code pénal, et envoyé
donc en Sibérie

on perquisitionna la chambre qu'il occupait
ne trouva rien, mais peu importe, on mit dans un sac
ses livres et ses manuscrits, ses cahiers, sa correspondance
on détruisit le tout tandis qu'il était conduit en prison.
Les choses ne traînèrent pas, parfaitement bidon
l'enquête fut close le 2 novembre et le 16 il était fusillé
ses trois co-inculpés, eux aussi membres de l'intelligentsia
l'ayant été le 10 novembre

(on saura bien plus tard qu'il y eut à Tomsk, entre 1936 et 1939, pas moins de 3850 exécutions)

*

sans nouvelles, sa femme avait écrit à Staline :
« Cher Joseph Vissarionovitch, j'ai longtemps
hésité. Ai-je bien droit à votre attention ?
Mon mari, le professeur Chpet est le genre d'homme
dont notre pays a besoin. Ces dernières années, il n'a pas
ménagé ses efforts. Il a fait sur Shakespeare
des découvertes intéressantes, mis en lumière
des aspects inconnus même en Angleterre.
Il a aussi mené à bien la traduction
de la *Phénoménologie de l'esprit* de Hegel
travail si ardu que les universitaires de Moscou
eux-mêmes ont préféré ne pas s'y risquer.
Voilà 24 ans que je vis avec lui et je connais
sa loyauté sans faille envers le pouvoir soviétique.
Sa mère était couturière ; son nom de famille
est d'origine ukrainienne ; il a grandi dans la pauvreté.
C'est par ses propres efforts qu'il est parvenu
à devenir professeur, donnant des cours de logique
de psychologie, étudiant la philosophie. Certains
considèrent que sa philosophie est idéaliste, mais
depuis de nombreuses années il se consacre à un travail
littéraire (Shakespeare, Dickens, Byron…). Mais
peu importe ces détails, croyez-moi, il est un citoyen
soviétique loyal. Je sais combien le sort de chaque
citoyen vous importe. Son état de santé est très mauvais.
Il est asthmatique et souffre d'un ulcère à l'estomac.
Je crains beaucoup pour sa vie. Natalia Constantinova
Chpet. 27. III. 1938

*

« quand je mourrai enterrez-moi
au milieu de la steppe
de mon aimable Ukraine
de façon que je puisse voir

l'étendue des champs».
Il aimait ces vers du testament
de Chevtchenko, les savait par cœur
les ayant même cités naguère dans un article.
Mais il savait aussi que si jamais âme il y a, nulle
pour lui ne s'envolerait vers quelque ciel, nul moi
comme il l'avait écrit, n'étant propriétaire de soi-même
juste un nom, un *imrek* de baptême éventuellement
qui vous identifie, support et surface pour une conscience
(une intentionnalité aurait dit son maître Husserl)
qui aura voyagé au gré des aventures, de la parole, du verbe (*slovo*)
des mots et phrases qu'on aura chevauchés, aventures qui font
l'histoire de tout un chacun, sont de son moi
la glèbe nourricière

sans compter qu'il n'eut pas droit à une tombe
pas même à un trou dans la terre
juste un creux de fortune au milieu des collines.
Où exactement, on l'ignore, jamais n'ayant pu être
retrouvés ses restes

mais de ce moi où il voyait avant tout
une concrétion sociale, de ce moi qui fut
le sien, restèrent des livres et des archives
sauvés eux de la fusillade

⋆

un certificat attestant qu'il était mort, supposément
d'une pneumonie, le 23 mars 1940 très précisément
ne parvint à la famille que bien plus tard, en 1956.
Aussi Natalia Constantinova fit-elle parvenir
chaque mois à la prison de Tomsk colis et mandats.
Gustave Gustavovitch y était supposément enfermé
condamné à dix ans de colonie pénitentiaire
à régime sévère, sans droit de correspondance.
Il était soi-disant toujours en vie, certains même

affirmant l'avoir vu avec d'autres *zeks*
(en russe, le mot, qui alors existe à peine –
bien que soit déjà bien en place le système des premiers camps
signifie étymologiquement « derrière la clef », autrement
dit sous les verrous), au bord du fleuve
de l'eau jusqu'aux genoux, travaillant à tirer
sur la berge, à l'aide de longs crocs, des troncs d'arbre
convoyés jusque là par flottage

ce n'est qu'au début des années 90, les archives
du NKVD devenu KGB ayant été ouvertes
que le dossier sera exhumé et que le bureau
du procureur de Tomsk délivrera un certificat
de décès, authentique cette fois (portant
la date de 1937 et non celle de 1940), et confirmée
la réhabilitation du philosophe, compte-tenu
de l'absence de *corpus delicti*

dans la foulée, on apposera une plaque en bronze
sur la maison en bois, au n° 9 de la rue
Ruskovo (anciennement rue Kolpatchevsky)
une maison à deux étages, grande mais sans confort
(juste un poêle), où la famille qui l'occupait
les Vilenchik (le père était contremaître dans un fabrique
de chaussures) avait bien voulu
lui laisser l'usage d'une chambre au premier

ici
de décembre 1935
au 27 octobre 1937
vécut en exil
le philosophe russe
Gustave Gustavovitch Chpet

en 2002 la plaque fut volée
on la remplaça par une en marbre

Vie de Georg Lukács

Vie de Georg Lukács
(1885-1971)

Györgi Bernat Löwinger naît à Budapest
d'un père directeur de banque et d'une mère originaire
de Vienne, Adele Wertheimer, femme au foyer.
Famille patricienne, bourgeoisie juive plutôt
germanophone (mais on parle aussi volontiers
l'autre langue officielle de l'empire, à savoir
le hongrois)

Budapest bicéphale, coupée en deux par le Danube
Buda sur la rive droite et Pest sur la gauche.
Buda-Pest donc, sise en un empire que bientôt un écrivain
nommé Musil baptisera Cacanie (*Kakanien*, car *K*
und K pour *kaiserlich* et *königlich* – pays royal
et impérial à la fois), pays deux fois K
où bientôt les oies philistines, s'étant gavé
d'opéra kitsch et de poulets rôtis, ayant jusqu'à
plus soif joyeusement cacardé, s'en viendront
applaudir les défilés au pas de l'oie de sinistres
brutes arborant des croix gammées

*

Georg n'a que 5 ans quand son père, anobli sur décision
du Ministre de l'intérieur, prend le nom de Lukács
avant d'être dix ans plus tard fait baron par l'empereur.
Il devient ainsi Georg Bernhard von Szegedin
(en hongrois Szegedi Lukács György Bernat)
et, jeune homme, signera en conséquence tous ses écrits
du nom de Georg von Lukács. Du moins, jusqu'en 1918.
Car ensuite, une fois converti au communisme

de Lénine, au diable la ci-devant particule nobiliaire.
Exit *von*, il n'est plus que
le camarade Lukács Georg

pour les intimes, c'est encore plus simple
c'est Gyuri, le diminutif de son prénom
(ainsi signe-t-il ses lettres de jeunesse
à son alter ego Leó)

quand viendra le temps de la lutte clandestine
divers pseudos apparaîtront, celui notamment
de Blum qu'il prendra pour exposer
son point de vue, quand, après l'écrasement
de la République des Conseils, le parti, à Budapest
tente de survivre dans l'ombre.
En des thèses bientôt fameuses, il dira
son désaccord avec l'orientation à son goût
trop sectaire imposée par celui qui se voulut
le Lénine hongrois, Béla Kun

★

la rumeur veut qu'il ait servi de modèle
au personnage de Naphta dans *La montagne magique* :
« un petit homme maigre, glabre, d'une laideur aiguë
lèvres minces et serrées et sur son nez courbe
des lunettes aux verres convexes protégeant
ses yeux gris clairs ». Ainsi est-il portraituré
sans aménité, par le célèbre romancier. Juif et jésuite
Leo Naphta, apprend-on, est à Davos
le sous-locataire d'un tailleur du nom de… Lukacek.
Le vrai Lukács en conviendra : sans doute a-t-il bien pu
servir de modèle à Thomas Mann, quoique ce dernier
ait beaucoup brodé. « Mais il faut dire, à sa décharge
que lorsque je l'ai rencontré à Vienne, en 1920
ayant fui Budapest, j'étais sans un sou et portais
une veste très élimée. Et puis jamais je n'ai été élégant
– tout le contraire de Naphta… »

*

précoce dissidence. En guise d'opposition
à son père, qui veut le voir embrasser
la profession de banquier, n'a que treize ans quand
il pose bien en évidence sur sa table de travail
la photo encadrée d'un oncle qui s'est retiré
des affaires pour mieux consacrer sa vie entière
à la méditation et l'étude du Talmud

mais c'est surtout contre sa mère qu'il mène
ce qu'il appelle une guerre de partisan. Le conformisme
maternel le hérisse. Très à cheval sur les bonnes manières
Adele Wertheimer est « l'étiquette personnifiée ».
Pas question que sa progéniture déroge aux règles
domestiques. Quand un enfant refuse de se déranger
pour venir dire bonjour à la dame, c'est sans attendre
le séjour au cachot, en l'occurrence le réduit à bois
là où l'on range aussi les balais. Poussière, obscurité. Jusqu'à
ce que le rebelle veuille bien demander pardon.
Le frère aîné et la sœur très vite
capitulent. Pour Georg, hors de question. Ne cède que
s'il ne peut faire autrement. Car s'il sait
que son père va bientôt rentrer, inutile
de se rendre : la levée d'écrou est imminente.
Sa mère, qui ne veut surtout pas de tension
au foyer au moment du retour du chef de famille
s'empresse au plus vite de libérer l'insurgé

sur un portrait où il apparaît en uniforme de lycéen
(tricot rayé et veste à col marin avec boutons dorés)
un livre ou cahier plutôt à la main, le rebelle a pourtant tout
d'un enfant sage

*

appartement au dernier étage d'un immeuble
bourgeois à Pest, avenue Andrassy, à proximité

du quartier juif de Lipot et deux pas de la *blaue Donau*
le rarement bleu Danube. C'est l'heure matinale
et brumeuse de la leçon particulière qu'une préceptrice vient
chaque jour donner à son frère pour qu'il apprenne
enfin à lire. Georg, lui, n'a pas encore cinq ans.
On l'a autorisé à assister à la leçon ; à la grande table
de la salle à manger, silencieux, il fait face à son frère
et à la pédagogue. Captivé de voir s'animer, se mettre
à balbutier, marmonner sur les lèvres du frère, ces trains
de signes à l'arrêt sur les pages. Très vite, quoique à l'envers
il déchiffre, et, plus vite que son frère, sait lire. Ce qui ne plaît
guère à la mère, qui, ne jurant que par son cher aîné, interdit
au cadet d'assister désormais aux leçons. Il attendra son tour
l'an prochain, pour apprendre à lire
pour de bon et dans le bon sens

alors il dévorera les livres. D'abord, en hongrois
Le Dernier des Mohicans. D'emblée se sent
solidaire des Indiens. Puis, en anglais (le père
est un anglomane fervent, on laissera donc de côté
le français, dont c'est alors pourtant la coutume
pour les élites de l'étudier), c'est Mark Twain
qui l'enthousiasme. Enfin libre, le voici compagnon
de Tom Sawyer, frère de la côte en vadrouille
dans l'île Marguerite, ramassant sur les rives du bleu
Mississipi des branchages pour se faire une cabane

*

longtemps déjà que Lukács a promis
à sa défunte épouse, Gertrud, morte en 1963
d'écrire son autobiographie

en mai 1971, à quelques semaines de sa fin
très affaibli par un cancer des poumons, il accorde
un long entretien à une historienne, Erzsébet Vezér
et à un essayiste, István Eörsi. Décidé à parler librement
même s'il ne fait pour lui aucun doute (il le dit

à ses deux interlocuteurs) que les services compétents
ont sûrement de longue date truffé son appartement
de quelques micros. «Mais, à mon âge et dans mon état
que pourrais-je bien craindre?»

objectif de l'entretien: préciser le contenu de notes cursives
qu'il n'a plus la force de compléter et de mettre en forme
pour écrire l'autobiographie envisagée

(sa mémoire est parfois défaillante. Et pas d'archives
sinon très lacunaires. – C'est seulement en 1973
deux ans après sa mort, que par hasard on découvrira
la malle qu'il a déposée dans le coffre-fort
de la *Deutsche Bank* de Heidelberg, le 7 novembre 1917
avant de rentrer chez lui à Budapest.
S'y trouve notamment son journal des années 1910-1911)

«dans ma vie, tout est lié à tout», dit-il à ses interlocuteurs.
Et s'il veut dans cette autobiographie s'en tenir
à l'exactitude chronologique, c'est que sa vie
«longue et toujours studieuse», forme un tout
«organique» (pourtant quelques brusque virages
trous noirs et reniements, dont la répudiation
de ses écrits de jeunesse, à ses yeux trop entachés
d'idéalisme)

«organique»: un mot clef qu'il met en avant
quand dans les années trente, à propos de roman
et de réalisme, il s'oppose à Chklovski
et aux tenants avant-gardistes de la «factographie»
leur reprochant de n'aller pas plus loin que
l'empilement des faits, de se contenter d'une méthode
compilatoire enregistrant, juxtaposant les documents
comme autant de photographies.
Le vrai réalisme, pense-t-il, est celui qui articule
organise et structure (*gliedert* est le verbe qu'il emploie
mot venu de Hegel que jamais il n'oublia). Celui
qui ne se contente pas du copié-collé; celui par exemple

de Cézanne, quand il s'attache à figurer « le torrent
du monde, l'héroïsme du réel » (ce sont les mots
du peintre), en son immensité saisi, totalisé. Capable
de le faire ainsi revivre dans le plus petit
carré, petit poucet de matière ; dans la moindre note
chanter, tel Bartok et ses

neuf cerfs merveilleux dans la forêt retournés dans l'ouvert vivre libres

*

une photo de groupe le montre en mai 1923
à l'occasion d'une semaine marxiste à Geraberg
en Thuringe, organisée par l'Institut de recherche
sociale de Francfort. Campagne à peine
ondulante à l'arrière-plan. Georg debout au second rang.
Costume, chemise blanche et cravate, mains dans les poches.
À sa gauche, un grand gaillard, d'une tête le dépassant :
Richard Sorge, le futur espion soviétique qui réussira
à infiltrer, en Allemagne puis au Japon, les plus hautes
sphères du pouvoir, livrant des informations cruciales
sur les plans d'Hitler et de Hirohito, avant d'être finalement
démasqué puis pendu à Tokyo

*

[on l'aura depuis longtemps deviné, un sosie de Diogène (Diogène Laërce) en ces pages en sourdine officie et sans honte factographie lui aussi, recyclant anecdotes et historiettes, qu'il colle comme autant de timbres ou photos dans un album. Mais pas de quoi offusquer Lukács ; il a toujours aimé qu'on lui porte la contradiction, encouragé même ses étudiants à objecter. D'où qu'on affluait à ses séminaires d'après-guerre – ils étaient « merveilleux », dira même Ágnes Heller, qui fut son élève avant d'être son assistante]

★

au lycée protestant où il est élève, G. L. concède
avoir joui d'un statut privilégié. Ceux qui comme lui
venaient du quartier juif et huppé de Lipot étaient
considérés comme des aristocrates. Qu'ils soient fils
d'Israël n'avait alors pas d'incidence. Seul comptait
vraiment le fait qu'il fût un bon élève sans être
aux yeux de ses condisciples, un «fayot». D'ailleurs
il ne fréquentait pas la synagogue, n'y étant allé
qu'à l'occasion de quelques mariages et autres cérémonies
(«chez nous régnait une totale indifférence à l'égard
de la religion juive»)

★

à l'adolescence, il se passionne pour le théâtre, fonde
même avec quelques amis une troupe dénommée Thalia.
Chaque soir, discussions sans fin sur l'art du comédien
et les mérites comparés d'Ibsen et de Hebbel
sous les hautes boiseries de la brasserie Baross
à deux pas de la gare de Keleti

il s'est déjà presque totalement coupé de sa famille.
Quinze ans plus tard, quand sa mère, en 1917, atteinte
d'un cancer du sein, est sur le point de mourir, ses proches
demandent à Gyuri de lui écrire une lettre. Il s'exécute.
«Il faut que je sois bien malade pour que le Docteur
Georg m'écrive», dira-t-elle

★

il y a ses livres marxistes – ou plutôt marxisants
car pas vraiment orthodoxes. Mais il y eut aussi
avant qu'il ne devienne (en 1918) pour de bon léniniste
tout sauf mineurs, des écrits de jeunesse, dont
L'Âme et les formes, qu'il écrit d'abord en hongrois
avant de le traduire lui-même en allemand (1910-1911)

et une *Théorie du roman* (1920) ; livres que plus tard
(en 1938), alors qu'il est réfugié à Moscou, il reniera
allant jusqu'à les qualifier de « réactionnaires »

⋆

il y eut même, à l'ombre de ces premiers écrits, une jeunesse
tout court et très fiévreuse. Celle d'une âme très romantique
et tourmentée. Au café Japan, où il arrive avec une pile
de livres de Hegel sous le bras (« la serviette n'était pas
à la mode en ce temps-là »), il fréquente les soirées
enfumées où, de Monet et Matisse, de lumière
et matière, de fauvisme et couleur, débattent
de jeunes peintres enthousiastes

devenu passionné lecteur de Kierkegaard
l'écrivain débutant qu'il est vit à vingt ans
(22 exactement) un amour malheureux
avec une jeune femme peintre, Irma Seidler.
Les essais qu'il écrit alors, dans l'ivresse lyrique
de cet amour, il les appelle des « essais-Irma ».
Leur rencontre a eu lieu au cours de l'hiver 1907
dans un salon à Budapest où l'on cause art et littérature.
D'emblée foudroyé
(« merci à vous d'être apparue dans ma vie »).
Au printemps suivant, il l'accompagne avec des amis
à Florence. Et là ce fut beaucoup plus que simplement
de l'amour : une « sympathie mystique », écrira-t-il
quatre ans plus tard dans son journal.
No sex cependant ; on se plie aux mœurs en usage
dans la bonne société. Amour « astral » plutôt, sauf que
l'étoile trouve le soupirant décidément trop nébuleux
trop Thalès le regard tourné vers le ciel – trop peu sensuel
trop détaché de la prose de monde.
Dans son journal, d'ailleurs il en convient :
« Je suis un morphinomane de l'intellect
qui trop longtemps s'est enfermé dans l'ivresse
du travail intellectuel. » S'en veut très vite de cet orgueil
qui l'a conduit à abandonner « tout le terrestre », d'être

incapable de s'engager sur le chemin de cette *vita nuova*
à laquelle pourtant il aspire. S'en veut, alors qu'être
« monologueur » il ne le souhaite pas, de s'être ainsi coupé
de ses semblables, d'avoir par trop tourné le dos
à la vie ordinaire. Car à quoi bon être « pur esprit » ?
À quoi bon si cet esprit est vide et vain ? Et comment
désormais être encore philosophe ?

tout est fini (« elle m'a rejeté de sa route »).
Il a appris en effet qu'en désespoir de cause
elle s'est mariée avec un certain Károly
Réthy, peintre de son état lui aussi

commence ce qu'il nomme un « âge glaciaire ».
Longues nuits blanches où il écrit à celle qu'il pensait
pourtant être la femme qui aurait sauvé sa vie maintes
lettres où il bat sa coulpe (« je suis de ceux qui ne savent pas
vivre ; affamé de bonheur mais incapable d'être heureux
de vous rejoindre dans cette vraie vie
que vous m'avez révélée... »). N'en finit pas de tourner
en rond dans la chambre de la pension miteuse
où il s'est rencogné. Ses nerfs mis à mal par les pas
des voisins du dessus. Et les servantes qui crient
et chantent et rient à travers les cloisons ! Impossible
de travailler. De toute façon, goût à rien.
Va à la fenêtre, s'y poste avec le pistolet acheté pour lui
par Ottó Mandl, une relation de son ami Leó. Main moite
qui serre très fort la crosse, puis brusquement
dépose le six-coups sur la table

songe donc au suicide (« vous recevrez cette lettre
en même temps que la nouvelle de ma mort »
– mais ne la poste pas). Reformule sans fin
la dédicace à l'intention d'Irma qu'il aimerait
voir figurer, avec son accord, en tête du livre
qu'il vient de terminer, *L'Âme et les formes*.
Car tous les essais repris dans ce livre
sont des « essais-Irma ». Elle en fut la Muse

ou plutôt l'enivrante source d'énergie.
Hésite sur la formule initiale : « *Tisztelt Nagysagos Asszonyom* »
(« Respectée Madame ») ou simplement « chère Irma » ?
Termine par un cérémonieux « Baisemains
de votre toujours vrai ami Györgi Lukács »

se décide finalement, le 2 février 1911 :
« permettez-moi de vous dédier le livre
d'écrire sur la première page :
« Irma von Réthy-Seidler, *in dankbarer Erinnerung* »
(« avec mon souvenir reconnaissant »).
« Ces écrits vous sont adressés et s'ils sont en prose
c'est parce que je ne sais pas écrire de poèmes ».
Il précise qu'ils paraîtront en allemand.
Répondra-t-elle ? Ce n'est que le 28 avril suivant
que le « cher Gyuri » reçoit une longue et chaleureuse
missive. On devine, lui dit-elle, que vous avez écrit votre lettre
dans un endroit agréable : « Vous sentez maintenant
Florence » (c'est là qu'ils ont vécu leur idylle). Et de continuer
en mode bucolique (lui, plus tard, hégélien
aurait parlé de mode « organique ») :
« Vous êtes-vous déjà trouvé allongé sur le dos, sous des arbres
majestueux, à l'abondante frondaison ?
Et avez-vous déjà, au-dessus de votre tête, vu
le merveilleux dais de feuillage ? On le regarde
sans comprendre comment il s'est formé, puis
peu à peu on distingue les bouquets de feuilles aux branches
on découvre sur le tronc la naissance de ces branches, puis
le regard glisse le long du tronc, descend
jusqu'aux racines, et on constate alors que les éléments
adhèrent les uns aux autres ; on ne les prend plus
pour une masse tourmentée et agitée.
C'est à peu près ainsi que je les lis, et je découvre
l'endroit où les branches naissent, où le tronc finit
et se termine en racines. »

en conclusion, Irma, sans doute souhaitant ne pas l'inquiéter
se déclare « assez calme ». Son mari est à Nagybánya, où vit

toute une colonie de peintres. Quoique restée à Budapest
elle compte bien en juillet se rendre là-bas
pour « mettre avec lui les choses au point. Avant l'automne
notre situation doit être claire et réglée une fois pour toutes ».
« Adieu, mon cher Gyuri
et écrivez, je vous prie, à votre amie »

trois semaines plus tard, le 18 mai, c'est elle, Irma
qui se suicide, se jetant dans les eaux du Danube

aussitôt, mot à Gyuri de son ami Leó :
« Je suis à tes côtés dans les ténèbres »

mais le ci-devant prétendant évidemment culpabilise.
S'en veut de n'avoir pas eu d'oreilles pour le cri
d'appel à l'aide de celle qu'il a tant aimée.
« Un cri d'assourdissant silence » (c'est sa formule). S'en veut
de s'être encore une fois trop retranché de la vie ordinaire
d'avoir trop voulu une vie supposément pure
pour mieux se vouer à son œuvre, et d'avoir ainsi
oublié qu'il y a au cœur le plus empirique
de la vie la plus banale, jusqu'en sa nullité, éternellement
biblique, un *Dennoch*, un Néanmoins qui gît
et continue obstinément
d'espérer

*

entre temps, par une lettre du 4 mai 1911, il aura appris
que le Conseil des professeurs de l'Université
de Budapest, par 25 voix contre 10, a refusé
de lui accorder le titre de *privat-docent*

six mois plus tard à peine, le 21 octobre, c'est Leó
qui à son tour se suicide. « C'est la nuit et le vide
autour de moi », écrit Gyuri

solitude = rien d'autre désormais que le travail. Mais il a beau
s'asseoir à son bureau, rien. Tout juste s'il écrit

dix lignes par jour alors qu'auparavant c'était
dix pages. Maux de tête et cigarette
sur cigarette ; incapable de rien d'autre que d'appuyer
son front sur la vitre pour s'absorber dans la vue du jardin
sur lequel donne sa chambre. À gauche, au chômage
les 21 volumes de Hegel et leur regard
de reproche. Par contre, sa cote, à la maison
a remonté. C'est que pour une fois il ne se lève pas
de table avant la fin du repas pour filer
au travail ; accepte même d'accompagner
pour sa promenade son père, devenu son mécène

*

après, nombreux séjours en Allemagne :
un semestre à Berlin (cours de Simmel, Dilthey).
Puis d'autres à Heidelberg, où enseigne Emil Lask
dont il apprécie la clarté et la toute kantienne rigueur
et où le futur marxiste se lie d'amitié vive avec Ernst Bloch.
Grâce à l'exemple de ce dernier, comprend qu'on peut
philosopher pour de bon plutôt que d'encore
une énième fois disséquer les classiques ; qu'on peut
s'élancer dans la pensée sans souci non plus
des philosophies à la mode

l'allemand devient sa langue de culture ;
son amour toutefois des poèmes d'Endre Ady
le choc qu'il en a pu très tôt recevoir font
qu'il continuera d'aimer vivre dans cette autre
maison qu'est pour lui sa première langue
natale. Tout au long de sa vie, dira-t-il bien plus tard
le hongrois sera demeuré le fond
sonore de ses travaux et lectures. Ainsi ira-t-il
jusqu'à lire la *Logique* de Hegel avec, vibrant bourdon
en sourdine résonnant, la langue souple et rebelle
du poète Ady Endre

*

neuf
cerfs merveilleux, neuf

★

guerre, la Grande, guerre qu'il se refuse à faire
délibérément – car péché absolu que cette guerre.
«Sympathie pour Jaurès et Liebknecht
mais sans la moindre possibilité de suivre leur chemin»
et refus de tout accommodement avec le régime
des Habsbourg. Trouve auprès de Jaspers une bienveillante
attention, quand il informe le psychiatre qu'il doit passer
le 20 août 1915 devant un Conseil de révision, à Budapest.
Demande au cher *Herr Doktor* de bien vouloir établir
en sa faveur un certificat médical pour dépression
nerveuse. «J'ai vraiment honte d'abuser
ainsi de votre amabilité». «Pensées cordiales de Léna
et de moi-même à vous et à votre femme»

Léna est alors sa femme – Léna Grabenko, une jeune
Russe qu'il a connue à Bellaria, une station balnéaire
non loin de Rimini, lors d'un séjour avec des amis
à l'été 1913. Six mois plus tard, il l'épouse. «Dons de peintre
vive et lucide intelligence», dira-t-il d'elle.
Ayant à Saint-Pétersbourg appartenu
au mouvement des socialistes-révolutionnaires
elle s'en est éloignée, mais a néanmoins dû fuir
la Russie pour se réfugier à Vienne

été italien, baignades et longues conversations
à l'ombre fraîche et le parfum le soir s'exhalant
de pins opportunément parasols, à propos
de Tolstoï et Dostoïevski, du réalisme de la «sainte
littérature russe» (comme l'appellera Thomas Mann).
Là, sur la côte adriatique, qu'il commence à écrire
sa *Théorie du roman*

très vite cependant l'idylle se ternit. À Heidelberg
Gyuri contraint de supporter un ménage à trois.
La charitable Léna juge bon qu'ils hébergent son amant
un dénommé Bruno, musicien de son état. D'icelui
violentes crises éthyliques au cours desquelles il hurle
et de colère cogne sur un piano qui n'en peut mais
(parfois aussi sur son amante)

néanmoins, en 1920, bien qu'ils aient entre temps divorcé
c'est à elle, Héléna Andréïevna Grabenko, qu'il dédiera
cet essai dont le dernier chapitre s'attarde sur Tolstoï
et le pressentiment d'une nouvelle forme épique
essai qu'ensuite, comme on sait, il reniera
n'autorisant sa réimpression qu'en 1962)

⋆

puis vient le temps d'une double révolution. Dans la rue
et dans son mode de vie, intimement et de fond en comble
chamboulé, quand survient à la fin de la guerre
à Budapest, la révolution des Asters qui voit
les sociaux-démocrates, chrysanthème
à la boutonnière, s'emparer des ministères

le 31 octobre 1918, il est avec une amie au milieu
d'une foule, sur le pont des Chaînes, manifestant
parmi d'autres, lorsqu'éclate une fusillade.
Courent se mettre à l'abri sous les arcades
des quais du Danube. Rien d'autre. C'est seulement
un mois plus tard, quand commencent à se manifester
les émules hongrois de Lénine, fraîchement arrivés
de Moscou, qu'il décide d'adhérer au parti que vient
de former Béla Kun. Décisif tournant, dans la vie
comme dans la pensée. Désormais, l'heure est à l'action
à l'insurrection même (elle viendra en mars 1919).
Transfuge, le voici passant sur l'autre rive, conduit
par son ami Ernö Seidler, lui déjà converti
chez Béla Kun et Tibor Szamuely, pour un entretien

censé dissiper les réticences du ci-
devant camarade von Lukács quant à la notion
de dictature du prolétariat. Adieu études et séminaires
l'heure est venue de mettre en veilleuse les sempiternels
longs séjours sous la lampe et à l'abri des livres

*

bientôt Commissaire politique aux armées
auprès de la 5ème Division, il s'en va à la mi-avril
visiter trois bataillons campant sur les rives de la Tisza
où les Rouges se trouvent sur la défensive, menacés
par l'avancée des troupes roumaines. Six semaines
au front où il impose sa marque en visitant d'abord
à l'improviste, les cuisines, arrivant à pied, tandis que
sa voiture reste planquée derrière une haie à bonne distance.
L'ordinaire s'améliore, la troupe apprécie

plus léniniste que tolstoïen, est-ce par excès
de bolchévisme qu'il n'hésita pas, même
à recourir aux moyens les plus extrêmes ?
Un jour, un bataillon de soldats rouges s'étant face à l'ennemi
dérobé, mettant en péril deux autres unités
il convoque un conseil de guerre extraordinaire
et sur le champ fait fusiller, sur la place du marché
de Poroszolo où la troupe s'est repliée
huit fuyards dudit bataillon

mais le Commissaire politique est aussi
Commissaire à l'Instruction publique.
Dès que l'état-major prévoit une accalmie, illico
on fournit à Lukács un train spécial, juste une loco
et un wagon de troisième classe, pour qu'il puisse rentrer
à Budapest s'occuper des affaires de son ministère. Ainsi
nomma-t-il au directoire de la musique, trio magique
Kodály, Dohnányi et bien sûr Bartók, qu'il connaissait
déjà pour l'avoir souvent vu dans la maison familiale
de Lipot, où il venait donner des cours

de théorie musicale à sa sœur Mici, du temps où elle rêvait
d'un avenir de violoncelliste

★

à la toute fin de sa vie, en 1970, il écrira un long
article pour le 25ème anniversaire de la mort
de Bartók. Il louera le compositeur d'avoir sut élever
la musique hongroise bien au-delà du folklore
au niveau visionnaire d'un Beethoven. Certes, il puisa
dans la musique paysanne. Mais, à bon droit y voyant le ressort
d'une remise en cause du capitalisme aliénant, ne craignit
pas de faire prévaloir, dans la musique savante
le point de vue paysan, la paysannerie de tous pays.
Démarche où Adorno eut bien tort de voir un populisme
musical complice de facto de la tradition la plus rance. Lui
au moins, Bartók, sut chanter objectivement la révolte
comme en témoigne sa *Cantata profana :* « Jamais plus, chantent
les neuf cerfs merveilleux, nous ne boirons dans des verres.
Pour nous, rien d'autre que les sources les plus claires. »

★

très vite, dès août 1919, au bout de 133 jours, prend fin
la République des conseils menée manu trop militari
par le bolchévique Béla Kun. Les troupes franco-roumaines
sont aux portes de Budapest. À la rouge invoquant Robespierre
pour instaurer de sanguinaires tribunaux révolutionnaires
aux exactions en tous genres des « Gars de Lénine »
succède, non moins sanguinaire, une Terreur blanche
comptable d'un nombre bien supérieur de victimes.
Arrestations, assassinats et pendaisons en place publique
il faut fuir, émigrer, tenter malgré de tout de maintenir
en vie en Hongrie un appareil minimum
du parti, désormais interdit

★

trois heures du matin, nuit noire encore
dans les derniers jours du mois d'août, quand
on sonne à la porte de l'appartement
d'une photographe, Olga Máthé, la veuve
d'un philosophe tué à la guerre, chez qui le camarade
Lukács s'est réfugié, dormant sur un divan dans l'atelier.
Monte immédiatement se cacher dans le grenier
à peine le temps de tapoter le divan pour effacer
toute trace d'un corps (jamais de draps, afin que nul
soupçon qu'un clandestin puisse être hébergé là).
Retient son souffle derrière la malle où il s'est caché
tandis qu'en bas la police perquisitionne

il est grand temps de quitter Budapest, de passer
en Autriche. Ce qu'il fait en soudoyant, avec des fonds
par ses parents transmis, un lieutenant de l'armée d'occupation
qui accepte de le prendre incognito à bord de son auto.
Il sera du lieutenant le supposé chauffeur. Mais comme
il ne sait pas conduire, il faudra inventer le scénario
d'un accident et simuler par un bandage un bras cassé.
C'est donc le lieutenant qui prend le volant ; en route
direction Vienne (250 km), où Lukács restera plus de dix ans
avant d'aller à Berlin, qu'il fuira en 33 pour se réfugier
à Moscou

⋆

débuts viennois difficiles. Survit d'abord en parvenant à vendre à des journaux et revues quelques articles anciens. Très vite cependant devient rédacteur appointé (100 $ par mois) du journal commercial de l'ambassade soviétique, le *Torgouwü Bülten*

surtout, autre grand tournant, dans sa vie privée cette fois
il se met en ménage avec celle qui restera sa femme, Gertrud
Bortstieber. De trois ans son aînée, veuve d'un fonctionnaire
(ce qui lui vaut une pension) et mère de trois enfants
(l'aîné n'a que 7 ans), elle vit à Hütteldorf, un quartier nord

de Vienne, logée dans une maison bourgeoise propriété
de sa sœur aînée. Laquelle laisse à Gertrud la jouissance
de tout un étage, Georg y occupant bientôt lui-même
une chambre qui est aussi son bureau

avec elle, écrit-il, « véritable communauté spirituelle et morale ».
Découvre la vie de famille, endosse même le rôle
de père. À la fois la vie studieuse, au calme
dans sa chambre, et les repas en commun, où l'on
écoute les enfants et discute avec eux. Harmonie
et idiorrythmie ; chambre à soi, rythme à soi
et commun tout à la fois

pour chaque décision importante
y compris et surtout politique, éprouve le besoin
de recueillir l'approbation de l'épouse. Ne supporte pas
qu'il y ait entre eux des moments de froid. Fait tout
pour les surmonter

années de lecture intensive (Marx, Rosa Luxemburg
Bruno Bauer, Boukharine...). Remanie les essais
qu'il recueille dans *Histoire et conscience de classe*
ce livre par lui répudié, dont Merleau-Ponty dira pourtant
trente ans après sa parution, qu'il est un livre « allègre et
vigoureux, où revivent la jeunesse
de la révolution et celle du marxisme »
(dans une lettre de mai 46, déjà, Merleau lui avait écrit :
« ...s'il existe un texte de vous dans lequel soient désignées
les thèses de *Geschichte und Klassenbewußtsein* que vous rejetez
aujourd'hui, auriez-vous l'amabilité de me l'indiquer ? ».
– On ne sait s'il obtint une réponse, ni s'ils eurent
se rencontrant à Genève à la faveur d'un colloque
sur « l'Esprit européen », l'occasion de quelque
longue conversation

⋆

automne 38. Premières neiges, premiers grands froids.
Nul lieu dans Moscou où l'on ne se méfie de tous ces anges

gardiens de l'orthodoxie qui s'attardent en bas
de bâtiments supposément suspects. Chasseurs à l'affût
dans la neige déjà sale, fantômes par le froid bientôt momifiés
pas difficile de deviner derrière ces clampins qui tapent
de la semelle pour se réchauffer et de temps à autre
allument le maigre feu d'une papirosa, des agents dûment
patentés du NKVD

après qu'on aura dans les cuisines mis fin aux conspirations
chuchotantes, qu'on aura fini par trouver un mauvais sommeil
derrière le rideau tenant lieu (appartement communautaire
oblige) de cloison, solitaire, longtemps
une fenêtre au quatrième étage
d'un immeuble de banlieue très ordinaire, restera
éclairée. Cliquetis dans la nuit d'une machine à écrire.
Contre le froid emmitouflé, Lukács revoit les dernières pages
d'un très gros ouvrage intitulé *Le jeune Hegel*. Pas loin de
deux mille pages qui attendront que viennent des temps
un peu moins glaciaires avant de pouvoir paraître
(ce sera en 1948, et seulement en allemand, en Suisse).
Et même, est-ce pour se dédouaner, prévenir des procès
qui risquent, vu l'ambiance de l'époque, de n'être pas
que d'intention, il s'empresse, dans un article
de cette même année 38, de clouer lui-même
au pilori ses premiers écrits, y compris ce livre à l'Ouest
bientôt tant admiré, *Histoire et conscience de classe*:
« 1922 : humeur enfiévrée, remplie d'impatience
révolutionnaire. J'entends encore siffler autour de moi
les balles de la guerre rouge contre les impérialistes
l'émotion de l'action illégale dans la Hongrie d'alors
vibre encore en moi ; par aucune fibre de mon être
je ne veux admettre que la première grande vague
révolutionnaire est passée, que la volonté révolutionnaire
résolue de l'avant-garde communiste n'est pas en mesure
de mettre à bas le capitalisme. » D'où ce « résultat objectif » :
Histoire et conscience de classe est encore, « en raison de son idéalisme
un ouvrage réactionnaire ». Et sa *Théorie du roman* ne vaut
pas mieux ; c'est une œuvre « pleine de mystique idéaliste »

⋆

2, deux fois au moins, à l'exercice, moins spirituellement
stoïcien que périlleusement jésuite, de l'autocritique
en bonne et due forme, il fallut à Naphta
se résigner (à moins qu'il n'acquiesçât
à la nécessité de sa tragi-comédie).
Car temps d'inquisition déraisonnable
beaucoup de morts à table, orage à l'horizon.
Bientôt, viendra le règne au Kremlin sans partage
du montagnard caucasien Iossif Vissarionovitch
Djougachvili, autrement dit Staline

une première fois, on l'attaqua pour les thèses
qu'il avait signées, en 1928, du pseudonyme de Blum
à l'occasion du IIème congrès du parti hongrois
préconisant, contre le régime réactionnaire
d'Horthy, puisqu'impossible de sauter d'emblée
à la dictature du seul prolétariat, la constitution d'un front uni
nécessaire à une non moins nécessaire première étape
celle d'une démocratie bourgeoise (qu'il nomme, en écho
fidèle à Lénine, « dictature démocratique »). Scandale
haro sur le « liquidateur » droitier. Sachant que Béla Kun
alors très en cour auprès du Komintern, veut
son exclusion, le camarade G. L. se résout donc
à rédiger une autocritique, prix à payer s'il veut
rester membre du parti, ne fût-ce qu'à titre
symbolique (quarante ans plus tard, en 67
négation de la négation, il récusera, de cette auto-
critique, la sincérité)

alors que réfugié depuis 33 à Moscou il cherche
à se faire oublier, replié dans les seules études littéraires
il est de bon ton, pour ses ennemis dans le parti hongrois
de fustiger l'idéalisme de ce livre, *Histoire et conscience de classe*.
qui l'a rendu par trop célèbre. Un jour pourtant
lors d'une réunion entre communistes hongrois

(on est s'est tassé dans la chaleur suffocante d'un appartement
moscovite enfumé), fatigué de ces attaques en règle
et des manœuvres fractionnelles, un sidérurgiste de Vienne
se lève et ose s'en prendre aux partisans
« sectaires et messianiques » (*dixit* Lukács)
de Béla Kun : « d'accord, d'accord
le camarade Georg est un idéaliste, mais lui au moins
ne passe pas son temps à user de combines en sous-main
pour se procurer toutes sortes d'avantages matériels »

la seconde autocritique publique, il y est contraint, en 1950
au terme d'une campagne de presse en Hongrie
où l'on s'en prend à la fois à sa conception « déviationniste »
de la dictature du prolétariat et à ses thèses sur la littérature
(« on fait de moi le Rajk de la littérature »).
Autocritique « extrêmement diplomatique », concédera-t-il
en 69. « Sans doute, n'aurais-je pas dû faire
autant de concessions. Mais je peux dire, à ma décharge
que Rajk ayant été exécuté en Hongrie, on n'était aucunement
assuré de ne pas subir le même sort
au cas où l'on se serait avisé de résister. »

*

tandis qu'à Moscou Lukács finit de mettre au point sa théorie
du « grand réalisme », en juin 40, au bout de la rue Albrecht
à Pinsk, petite ville occupée par les troupes soviétiques
un juge, dans la prison que le NKVD a établie dans les caves
à pommes de terre d'une ancienne caserne polonaise
interroge un intellectuel venu de Palestine
visiter ses parents. – Julius Margolin, tel est son nom
écrira bientôt, au terme de cinq ans d'esclavage
dans divers camps du côté d'Arkhangelsk, un témoignage
si dérangeant sur l'enfer du goulag, qu'on fera tout
en Occident pour l'étouffer. Apprenant que le prévenu
est diplômé en philosophie de l'Université Humboldt
à Berlin, ébahi, l'assesseur du juge qui nocturnement mène
l'interrogatoire, un grand noiraud, entreprend

le Docteur sur les «académiciens du léninisme»:
Rosenthal, Déborine, Luppol, Lukács…
et la conversation de rouler doctement sur la dialectique
matérialiste, tandis qu'en parallèle et en bonne et due forme
soviétique le juge et le noiraud renseignent le procès-verbal
qui pour cinq ans envoie Margolin dépérir et trimer
au pays désolé des *zeks*

⋆

«j'étais objectivement un opposant aux méthodes
staliniennes même lorsque je croyais moi-même
encore soutenir Staline» (1969)

jusqu'à quel point fut-il, Lukács, stalinien? Ayant la chance
de n'être pas poète, au moins n'eut-il pas à écrire d'ode
au moustachu montagnard. Précautionneux, il sema
cependant, comme autant de cailloux, dans la forêt
dense de ses essais des années 30, assez de citations
du tyran pour échapper au pire. Pur réflexe de survie? Pas tout à fait, car, il l'avoue volontiers
il fut du côté de Staline pour défendre la thèse
du socialisme en un seul pays, puis pour combattre
Hitler («de facto, dit-il, seule la ligne de Staline
était susceptible d'offrir une vraie résistance au nazisme»).
Et stalinien idem il fut, pour défendre en littérature
le «réalisme socialiste», contre le sectarisme du RAPP
(l'Association Russe des Écrivains Prolétariens).
Même, s'il eut l'occasion de quitter Moscou
pour l'Amérique, il en refusa l'opportunité, attaché
qu'il était, quels qu'en fussent les aléas, à l'aventure
soviétique d'un socialisme en construction

les grands procès des années 30? Tout juste
s'il admet (dans un écrit de 1969), qu'ils furent «hautement
problématiques». Veut bien malgré tout qu'il y ait eu
des «persécutions injustifiées» et même sans doute
des «abominations». Mais, consolante comparaison

«comme beaucoup d'autres, je donnais raison aux Jacobins
d'avoir anéanti les Girondins et autres dantonistes».
Ce fut pourtant presque un miracle si en ces années trente
il put échapper au goulag. La terreur et la peur toutefois
ne cessent pas quand vient la guerre. En 41, à l'heure
du laitier on frappe à sa porte. Perquisition en bonne et due
forme. On fouille ses papiers, épluche les divers CV par lui
rédigés pour postuler à divers emplois et postes
passe au peigne fin sa bibliothèque. Mais rien
– un camarade très avisé est venu quelques semaines
auparavant avec sa femme, et muni d'un grand sac postal
ils ont embarqué tous les livres de Trotski
et Boukharine pour aller nocturnement les noyer dans les eaux
de la Moskova. Néanmoins direction la Loubianka
où on le gardera deux mois. Ne serait-il pas un espion
de la police hongroise? On finit par le relâcher. Dimitrov
il l'apprendra plus tard, est intervenu en sa faveur. Aura joué
dit-il, sa «chance légendaire». Retiré de la vie politique
il se terre à Moscou dans un appartement miteux
et trop en dehors de l'anneau des boulevards pour
susciter la convoitise des agents du NKVD). Se garde
bien d'intervenir dans les débats politiques du moment
(d'ailleurs, il ne parle pas russe), se contentant
d'écrire sur des questions de théorie littéraire
dans une revue, *Literatourny Kritik*, que co-dirige
Elena Feliksovna Oussevitch, une protégée de Staline

l'un des fils adoptifs de Lukács, Ferenc, eut, lui
moins de chance. En 42, arrêté à Moscou, il fut envoyé
pour 3 ans en Sibérie, dont il ne revint qu'en 45, son père
devenu en Hongrie député, ayant consenti
à écrire une lettre en sa faveur

*

octobre 56, marées humaines à Budapest
dans toutes les rues qui mènent au Parlement
manifestations devant l'immeuble de la radio.
Le gouvernement vient de démissionner. Le réformateur

Imre Nagy à la tête désormais de l'État. Chaque soir
réclamant son soutien, des étudiants se pressent
à la porte du camarade Lukács. On a entendu
le brillant professeur d'Esthétique à l'Université
intervenir dans les débats du Cercle Petöfi, on compte sur lui.
Ne vient-il pas d'ailleurs d'être élu au Comité Central, nommé
même Ministre de la Culture ? Mais lui reste sceptique.
Trouve qu'à Nagy manque un programme précis.
Il n'approuve pas non plus sa décision de retirer la Hongrie
du pacte de Varsovie et de proclamer sa neutralité.
Le 3 novembre, alors qu'il est rentré très tard du Parlement
à peine est-il couché qu'il reçoit un coup de fil d'un dirigeant
du parti dont il est proche, Zoltán Szánto, l'informant
qu'arrivent les chars russes et que mieux vaudrait se réfugier
à l'ambassade de Yougoslavie. Ce qu'il fait. Mais, ayant là-bas
dormi deux-trois heures, il regrette au réveil sa décision.
Décide alors de rentrer chez lui. Mais, à peine
la voiture qui l'emmène a-t-elle démarré, que la police
l'arrête et illico l'embarque avec les autres félons titistes
piégés à l'ambassade, direction un camp à la périphérie
de la ville où stationnent les troupes russes, avant
au bout de quatre jours, de les transférer en Roumanie.
Le voilà exilé dans un village, Snagov, où se trouve
un monastère avec bibliothèque. On le laisse libre
d'y lire et travailler – entre les séances d'interrogatoire
car on aimerait bien qu'il témoigne contre Nagy.
Ce à quoi il se refuse absolument. Néanmoins
dira-t-il, « je n'ai pas eu à subir d'atrocités, la période
était plus favorable qu'au temps de Rajk ». Lequel
accusé en 49 d'être un espion « titiste », avant d'être pendu
fut torturé, confesse Lukács, « de la plus épouvantable façon ».
La pendaison, ce fut aussi le sort, le 16 juin 58
d'Imre Nagy, au terme d'un procès secret à Budapest.
On l'enterra en catimini, sous un faux nom
face contre terre

lui, Lukács, peut rentrer en Hongrie en avril 57.
Aussitôt, il demande à être réintégré dans le parti

très soviétiquement reconstitué après la défaite
de l'insurrection. Pas de réponse, mais on lui fait savoir
qu'un visa d'émigration est à sa disposition. Il se réfugiera
dès lors dans le travail, terminant notamment son *Esthétique*
et préparant une *Ontologie* qu'il n'aura pas le temps d'achever

⋆

le café turc fume sur la table roulante où chuinte et ronronne
le magnétophone. L'entretien touche à sa fin. Dernière
heure, où il a été beaucoup question de l'impossibilité
pour lui, à son retour d'exil en Roumanie, de publier
le moindre texte en Hongrie. Toujours à l'index
il lui faut faire sortir clandestinement du pays
ses manuscrits. En 63, l'année même de la mort
de sa femme, paraît ainsi en Allemagne, à Neuwied
son imposante *Esthétique* (près de 2 000 pages)

⋆

cimetière de Kerepesi, grand parc à deux pas de la gare
de Keleti. Onze juin 1971. On est venu en masse
pour ses obsèques. Beaucoup d'anciens étudiants
et la police aussi, nombreuse et sur les dents.
Des deux côtés de la grande allée du cimetière
armés de gourdins, double haie de supposés
représentants des masses ouvrières. Brouhaha
discours, avant que mise en terre et grand silence.
Sur fond duquel on chuchote à peine. Rien d'autre.
Ni kaddisch, ni chœur qui, prenant pitié de son âme
impieuse, chanterait, comme l'avait en vain suggéré
un disciple musicologue, que *kilenc csodaszarwas*
neuf cerfs merveilleux dans la forêt et ses hauts bois
s'enfoncent

Vie de Bernardo Soares

Vie de Bernardo Soares
(1888? -1934?)

il fut, de Pessoa (Pessoa Fernando), plus
qu'un proche ; plus même qu'un intime. D'icelui
jumeau, homozygote ou presque, il en fut comme
la réplique. Créature de papier apparemment, mais ayant
le créateur, poussé si loin la gémellité du « je est
un autre » d'Arthur Rimbaud, si loin poussé la parenté
de leurs deux personnalités, si loin cultivé l'éru-
dition de leurs sensibilités sororales que, siamoises
leurs pensées-sensations en vinrent à se superposer, se
confondre, et qu'on pouvait dans les rues de Lisbonne
les voir déambuler, Pessoa Fernando et Soares Bernardo
comme deux frères jumeaux, chacun étant de l'autre
l'avatar, tous deux semblablement chapeautés
et munis les jours de pluie, sauf oubli, du même parapluie

Bernardo Pessoa – Fernando Soares

*

certes, le second, Soares, en toute rigueur, n'existe
pas – et si Fernando Antonio Nogueira Pessoa lui-même
absentde sa propre vie, n'exista pas non plus vraiment
aux dires du moins du poète Álvaro de Campos (une autre
des doublures de F. P.), c'est encore plus dans les limbes
que Bernardo Soares vécut sa vie – ou plutôt (car il ne
la vécut pas) la *gésit*. Empêchement existentiel et aussi
symptomatiquement, impasse grammaticale, car le verbe
n'existe pas sous la forme transitive, pas plus en portugais
qu'en français. Il est bien là pourtant, vivant gisant
(« *Jazo a minha vida* », lit-on ainsi dans un fragment
do Livro portant le titre « Intervalle douloureux »)

d'ailleurs sa vie, il le confesse abondamment
fut sans événements. Il ne quitta pas
la rue *dos Douradores*, la rue des Doreurs, à Lisbonne
dans la ville basse, la *Baixa*. S'y trouvaient
aussi bien la petite entreprise où il travaillait
comme aide-comptable que le deux-pièces
où il habitait, logement qu'il avait meublé
seul luxe, de tapis et fauteuils profonds
et moelleux, afin que soit ainsi garantie
(c'est son mot) la « dignité de son ennui ».
Pour la Vie, un lieu-magasin-de-tissus, qu'incarne
le patron Vasquès, et pour l'Art un second, un lieu-atelier
aux murs tapissés de livres, un appartement au quatrième
où à l'abri du monde, quoique fenêtre ouvrant sur l'infini
de la rue, puisse s'écrire le Livre. *Vida* et *Arte* :
deux mots dûment majusculés pour deux mondes
séparés et pourtant très proches voisins

⋆

bien que toujours resté dans sa ville natale
(« l'idée de voyager me donne la nausée »), jamais
il ne put, Soares, s'établir à demeure, dans la vie restant
un éternel exilé, considérant son existence
comme une auberge où il lui fallait faute de mieux
séjourner jusqu'à l'arrivée, quand la fête s'achèvera
de celle qu'il appelait la « diligence de l'abîme »

⋆

pas d'événement donc dans sa vie, excepté sa rencontre
avec Pessoa, lequel en fait le récit dans un texte
où il présente le livre dont Soares lui avait confié
le manuscrit. Juste de quoi nourrir une anecdote, et
cependant miraculeux *kairos*, car lourd de conséquences
puisqu'en résultera, sauvé du néant, un livre majeur
du siècle XXème

la scène se déroule dans l'entresol d'un restaurant à prix modiques de Lisbonne où Pessoa a l'habitude de dîner (au menu, dix escudos à peine, une côte de porc arrosée de vin rouge). Il finit par y remarquer, rencogné au fond de la salle, s'appliquant manifestement à passer inaperçu, trente ans environ, un homme passe muraille dont l'allure et les traits pourtant (« un air de souffrance » et aussi « un certain air d'intelligence ») retiennent l'attention du poète. Sans plus toutefois, jusqu'au jour où survient un incident, une rixe dans la rue qui fait se lever et se précipiter tous les dîneurs aux fenêtres de l'entresol. Alors une conversation s'engage entre les deux, F. P. et B. S., qui en viennent bientôt à parler littérature, le premier surpris que le second connaisse sa revue *Orpheu*. Lequel lecteur finit par confesser, timide, qu'il passe ses soirées « n'ayant rien de mieux à faire, à écrire lui aussi »

*

extérieurement, un modeste employé, Soares occupé, dans la firme d'import-export de tissus où il travaille à calligraphier sur de lourds registres des colonnes de chiffres en regard de marques d'étoffes. Lignes consciencieusement tracées à la règle, additions soigneusement sur elles reportées. Quadrillage serré qui n'empêche pas que s'ouvrent pour le scrupuleux scribe les portes des Indes et de Samarcande. Ou celles d'Ispahan car « bien qu'inécrite, entre les lignes où il compte et recompte, s'insinue la mémoire de strophes venues de poètes persans. » Elles l'aident à croire un instant qu'ailleurs une autre vie existe, là-bas peut-être, aux bords mystérieux du monde occidental où s'en furent au gré des alizés, les grands navigateurs, et où saints et poètes ont part au bruit vaste du monde

*

être de papier, à peine plus qu'un rêve, une fiction
et cependant un physique, svelte en l'occurrence :
1 m 70 pour un poids de 61 kilos, selon la fiche
anthropométrique fournie par son créateur, Pessoa
qui décrit son vespéral commensal comme
un homme exagérément voûté en position assise
fumant, lentement roulées par lui-même cigarette
sur cigarette, et peu soucieux apparemment de son apparence

mais en réalité, une fois debout, une allure aristo
de semi-dandy déambulant fièrement
souliers impeccablement cirés glissant d'un pas
presque dansé sur les motifs mosaïqués, basalte
et calcaire, des rues de la *Baixa* voguant vers le Tage. Mais
ne précise pas, Pessoa, si, comme lui, Soares arbore
un nœud papillon et des lunettes rondes à fine
monture, ajoutant simplement qu'il a toujours
trouvé à son énigmatique acolyte *um sorriso*
grandemente metafisico, sourire intraduisible en somme

⋆

de l'ascendance de cet homme effacé, rien n'est dit.
Cependant, Pessoa écrivant qu'il ressemble
en bien des points à cet autre membre de la *coterie*
inexistante qu'est Álvaro de Campos, et comme ce dernier
a une peau plutôt claire et un type rappelant vaguement
celui du juif portugais, on peut faire l'hypothèse que Soares
descend lui aussi, comme Pessoa, d'une lignée
de nobles et de juifs. Mélange allant de pair probablement
avec l'atavique habitude d'une double vie. D'un côté
la vie extérieure, celle de l'employé lambda, jusqu'au soir
se fondant tant bien que mal dans le paysage du bureau
sous l'œil du patron Vasquès, tandis que le chef comptable
Moreira tourne la page d'un grand registre
pour quelque dernière vérification et que le garçon de bureau
Antonio ficelle d'ultimes paquets. Surtout ne pas apparaître
différent des collègues ; endurer, écrit-il, ce cilice

de les voir me juger semblable à eux, subir cette crucifixion
de ne pas être distingué. En ce subtil martyre, trouver même
une certaine volupté, en écho au crissement d'une plume
qui trébuche sur un papier rugueux

et d'un autre côté, le regard toujours vers le dedans
tourné, là où cesse la myopie, où surgissent les villégiatures
imaginaires et la maison d'enfance, sa longue façade
et l'aire de terre battue qui s'étendait devant elle. Là aussi
que le «plébéien de l'idéal» n'en finit pas de s'entretenir
avec lui-même, de disséquer ses moindres sensations
et de rêver, grand homme d'inaction, au grand livre
impossible qu'il n'écrira pas puisqu'il a cessé d'écrire
marrane devenu le paria de son propre projet, ayant donc
abdiqué, mais, en cette abdication, marrane encore, car
tremble un reste de flamme sur le moignon
de bougie hérité de la foi littéraire ancienne et continue
en sourdine de jouer ce qu'il appelle «l'orchestre caché»
de son âme (*A minha alma é uma orquestra oculta*)

⋆

fleurs préférées : les œillets

⋆

5 avril 1930. Jour d'épreuves. La veille on a fait
une photo de groupe avec les collègues. Tous alignés contre
la rambarde qui sépare la grande salle du bureau
du patron Vasquès (ce dernier au milieu bien sûr).
Horreur de s'y voir : «J'ai l'air d'un jésuite fruste»
visage de papier mâché, pâlichon et maigrichon
sans expression. Un épouvantail, une nullité de spectre
Tous les autres au contraire réussis, parfaitement rendus.
Même mon chef Moreira, mille fois plus présent que je
ne le suis, lui qui pourtant est la quintessence
de l'insignifiance ; et que trouve-t-il à me dire ?
– «Vraiment, vous êtes très réussi», ajoutant

à l'intention des autres : « C'est vraiment lui tout craché
vous ne trouvez pas ? »…

*

de son enfance, on sait très peu. Juste qu'il eut
une brève période campagnarde avant d'arriver
avec les siens à Lisbonne et de s'installer
rue de São Marçal. D'ailleurs, il ne pleure pas
dit-il, la perte de son enfance, mais seulement
que tout se perde avec la fuite abstraite
du temps. Nostalgie métaphysique que suffit à faire surgir
dans les caves de son âme le souvenir sonore
de gammes au piano qu'une petite fille n'en finissait pas
à l'étage au-dessus, de monter et descendre.
Obsessionnel souvenir qui suscite de non moins
obsédantes questions : où est-elle aujourd'hui ?
Devenue femme quelque part promenant ses enfants
dans un jardin public, ou bien morte depuis longtemps
en un caveau de marbre blanc enfermée, là où
verdoient les cyprès. Et alors, cœur serré, angoissé
ce qu'il voit toujours plus nettement, bien que jamais
il n'y ait mis les pieds jadis, c'est l'appartement
du dessus, où la petite fille n'en finit pas d'égrener
au présent, précautionneusement, les gammes
toujours semblables d'un monde mort depuis longtemps

*

orphelin, il le fut dès son plus jeune âge, ayant perdu
sa mère à l'âge de un an et son père, qui vivait au loin
(il ne l'a jamais connu), ayant péri quand il avait
trois ans. Il vécut donc isolé – et même orphelin
au carré, car séparé de la vie, une vitre mince
toujours étant restée entre elle et lui infranchissable

*

on ne lui connaît qu'une œuvre (et encore
est-elle posthume), le fameux *Livre de l'Intranquillité* (*Livro do Desassossego*), une sorte
de journal où il consigne comme Pascal
ou Leopardi des pensées, mais aussi des sensations, ou plutôt des pensées-sensations
et sensations-pensées. Car lui importait avant tout
pour mieux se mettre à l'abri de la vie trop
triviale, de la vie qui « fait mal à petit bruit
à petites gorgées », – lui importait de cultiver
cette étrange disposition qu'il appelait « érudition
de la sensibilité », d'autant plus indispensable
que pas d'autre réalité, selon lui, que celle de nos
sensations

ce sont, dit-il, mes Confessions, mais il n'y confesse
pas grand chose, se contentant d'aligner ses sensations
comme il aligne au bureau des chiffres. Comme
ses vieilles tantes, dans l'infini de soirées d'antan
intactes encore du devoir et du monde, alignaient
pour passer le temps, interminablement, des séries
de cartes, les réunissant en piles et colonnes
pour des patiences et réussites, afin que la vie
malgré tout existe, un peu
tandis qu'une domestique, plus âgée encore
que les tantes, non sans quelque mauvaise humeur
enfouie au fond d'une patience héritée d'une ancestrale
vassalité, s'en vient, somnolente, poser la théière
sur la nappe de lin, à côté de la lampe à pétrole

⋆

il se faisait fort de ne jamais lire de journaux
excepté pour y puiser de temps à autre, au détour
de brèves dépêches venues de province
d'insignifiants faits divers dont pouvait l'enchanter
l'étrangeté, à commencer par celle de toponymes
capables à eux seuls d'ouvrir toutes grandes
à son imagination de vastes et vagues espaces

★

a janela (la fenêtre) est un mot qui revient *ostinato*
dans le *Livro* (de conserve avec *olhar,* «regarder»).
Chaque jour, récuremment, obstinément, l'aide-comptable
s'y poste, le regard perdu dans ses pensées
(«j'ai des nausées de pensée abstraite»). La lune
est levée et la fenêtre s'ouvre au-dessus
des toits. Lentement la ville glisse
dans le sommeil, tandis qu'une lueur
saturnienne fait naître sur les façades
des reliefs et dénivellements illusoires
abstraits

★

le 14 mars 1930, le front contre la vitre une fois
encore, il dort tout éveillé, ses yeux (mais non pas
lui) regardant tomber une pluie fine qui s'effiloche
et s'éparpille dans une lumière de printemps
précoce (un coin de ciel a fini par s'éclaircir).
Constate sa tristesse. Ou plutôt, un autre moi
capitaine en second perché sur son épaule
fait ce constat avec des yeux plus intimes
que les siens

la pluie cesse. Ne reste, poussière, qu'une myriade
de diamants minuscules, comme si, là-haut
on avait secoué les dernières miettes
d'une grande nappe azurée

★

le Tage, lac d'azur où les collines en face semblent
une Suisse aplatie, le traverser, ce si simple trajet en bateau
du Terreiro do Paço à Cacilhas, c'est
pour B. S., il l'avoue, à chaque fois une épreuve.

Comme si c'était, ce si peu long voyage, traverser
l'Atlantique

⋆

de nos pères, fils des Lumières, qu'avons-nous
reçu en héritage? se demande Soares. Eux au moins
bien que devenus incrédules, avaient pu trouver des credo
de substitution (la beauté, le progrès, la justice sociale...).
Esprits positifs, ils avaient continué de faire, d'entreprendre.
Mas nos outros, Raça do Fim, Race de la Fin, que nous reste-t-il?
Plus la moindre illusion, nul lot de consolation possible.
Chacun dès lors livré à lui-même, orphelin
de toute croyance et veuf de tout futur.
Avec au bout du compte un mal de vivre
que Soares ne peut que partager, lui aussi
Argonaute désormais sans emploi, n'ayant
rien d'autre à cartographier que ses propres rêves
ceux dont il orne nuit et jour les murs
de cette chambre où il vit reclus, condamné
quand il s'agit d'agir, à l'inhabileté fatale de sa Race
celle dont le lot est d'avoir en partage
le moment final *da Hora Morta*, de l'Heure Morte

⋆

les révolutionnaires et leurs prêches l'horri-
pilaient – il avait en sainte horreur le mot même
de révolution, n'y voyant qu'une échappatoire
celle de vouloir changer les autres, quand on n'a pas
le courage de cette «justice intime» (ce sont ses mots)
qui consiste à d'abord entreprendre la réforme de soi
cette tâche qui occupera du juste la vie entière

au fond, exact opposé de l'idéologue («toute opinion
est une grossièreté»), il est avant tout
un météorologue. Tout ce qu'il voudrait en guise
de changements, écrit-il en date du 8 avril 1931, c'est

que s'effacent les nuages atones qui enduisent le ciel
d'un gris savonneux ; que parmi eux puisse
resurgir l'azur, lui qui est d'une vérité claire et sûre
parce qu'il n'est rien. Quant à la floraison des œillets
il n'en dit rien, bien qu'on entre dans la saison
où l'on en voit déjà s'épanouir en massifs
dans les jardins publics à Lisbonne

combien de nobles idéaux, d'aspirations sincères
allant se perdre dans la boue !
Au fond de son quatrième étage anonyme, défile
devant lui, songeuse procession, le cortège funèbre
de ces dieux et fétiches illusoires, baudruches
dégonflées auxquelles tous les songe-creux
tous les rêveurs de *Felicidade* facile et d'Avenir
Radieux (de *Futuro Melhor*) ont cru bon
naguère d'accorder crédit, alors que
ce n'étaient que feuilles au vent soulevées
« par la traîne du manteau royal indûment revêtu
durant l'éternel exil des rois, par *os mendigos*
les mendiants venus occuper les jardins entourant
la demeure de la défaite »
(telle est la variante de l'image qu'on trouve
à la toute fin du § 273 du *Livro*)

⋆

« je vois clairement aujourd'hui que j'ai échoué »

⋆

s'est surpris à lui donner l'accolade dans le couloir.
Ça y est, le garçon de bureau part aujourd'hui
définitivement. Il retourne, paraît-il, dans son village
natal, en Galice. À peine un événement, mais
comme une amputation, tellement il faisait
partie des meubles. Et Soares de remarquer
que c'est plus lourd, plus vieux, moins décidé

qu'il se remet à son pupitre pour ces sempiternelles
écritures qu'il a commencées hier. Pas le cœur à travailler.
Un jour viendra où c'est lui qui partira
définitivement. Retourné lui aussi au pays natal – ou mort
tout simplement

*

ah! les sensations qui sont des sommeils. Ivresse de n'être
rien, de regarder sans voir, de faire aller mécaniquement
ses jambes sur le trottoir et d'entendre sans l'entendre
le son de ses talons rythmant la marche sans raison
qui vous voit descendre sans le vouloir vers le Tage
et ses flots fatigués au loin

«Où donc est ton tambourin, vieil ours endormi?»

*

le buraliste vient de se suicider. Voilà
ce que lui apprend, le 25 janvier 1932
un collègue de bureau. Ainsi donc, il existait; lui aussi
il avait une âme, ce commerçant. Des soucis, des passions
sans doute…
Mais de lui, quel autre souvenir que celui d'un pauvre sourire
et d'une veste élimée, sale et mal taillée?
Guetté par la calvitie. B. S. l'avait remarqué, un jour
qu'il lui achetait des cigarettes. Mais chauve, il n'aura
pas eu le temps de le devenir

il est mort, rien d'autre. Un instant, il y a bien eu
en moi, note Soares, la vision fugitive du cercueil
et de la tombe anonyme où on l'aura aujourd'hui enterré.
Mais impossible de passer de l'autre côté du miroir
de rejoindre l'intimité d'un autre. C'est pour moi seulement
qu'il y a, bien réelle, cette vastitude
de la place du Commerce donnant sur le Tage; pour moi
seulement que la marée s'y fait sentir

– demeure cette énigme : comment d'autres âmes
peuvent-elles bien exister, réellement exister
en chair et en os ? – Expression on ne peut plus opportune
car ne dirait-on pas, ces autres, des choses découpées
et posées là, mortes, sur le billot de marbre
du boucher, saignantes comme de vivants gigots
et côtelettes du Destin

⋆

de sa mort à lui, on ignore tout. Pas seulement les circonstances ;
l'année du décès elle-même demeure incertaine.
On peut seulement déduire, de ce que le journal s'interrompe
à la date du 5 juin 1934, qu'il est mort avant la fin
de cette même année. Autrement dit, un an et demi
avant son créateur et dramaturge, puisque Pessoa meurt lui
le 30 novembre 34, non pas théâtralement entouré
des membres de la coterie – pas même dans quelque trappe
de souffleur, mais plus prosaïquement à l'hôpital français
de Lisbonne soigné par son cousin, le docteur Jaime Neves

sa « comptabilité avec la mort », comme il dit, vient
de très loin. D'ailleurs, ajoute Soares, quand on vit comme moi
une non-vie, on ne meurt pas, on constate simplement
qu'au fil des ans on se flétrit, on « se dévégète »
(*desvegeta-se*)

perdeu, *perdeu*
nous faisons les comptes et nous perdons :
toujours est négatif l'invisible solde.
Mais parce qu'il sait attendre la mort, imaginer
les fastes d'une marche funèbre avec défilé
de pages blonds, armures et soieries, lueurs dorées
d'armures et de casques, il se laisse aller à croire
que ce ne sera pas seulement un cercueil sous sept pieds
de terre froide, mais une mort d'un genre nouveau

qui serait présence, survie, en quelque dieu
inconnu (*em algum deus ignoto*)

comme s'il attendait le retour salvateur
de Dom Sébastien ; comme s'il accordait crédit
lui aussi, Bernardo Soares, au mythe messianique
de ce jeune prince portugais supposé mort en 1578
à la bataille, au Maroc, dite des Trois-Rois.
En réalité, veut-on croire, seulement disparu
momentanément évanoui, Dom Sebastião
passé dans la clandestinité, caché au fil des siècles
afin de mieux reparaître à son heure
porteur d'une nouvelle aurore

il viendra, Dom Sébastien, *certamente*.
D'ailleurs, « la poussière de son cortège
n'est-elle pas cette brume à l'orient lentement
naissant » ? Et cette lumière étrange au loin
n'est-elle pas celle des lances de son armée
luisant de toute leur promesse d'espérance ?

il viendra, reviendra, comme reviendront, veut-il
croire, les dieux antiques et leur religion bariolée
synonyme de sérénité retrouvée, de vie coulant légère
toute entière abîmée dans la contemplation heureuse
des choses les plus minuscules, un caillou immobile
sur une route, une épingle piquée sur un ruban

⋆

bénis soient ces humbles instants et ces ombres
de presque rien qui viennent, millimétrés, s'imprimer
sur la plaque photographique ultra-sensible de son âme.
Alors il se souvient que les dieux eux-mêmes
passent et s'en vont au loin (on peut même l'imaginer
récitant un poème futur, encore inécrit, une prière
qui demande : « Emportez-moi dans une caravelle
dans une vieille et douce caravelle

dans l'étrave, ou si l'on veut, dans l'écume
et perdez-moi au loin, au loin, ou plutôt
enfouissez-moi...»

Sossego enfim («Tranquille enfin»)
(5 juin 1934)

⋆

«j'entends le temps qui fuit, goutte à goutte»

dormir et dédormir

tic tac régulier de l'horloge, et même, à peine perceptible
son léger de ses cils sur la taie d'oreiller tandis que
ses paupières tombent de fatigue

cesser d'être, une fois encore impossible. Nuit
d'insomnie que vient soudain trouer
devançant l'aube, le chant d'un coq.
Enfin pouvoir s'ignorer, s'abandonner à la vie, enfin
dormir

⋆

«J'ai la dimension de ce que je vois».
Il aimait lire et relire les poèmes d'Alberto Caeiro
trouvant, chez ce calme classique, des phrases qui le lavaient
de toute métaphysique ; l'invitaient à rebâtir «constellairement»
(*consteladamente*) l'univers

«J'ai la dimension de ce que je vois» :
la formule l'enchante tellement qu'il s'en va
se poster à sa fenêtre avec le sentiment de s'égaler
à ces espaces sans fin qu'il découvre à la nuit tombée
avec l'envie de crier sa joie à la vacuité
du ciel tout entier

⋆

on sait qu'il lui arriva de prendre le train à la gare
de Cais do Sodré pour aller à Cascais. Non pas
autant qu'on sache (mais que sait-on vraiment?)
pour se baigner sur quelque plage. Mais, une fois au moins
pour aller là-bas payer quelque impôt dû par son patron
Vasquès pour une maison qu'il possède à Estoril.
Et sans doute aussi, plusieurs fois, pour y rendre visite
dans la clinique psychiatrique où il finissait
ses jours, à António Mora, un adepte
du paganisme qui voulait renouer avec la plus pure
tradition grecque («Les dieux ne sont pas morts
avait-il écrit, seule est morte notre perception
des dieux.»). Car Pessoa, aux bons soins duquel
le vieux philosophe avait, avant d'être interné
confié ses manuscrits, dépêcha plusieurs fois
croit-on savoir, son aide de camp Soares, avec pour mission
de consulter Mora sur un projet de publication
de la traduction, laissée par lui inachevée, du fameux
compendium *Vies, doctrines et sentences des philosophes
illustres;* tout spécialement sur la préface où Mora prétendait
apporter du nouveau sur un Diogène Laërce demeuré
mystérieux, malgré la célébrité de son ouvrage

⋆

plage ou pas plage, ce qui est certain (il l'écrit)
c'est que le trajet en chemin de fer jusqu'à Cascais
(25 kilomètres à peine) était pour lui un voyage au long
cours, comme s'il avait en une heure à peine traversé
dit-il, les campagnes et les villes de 4 ou 5 pays.
C'est qu'en chaque maison ou villa aperçue
il se voyait en train de vivre; de vivre pour de bon
tantôt heureux, tantôt en proie à l'ennui. Chacune
était pour lui comme un coquillage bruissant à son oreille
(ou plutôt son imagination) de tout cet océan infini
que chaque vie domestique porte en elle. Comme autant
d'intérieurs défilant par la fenêtre du wagon

pièces devenus de son propre appartement
les multiples alter ego, enfilade d'innombrables décors
pour les non moins innombrables acteurs
de pièces où pourrait sur la scène évoluer la coterie
toujours plus nombreuse des hétéronymes inventés
par F. P. son géniteur

⋆

enfant, il connut pourtant l'émoi du bord
de mer. Trois jours de vacances où il eut l'occasion
d'aller sur une toute petite plage déserte, nichée au fond
d'une baie minuscule. Descendre l'escalier qui y conduisait
(d'abord quelques marches de bois, puis quelques autres
taillées dans la roche), c'était, libéré de ses vêtements
gagner une retraite où il pouvait se libérer de lui-même
« sortir, écrit-il, de sa propre existence », semer
les sentinelles qui dans la vie ordinaire le tenaient
constamment à l'œil, pour retrouver cette pure monade
enfantine loin du monde que toujours il désira
retrouver

alors, c'était le bord de mer et rien d'autre
la plage bruissant seulement de la rumeur
des vagues et du vent passant très haut
dans le ciel comme un grand avion irréel.
C'était une impression profonde, sans images
ni langage, juste le grand bleu de la mer, au loin tremblant
à peine sous l'aplomb du ciel, puis sur le sable, s'égayant
à l'instant du ressac, l'éternel retour des rouleaux
barattage et fracas d'orage comme en écho
aux frasques d'anciens dieux marins, et « je dormais
sans sommeil », porté par le seul bruit des vagues, abîmé
jusqu'au soir dans la contemplation

⋆

dans le fragment initial de son livre, il confesse
être né en un temps où la majorité des jeunes
gens avait perdu la foi en Dieu

1er février 1931, un dimanche où rien à faire. Après la pluie
abondante des jours précédents, enfin une belle journée
printanière. Décide, plutôt que de rêver le front à la vitre
d'ouvrir grande sa fenêtre et d'assister, à São Domingo
non à la messe, mais à sa sortie. Contemple la foule
ceux qui sortent et ceux qui s'apprêtent à entrer
canots qui vont sur un fleuve lent, que pour une fois
il ne contemple pas depuis les remparts crénelés
de quelque distante méditation, mais d'un libre regard

et ce sont alors qui refont surface des souvenirs
de dimanches et grand-messes, absurde diagonale
des sensations réunissant ce moi qu'il est et cet autre
qu'il a perdu, quand, enfant, il vivait miraculeux
au seul dehors offert, se rendant à la messe comme
à un grand mystère, vêtu de son meilleur costume
tout neuf et tout propre, non sans qu'auparavant
Tia Anica, une de ses tantes, ait rectifié les plis
du col marin et d'un ultime coup de brosse
lissé du garçonnet les cheveux pourtant sages

⋆

un rose et un jaune, les deux plus beaux
deux coquillages rapportés de la plage
et qu'il garde dans sa main au moment
de s'endormir. Main qu'il serre très fort
(pas question qu'on lui vole ce qu'il considère
comme toute sa richesse)

⋆

rarement il se rend à la campagne. Difficile
toutefois de refuser l'invitation d'un ami.
Le voici donc s'apprêtant à dormir dans une chambre
sans lumière. Parfait silence, jusqu'à être angoissant.
Faute de sommeil, se met à la fenêtre et contemple

la nuit noire au dehors, vaguement inquiétante. En vient
à regretter les lumières de la Ville Basse et le Tage
au clair de lune, contemplés depuis les belvédères de Graça
ou la terrasse de São Pedro de Alcântara

à préférer la campagne endimanchée en visite à la ville
autrement dit les moments de calme champêtre
qui parfois s'emparent de Lisbonne en plein été
à l'heure de midi, et soudain c'est comme si
– comme s'il était transplanté dans quelque village perdu
de l'Alentejo

*

au final, une philosophie de l'existence, de son
non-sens radical ? – Si l'on veut, quoique nulle
envie de professer quoi que ce soit (« j'évite les idées »).
La littérature est encore pour lui la manière la plus
agréable, dira-t-il, d'ignorer la vie ; de contrer
autant que faire se peut, la « dépression sans fond
qui l'encercle d'un mur d'angoisse » ; et quand la nausée
toute une nuit l'étreint, seul le son du premier tramway
tournant au coin de la rue s'en vient, telle une allumette
éclairer l'obscurité de son âme et dissiper un peu
l'état de permanente dysphorie qu'il endure
au fil de trop de nuits d'insomnie

une autre fois, c'est au bureau qu'il est tétanisé
incapable de bouger, pression de qui de quoi appuyant
sur ses tempes, restant là à dévisager le buvard sale
qui s'étale sur son bureau, à déchiffrer les chiffres et dessins
qui y sont gribouillés, insignifiants comme l'est sa signature
écrite à l'envers façon boustrophédon

*

« Tout ce que l'homme expose ou exprime est
une note en marge d'un texte totalement effacé, lit-on
dans le fameux *Livro*. Nous pouvons plus ou moins

continue-t-il (on croirait lire un fragment de Novalis)
déduire, d'après le sens de la note, ce qui devait être
le sens du texte ; mais il reste un doute, et les sens
possibles sont multiples. »

*

selon ses dires, il résolut très tôt d'en rester
pour ce qui est de l'amour, aux maîtresses
imaginaires, se contentant, « soyons chastes », de les rêver.
Au moins, il s'évita ainsi les sourires trompeurs et la tendresse
mensongère. C'est qu'il avait connu, en son adolescence
par deux fois, précise-t-il, l'humiliante expérience
d'être abandonné, s'étant vu préférer un autre

ô triste, triste alors était son âme, à cause
à cause d'une…

sphinx je suis, quand tombe des genoux
de la reine absentée, inutile broderie, la pelote oubliée
de mon âme. Sous le comptoir aura roulé
avec elle quelque chose en moi qui l'aura suivie des yeux
avant d'aller se perdre dans une grande horreur
tombale

restons toujours ainsi, une silhouette de femme
sur un vitrail face à un autre vitrail où serait
une silhouette d'homme. Entre nous passeront des ombres
résonneront des pas glacés et des prières, de l'encens aspergé.
Nous resterons vitraux enflammés de couleurs
au coucher du soleil, et intact notre silence
de verre, quand dehors passeront tumultueux les siècles
et furieux les empires, et qu'aura définitivement
périclité l'Église

« et nous qui ne savons rien d'elle, nous serons là encore
comment je n'en sais rien, ni en quel espace et en quel temps
vitraux éternels, vigiles au dessin naïf peint par quelque artiste

depuis longtemps dormant sous quelque pierre tombale
des temps gothiques, où deux anges, joignant les mains
congèlent dans le marbre l'idée de la mort»

★

si son *Livro* relève plutôt de la philosophie
comme maints philosophes (sinon tous), il fut
tenté par la poésie. Sans doute même s'y essaya-t-il
dans son meublé, à ses heures perdues. Bien décidé
à bousculer les formes, à coup de calligrammes
et autres innovations, à choquer, à l'instar d'*Orpheu*
la revue de son maître, le public bourgeois au nom
de ce même principe aristocratique dont la revue
se revendique. Car ne sont-ils pas les poètes, s'empressant
de se couronner eux-mêmes de laurier, ne sont-ils pas
comme l'écrira près d'un siècle plus tard un prosateur
français de renom, «de ces aristocrates qui vont
par métaphores, de haut, de loin»? Et Soares en effet
considère qu'«être compris c'est se prostituer»
ni plus ni moins, allant même jusqu'à écrire
qu'il y a entre le paysan et lui une différence de qualité
qui tient à la capacité d'ironie, de détachement de
l'émotion que seule permet la pensée abstraite

★

des poètes, il n'eut pas cependant une très haute opinion. Rien
d'autre pour lui qu'un «ramassis d'ombres falotes»
en quête de quelques miettes de cette gloire dont jouissent
les écrivains à la mode. Un *mundillo* à fuir. Meilleur
refuge: le monde de la vie ordinaire. Quel soulage-
ment de sortir de «cet asile de fous» et de retrouver
au bureau la présence bien réelle de son chef Moreira
un compétent comptable, mal habillé, mal considéré
mais sachant, lui, être «ce qui s'appelle un homme»

★

des mois sans écrire. Sommeil, léthargie
dépression peut-être. Longue période où il fut un autre
et vécut sans penser, comme absent à lui-même.
En sort soudain, à ses dires, le 16 mars 1932
un jour de grande fatigue, où il n'a cessé toute la journée
d'aligner des chiffres. Ferme les yeux, la tête entre ses mains
coudes appuyés sur la haute table inclinée
qui lui sert d'écritoire. Demi-sommeil, où surgit
net comme un paysage qu'il aurait là
sous les yeux, vibrant de vie réelle, la vision
de la ferme où il vécut enfant. Longue façade
donnant sur un grand espace vide. En lui
tout se confond, les souvenirs, une vague douleur
aux coudes et la rumeur qui monte de la rue.
Quand, mains à nouveau posées sur la table
il revient à ce qui l'entoure, son regard tombe
sur une grosse mouche faisant une pause sur son encrier.
Tons verts et bleu noir, rehaussés d'une luisance usée.
La vie même, en majesté peu ragoutante

immédiatement
se sent être cette mouche, sa noirceur lustrée.
Mais impossible de se défaire de soi. Nulle
autre, cette âme de mouche, que soi-même intranquille
que Bernardo Soares lui-même. Inquiétante chimère

se surprend à lever les yeux au plafond
comme s'il était sur le point d'être écrasé
par quelque puissance d'en haut prête à s'abattre
sur lui. Mais tenté en même temps, menaçant
menacé, d'écraser d'un brusque
geste de la main, au risque de renverser l'encrier
sa majesté mouchière. Mais rien de tel. Quand il baisse
les yeux, la mouche a disparu. À nouveau torpeur
et routine au bureau –
sans philosophie

★

une de ces après-midi d'automne où le ciel offre
une chaleur froide et morte, où les nuages
étouffent la lumière sous des couvertures de lenteur

rien d'autre à faire que rêver

★

la même blessure, toujours : devoir se conformer
à la vie ordinaire, sa médiocrité. Pluie froide de février
flaques qu'il s'applique à éviter, se pressant de rentrer
dans son meublé, contrarié d'avoir oublié son parapluie.
Et plus encore de consentir si facilement à renoncer
à ce roman de cape et d'épée où il s'imagine en aristocrate ;
de devoir accepter, ô lâcheté quotidienne, que son cou
de poète vive retranché, moribond, à l'abri d'un col
d'employé de bureau banal

★

Un jour (zigzag) – tel est le titre du fragment où il dit
son regret de

« N'avoir jamais pu être une Madame de harem !
Quel dommage que ça ne me soit jamais arrivé ! »

★

il passe parfois des heures sur la place du Terreiro
do Paço, au bord du Tage, à rêver, vaguement
méditer

quai du fleuve, tombée du jour, odeur de l'eau

et dans sa tête, sur les berges de quelque ruisseau
de lointaines idylles qui lui font ressentir sa vie
comme une nausée au creux de l'estomac

heureux alors de pouvoir s'absenter
du côté de ces vastes domaines aux environs
de la vie qu'il possède en pensée

*

« tout ce que je voudrais, c'est dormir »
(2 septembre 1931)

Vie de Martin Heidegger

Vie de Martin Heidegger
(1889-1976)

il naquit
vécut
(professa
écrivit
aima
adhéra
au parti
nazi)
mourut

Vie de Walter Benjamin

Vie de Walter Benjamin
(1892-1940)

philosophe, le fut-il ? – pas vraiment, pas
du moins au sens strictement académique. Jamais
d'ailleurs il ne put, quoique pourvu d'une thèse
en bonne et due forme, obtenir à l'Université
le poste un temps convoité. Et pourtant
philosophe éminemment il le fut, de très haut vol
même si le temps lui fit défaut pour mener à son terme
le grand travail philosophique que ses vrais amis
attendaient de lui et qu'entreprit de sauver des aléas
d'une vie de misère, à coup de réguliers mandats
de papier rose, son amie Gretel Karplus
la future femme d'Adorno, qui dans un tapuscrit
du 28 mai 35 sur papier à en-tête
d'Air France lui écrit que seul son travail en cours
sur les « Passages » (parisiens), travail à sauver
absolument, pourrait sauver en outre
sa personne, le rétribuer des années d'errance
et de galère qu'il lui faut endurer

sauvé, le gros ouvrage en gestation
miraculeusement le fut.
Avant de quitter Paris à la mi-juin 40
pour échapper aux troupes hitlériennes, Benjamin
eut juste le temps d'en confier les notes et matériaux
(monceaux de citations et brouillons manuscrits)
à Georges Bataille, qui les mit à l'abri à la Bibliothèque
nationale (avec d'autres papiers confiés eux par Kojève)

philosophe donc éminemment – quoique différemment
et multiplement, car traducteur (de Baudelaire, Proust...)

commentateur et critique, historien également
épistolier prolixe, inclassable
écrivain. «Il pensait poétiquement»
dira Hannah Arendt après la mort de celui
qui, comme elle, était à Paris paria et son pair
à l'abri sous la verrière ovale de la Bibliothèque
nationale, tous deux rue Richelieu réfugiés, côte à côte
dans son décor d'opéra muet (juste le chuchotis des pages
qu'on tourne sous les lampes d'opaline verte et les cris
étouffés des plumes), consultant ouvrage
sur ouvrage, sous la lumière zénithale
du lieu et dans l'urgence nadirale
du moment travaillant, car redoutant
que ne vienne très vite, trop vite
les rattraper la catastrophe nazie

lui souvent se lève pour aller au service
de la photo porter les fiches dont il souhaite
faire des copies. Et tous deux, quand un employé
asperge la salle avec un désinfectant dont l'odeur
douceâtre vient se mêler à la poussière des livres
bénie par le républicain goupillon, tous deux
se retrouvent dehors pour prendre l'air et fumer
assis sur un banc du square Louvois
ou parfois, quand il fait beau, poussant
jusqu'au jardin du Palais Royal

Benji, le surnom affectueux que le couple Blücher
(Arendt et Heinrich, son second mari) lui donnait
Benji avait, dira Hannah, une conscience aigüe
de l'importance de ce qui, dans la langue, excède
toute valeur d'usage et de communication. Il savait
comprendre les créations linguistiques dans leur forme
cristallisée
comprenait la langue en général
à partir de la poésie

amie fidèle, Arendt s'employa à réparer

l'injuste sort de son vivant réservé à son œuvre ; travailla à sa gloire posthume, ce très hypothétique lot de consolation des inclassables, ceux dont l'œuvre écrit-elle, n'est pas ajustée à l'ordre existant

★

on ignore sa taille exacte. De stature moyenne et tout en rondeurs, selon Gisèle Freund qui souvent eut l'occasion de le photographier du temps où il fréquentait assidûment, à Paris la B. N. de la rue Richelieu. Petites mains potelées, note-t-elle, front bombé, cheveux châtains très fournis, moustache épaisse et lunettes rondes. S'il avait porté la barbe précise de son côté Adrienne Monnier, la libraire de la rue de l'Odéon où il avait ses habitudes, y empruntant livre sur livre et sans fin discutant avec la maîtresse des lieux – si barbe donc, « il aurait eu, bien que le nez fût modérément aquilin, l'air beaucoup plus juif » (sic). Au demeurant un sérieux tout prussien et un abord cérémonieux

★

post mortem, quand sa vie eut pris l'allure d'un destin, commencèrent à circuler, en même temps qu'on éditait ses écrits, des photographies qui très vite devinrent des icônes, notamment celles prises par Gisèle Freund dans la salle de lecture de la Bibliothèque nationale. On l'y voit plume en main, consultant un épais volume. Il ne pose pas ; il est au travail et le décor derrière lui n'a rien d'artificiel, nul mobilier d'apparat juste des fichiers, casiers et autres étagères un encrier devant lui. Et pourtant, si le cliché résiste à toute tentation de nimber d'aura le portrait, le temps a fini par charger chaque épreuve

gélatino-argentique de beaucoup de *lontananza*
comme si les longues stations où il est resté rivé
à la table de travail étaient une façon de se préparer
à la postérité, en même temps que Gisèle Freund
plutôt que de le photographier à la sauvette
prenait tout son temps, son geste technique
se souvenant des mérites de la longue
exposition autrefois nécessaire

*

il y a l'homme qu'il était, mais aussi tous ceux
qu'il aurait voulu être, aussi nombreux que les niveaux de sens
(49 enseigne la doctrine talmudique) du moindre
passage de la Torah. N'aurait-il pas aimé par exemple
être de ces hommes maternels (sinon bisexuels) soustraits
à l'esclavage de l'instinct sexuel ; être de ces héros
dont Leskov vante dans ses récits la tempérance et la bonté
la capacité aussi à entendre les voix les plus sourdes
de la nature ; les voix muettes des pierres
et pas seulement le cor de chasse en cuivre
poli et luisant ?

au fil des ans, il prit du poids et son cœur
en souffrit. À Ibiza, où il passe des jours heureux
dans une petite maison de paysan entourée de figuiers
de Barbarie, blottie au fond de la baie de San Antonio
il fait pourtant de longues, longues marches
dans la campagne plantée d'amandiers et caroubiers
en compagnie de son ami Jean Selz, un historien d'art
avec qui il renouvelle son expérience du haschich.
L'année suivante, en 33, sur une feuille volante
en quelques traits succincts mais suggestifs, Jean Selz
croquera le profil de son comparse, où en effet est bien visible
la corpulence d'« ours timide et maladroit » de celui avec qui
il passe de longues heures à traduire en français
les poèmes en prose d'*Enfance berlinoise*

★

fleur préférée : le coquelicot

★

droitier, il se met en tête à quatorze ans
qu'il lui faut aussi absolument être capable d'écrire
de la main gauche. Longues heures d'exercice.
Trente ans plus tard, il insistera sur le fait que
W. B. (ainsi s'auto-désigne-t-il) possède bien deux
mains et aime penser contre lui-même

quand Gretel soulève la « question danoise »
à savoir l'influence néfaste que Brecht pourrait avoir
sur lui, il répond qu'au contraire il a besoin
de ce genre de danger pour aller au fond
de la chose à penser et ainsi rapprocher
les positions les plus irréconciliables

★

il aima (ou plutôt le pensant destin qui fut
sien fit qu'il n'eut pas d'autre choix), il
aima funambuler sur le fil instable et ténu
qu'il entreprit contre tout espoir de tendre
entre mystique et marxisme, entre Kabbale
et théâtre de Brecht, théologie juive et
messianisme révolutionnaire

lui-même d'ailleurs parlait volontiers
de son visage de Janus, un côté tourné vers
Jérusalem et Scholem, l'autre vers Skovsbostrand
au Danemark, où Brecht, quand monta trop
haut le nazisme, préféra se retirer, entouré
de son état-major d'amis,non sans au fond
du décor Moscou sous les Soviets, où il était allé
lui Benjamin, en plein hiver, fin 1926
retrouver Asja Lacis

*

deux mains à l'ouvrage, l'une marxisante et l'autre
théologisante. La marxiste, par elle-même sommée
de répondre à l'appel de Brecht et d'Adorno. Main certes
hésitante, et jamais vraiment refroidie, malgré le piteux
échec du siège conduit à Moscou, pendant deux mois d'hiver
aux portes de ce Kremlin qui a nom Asja
Asja Lacis, la bolchévique lettonne rencontrée à Capri
dont la foi communiste est plus contagieuse
que le désir amoureux qu'il a d'elle. Car tout de suite
quand il l'aborde alors qu'elle est avec sa fille
Dagmara dans une *pasticceria*, tout de suite
l'actrice et activiste du théâtre prolétarien détecte
en la personne de celui qui, ayant quelques notions
d'italien, galamment propose ses services d'interprète
– sans coup férir détecte un Herr Doktor
d'origine bourgeoise, un intello
un peu pataud, qui d'emblée entreprend
de lui faire la cour à l'ancienne. S'ensuit une idylle
cependant boiteuse, car elle est venue à Capri
non seulement avec sa fille, mais avec son compagnon
un homme de théâtre, Bernhard Reich. Néanmoins
à l'automne (1924), tous les deux se retrouvent
à Berlin, où Asja présente Brecht à W. B.

adhérer au parti communiste (le K. P. D.) ? Il y songe
constamment. Pourquoi pas emboîter le pas
à son frère Georg, médecin, qui déjà en est un très actif
militant (emprisonné, il périra
au camp de Mauthausen en 42)

– et dire que l'organe culturel dudit parti
Internationale Literatur, le présente, lui Walter, comme
un disciple de Heidegger ! Mais Brecht n'est guère
en reste, qui reproche à son pourtant très ardent
défenseur d'être encore trop mystique. Et même
de « prêter main-forte au fascisme juif »...

*

quant à l'autre main, non moins hésitante, elle feuillette
un dictionnaire allemand-hébreu, rêvant
de Palestine où son ami Scholem
le prie de le rejoindre au plus vite

en 1928, en conséquence partout où il va dans Berlin
on le voit en tout lieu, café ou théâtre, muni d'
une grammaire hébraïque, ayant commencé
à prendre des leçons d'hébreu. L'an prochain
à Jérusalem, pourquoi pas ? Son ami Gerhard
(en Palestine devenu Gershom) lui fait miroiter
la possibilité d'un poste à l'Université là-bas en gestation

mais dans l'étude de l'hébreu, W. B. n'en finit pas
de procrastiner. Entre les deux vieux amis le fossé
se creuse d'autant plus qu'à Berlin, où elle a rejoint
Benjamin, Asja fait activement campagne contre le projet
d'aller s'installer en terre supposément sainte
auprès d'un historien de la kabbale obstinément hostile
à toute concession qui pourrait être faite
au matérialisme dialectique

bien obligé de constater l'orientation marxiste
toujours plus affirmée de Benji, Scholem
s'agace et le rabroue : qu'il le veuille ou non
Walter est un bourgeois écrivant pour des bourgeois.
Et d'ailleurs où habite-t-il sinon
dans la partie la plus chic de Berlin, à l'Ouest ?
À quoi Benjamin réplique qu'il ne va quand même
pas déménager sa petite usine d'écriture à l'Est
du côté des quartiers populaires, que ce n'est
quand même pas lui, Scholem, qui va
lui interdire de pendre à sa fenêtre le drapeau rouge
sous prétexte que ce ne serait qu'un chiffon
pour faire semblant

*

néanmoins, être militant sans adhérer, Benji de son mieux
s'y efforcera encore et toujours. Ainsi le soir du 23 août
1927, quand il entraîne son ami Gerhard
venu à Paris à la faveur d'un congé sabbatique
à la grande manifestation qui se déroule du côté du
boulevard Sébastopol en faveur de Sacco et Vanzetti.
Pour l'occasion Benji a mis une cravate rouge
et enfilé un costume au col très élimé. Affrontements
avec la police, qui charge à cheval. Nombreux blessés
les deux amis s'échappent par une rue latérale
avant de se réfugier dans un café où ils éclusent
pas mal de verres de vin pour se remettre
de leurs émotions, bien que cela soit en ce qui
me concerne, raconte Scholem, tout à fait
contraire à mes habitudes

*

quant à ses textes, s'ils sont contre-révolutionnaires
du point de vue du Parti, il ne va pas pour autant
les arranger afin qu'ils soient plus digestes pour les estomacs
de ces messieurs du camp d'en face. Il préfère au contraire
les rendre impropres à toute consommation
quitte à en dénaturer l'alcool. Quoi qu'il en soit
que Gerhard se rassure, il continuera d'écrire de telle
sorte que ses écrits soient dignes de la bibliothèque
kabbalistique rassemblée à Jérusalem par son ami

*

il affectionnait, W. B., le jeu des ressemblances
s'intéressait à la graphologie, voyant dans l'écriture
une archive de parentés perdues, de celles que jadis
les augures s'attachaient à lire dans les étoiles
ou les entrailles des volailles sacrifiées. Partout

pensait-il, du mimétisme était secrètement
à l'œuvre, donnant lieu, par-delà tous
les camouflages à de très fugitives illuminations.
Lui-même écrivait avec le dos de sa plume. S'ensuit
une graphie toute en pattes d'insectes, où des lettres
minuscules (hauteur 1 mm, guère plus), hampes
et jambages au strict minimum réduits, semblent
avoir été tassées sur la feuille et au cordeau tirées
comme pour non pas déjouer mais retarder
toute tentative de trop facile décryptage.
Une façon aussi peut-être d'affirmer que l'auteur
est non pas un esthète magicien, mais un producteur
un ouvrier des mots, à l'exemple de Brecht
se tenant sans ambages du côté fourmillant
du prolétariat

*

étaient-ils nés, Pessoa et lui, sous le même signe
astral ? Toujours est-il que sur une photo de 1926
où l'on voit Benjamin assis sur un fauteuil, regard
perdu, *saudade* et buisson épais des cheveux
couronnant le front, il a un air de famille, in-
déniablement, avec Pessoa, lui aussi lunettes rondes
cravate et moustache (mais chapeau cachant
sa calvitie), sur une photographie dédicacée
à sa tante Tia Anica, photo que le poète abonné
à l'anonymat et père de tous ces hétéronymes
que l'on sait, légende de la phrase suivante :
« Provisoire représentation visible de lui-même »

pour ce qui est d'un éventuel invisible
sans doute circule-t-il incognito
dans le fond de l'air de l'époque. S'y enfante
son grain photographique propre
un air du temps qui les rapproche, le natif
de Berlin et l'habitant de Lisbonne. Pourtant jamais
ils n'auront l'occasion de se croiser flânant

sur les damiers et mosaïques de la Baixa
ses rues pavées de petits carrés de pierre
blancs et noirs. Quand Benjamin projette
en 39, de gagner Lisbonne afin d'embarquer
pour New York, Pessoa est mort déjà
depuis quatre ans, laissant lui aussi une lourde valise
de manuscrits au moment de monter
à bord du dernier bac, pour gagner à la fin
de son âge, sur la rive d'en face, un bien nommé
Ponto final, mais celui-là sur nulle
carte du Tage lieu-dit localisé, car rien
ne coule plus au royaume des ombres
(n'y restent plus que des noms dépourvus de lieux)

et comme on sait, jamais Benji lui-même
ne parviendra à gagner Lisbonne, ayant choisi
d'en finir à la frontière espagnole, en ce village
nommé Portbou, port de pêcheurs, de sennes
et de bouliers, qui en effet fut pour lui
le point final de sa vie, le bout ultime
de son rouleau

*

une autre photo, prise au Danemark
par le fils du dramaturge, le montre devant
la porte de la maison qui donne sur le jardin.
On est en août (1938) ; il pose debout, les mains
dans les poches de son pantalon. Attachée
à la ceinture, à droite, une chaîne, avec à l'autre bout
très probablement, une montre à gousset.
Il porte une chemise blanche et une cravate
le pli du pantalon est tout à fait comme il faut
si bien qu'hormis aux pieds ce qui semble être des savates
tout d'un bourgeois à peine en vacances
plutôt que d'un chiffonnier. Moustache toujours
fournie, crinière non moins et déjà pas mal blanchie.
Il ne regarde pas l'objectif, semble plutôt, derrière

ses lunettes rondes, perdu dans ses pensées
y fourrageant, tandis que simultanément
au fond de la poche, rituellement, les doigts
de sa main droite, en un geste mécaniquement
réitéré, caressent, du moins on le présume
le clapet métallique de la montre

cette photo en pied de lui-même, il l'envoie au couple
Adorno, priant les chers Gretel et Teddie de trouver
dans leur appartement new yorkais un endroit
où elle soit à l'abri des regards, comme c'est le cas
croit-il bon d'ajouter, des écrits du modèle
ces siennes productions demeurées jusqu'ici
invisibles bien que pourtant dûment publiées

⋆

tenue vestimentaire négligée, silhouette
gagnée par l'embonpoint, chevelure grisonnante
et moustache broussailleuse, note de son côté Scholem
quand il le revoit à Paris en février 38, avant
de s'embarquer pour New York. Onze ans qu'ils
ne s'étaient pas vus. Les sujets de conversation
ne manquent pas. C'est l'époque à Moscou des procès
Scholem s'inquiète de l'orientation toujours plus
marxiste de son ami de jeunesse, de sa proximité
avec Brecht. Et son travail sur l'œuvre d'art? Pourquoi
s'il faut éliminer la magie, garder le mot d'aura?
Mystique demeure, selon Scholem, sa théorie du langage
comme s'il mâtinait son marxisme de théologie
tandis que s'accumule dans le cendrier marqué Byrrh
les restes de tabac qu'il fait tomber à intervalles
réguliers en tapotant sa pipe

⋆

bibliophile, bibliomane, il tenait un strict
inventaire des livres qu'il avait lus (2000
annonce-t-il à Scholem dans une lettre de 1931)

[...]
462/ R Kassner: *Von der Elementen des menschlichen Größe*
463/ S Kierkegaard: *Studien auf dem Lebenswege* («*Schuldig – Unschuldig*» en partie seulement)
464/I Zangwill: *Der König der Schnorrer*
465/ Dmitri Mereschkowski: *Der Anmarsch des Pöbels*
466/ Moses Hess: *Rom und Jerusalem.*
467/ d'Aurevilly: *Les Diaboliques* (sauf les deux dernières nouvelles)
468/ F. M. Dostoïevski: *Die Dämonen*

[...]

1705/ C. F. Ramuz: *Paris*
1706/Georges Salles: *Le Regard*
1707/Gaston Bachelard: *Lautréamont*
1708/ Joseph Conrad: *Das Herz der Finsternis*
1709/ Louis Dimier: *L'Évolution contre l'esprit*
1710/ Henri Focillon: *Vie des formes*
1711: Julien Gracq: *Au château d'Argol*
1712 Robert Hichens: *La Toque noire*

il posséda aussi, constituée de concert avec Dora
sa femme, une collection de livres d'enfants
(exemplaires anciens coloriés à la main, abécédaires
de mots costumés en animaux...).
Mais quand le divorce vint, houleux, c'est elle
Dora, établie à San Remo, qui en eut la garde

au fil des déménagements qu'ensuite il connut
quand le lourd rideau nazi vint noircir
le ciel d'Allemagne, sa bibliothèque fut dispersée
une grande partie trouvant refuge chez Brecht
au Danemark. À défaut de livres, il collectionna
alors les citations, à profusion prélevées tout au long
des journées passées à la B. N. de la rue Richelieu
amazones surgissant ensuite

tout armées dans son œuvre pour mieux emporter
l'adhésion du flâneur

*

la nuit bientôt va tomber. Deux heures déjà qu'ils discutent
installés à une table de marbre du café Laumer, à Francfort.
Hautes fenêtres embuées (on est en janvier) estompant
l'agitation du carrefour de l'opéra. Cigarette sur cigarette
le visage de Benjamin s'embrume de fumée. Face à lui
un jeune étudiant, Theodor Wiesengrund (Adorno), fasciné.
Quelques semaines à peine qu'ils se connaissent
l'un et l'autre inscrits au même séminaire de sociologie
(semestre d'hiver de 1923), mais soudain un horizon
commun qui se dévoile, et les paroles souveraines
de celui qui est de onze ans l'aîné comme échappées
de quelque région secrète

trente ans plus tard, Adorno écrira qu'il était tombé
sous le charme, qu'hors du commun était le charisme
de W. B. («une aura extraordinaire le précédait»)
bien qu'il ne fût pas d'un abord particulièrement
chaleureux; qu'intense était le feu de son regard
de myope; que son visage, surligné d'une chevelure
dense et vigoureuse et gardant quelque chose d'animal
dans la réserve de ses bajoues, trahissait le prix
terrible de l'affrontement violent avec la chose
métaphysique qu'il avait osé défier

*

1923: maudite époque. L'inflation n'en finit pas de galoper
en Allemagne, où tout semble sur le point de s'effondrer.
Benjamin, aux abois, est en quête d'un mandarin
qui consentirait à diriger sa thèse d'habilitation.
Il n'a pas de revenus fixes, une famille à nourrir
et des parents qui, fatigués de jouer les mécènes
le pressent d'embrasser enfin une vraie carrière.

Après diverses rebuffades, il finit par trouver un patron
qui accepte du bout des lèvres de lui servir de caution
et peut s'inscrire, faute de mieux, en histoire de la littérature.
Sujet : l'origine du drame baroque allemand
le *Trauerspiel*, littéralement « jeu du deuil » (ou du chagrin
sans issue que fatale)

travail acharné. Plusieurs mois à la Bibliothèque
nationale de Berlin à compulser maints ouvrages
et constituer un imposant recueil de plus de
six cents citations. Le soir, il rédige dans le calme
d'une chambre à soi qu'il loue pour la circonstance
(son fils Stefan n'a que cinq ans, l'appartement
est beaucoup trop bruyant). En avril 1924
il saisit l'occasion d'accompagner à Capri
quelques amis (dont Ernst Bloch et sa femme Linda)
qui s'y rendent en villégiature pour l'été
attirés par le climat et la coût moindre de la vie

à Scholem, il écrit qu'il a trouvé là-bas, idéale
pour le travail, une chambre où il semble contre nature
de se coucher et où le travail nocturne est chose
qui va de soi. Un lieu « avec tout le raffinement
que les moines mettent à utiliser l'espace
et à disposition en permanence une vue
sur les jardins les plus beaux de Capri

de retour à Berlin, il rédige l'introduction de sa thèse
l'intitulant « Préface épistémo-critique ». Rien à
voir avec le genre académique d'une thèse en histoire
de la littérature. Dense à souhait, à double tour boulonné
un manifeste philosophique bien plutôt

⋆

entre littérature et philosophie, Benjamin, croit-on
hésita. En réalité, il choisit d'habiter, à ses risques et périls
l'enchevêtrement des deux, leur malaisé ménage

un « traité de philosophie de l'art », ainsi définit-il
son *Trauerspielbuch*. Mais un traité loin de tout
système. Une « mosaïque » bien plutôt, assemblant
des citations où le « travail micrologique » concourt
à la « plénitude concise » de la vision d'ensemble

au final un texte-hérisson, une « haie d'épines », dira-t-il
lui même, propre à décourager le lecteur engoncé
dans ses habitudes. À Francfort, on ne manque pas
de lui reprocher une écriture par trop ésotérique.
Schulz, le directeur de la thèse, refuse une habilitation
en histoire de la littérature et s'empresse de confier
l'embarrassant objet à Hans Cornelius, le titulaire
de la chaire d'esthétique. Lequel porte le coup de grâce
conseillant à Benjamin de renoncer de lui-même
à sa candidature. Horkheimer, qui est du professeur
en titre l'assistant, rend un avis semblable, dans le dos
de l'impétrant (car W. B ignore et ignorera jusqu'à la fin
que son futur mentor au sein de l'Institut de recherche sociale
a rendu sur sa thèse un avis négatif

seul Hofmannsthal le soutient, qui publiera
en 1927 dans sa revue, les *Neue Deutsche Beiträge*
le chapitre que ce *Trauerspiel* consacre
à la mélancolie, cette humeur qui voit la pensée
plonger en elle-même et s'affliger dans la contemplation
saturnienne des grandes constellations
de la chronique universelle

blessé, Benji bien sûr le fut, mais de l'université
il fit d'autant plus facilement son deuil qu'elle
partait à vau-l'eau et qu'il ne se voyait pas
il l'écrit à Scholem, sacrifier le plus clair de son temps
aux servitudes du métier (copies sans fin à corriger
travaux à lire et réunions en tous genres, commissions…)

⋆

il s'était donné comme règle de ne jamais
sinon dans sa correspondance, employer le mot
« je ». Mais s'il n'écrivit pas d'autobiographie au sens
strict, tous ses textes pourtant sont imprégnés
des tourments et aléas où sa vie s'égara
et les divers journaux qu'il tint à la faveur
de ses nombreux voyages, écrits sur le motif
à la première personne et bourrés d'illuminations
profanes, sont des plus électriques et des plus captivants

« je suis à moi seul un triumvirat », note-t-il
un jour sur une feuille volante du journal où
il consigne ses conversations avec Brecht
alors qu'il séjourne à Juan-les-Pins
en mai-juin 31, en compagnie du dramaturge

trois hommes en lui se partagent le pouvoir
chacun à l'image d'une femme aimée
d'un amour véritable, durablement marqué
par l'expérience d'avoir vécu un temps ensemble
le dénouement fût-il à chaque fois
malheureux pour l'amant. Si sa vie fut
un roman de formation, ce furent des femmes
trois femmes, qui furent ses Pygmalion
successivement sculptèrent la forme de sa vie

il y a ainsi en lui un Walter-Dora
Dora Pollak, qu'il rencontre à Berlin
à l'Université, avec laquelle il se marie en 1917
et dont il a un fils, Stefan ; se séparent
quatre ans plus tard (puis divorceront en 1930)

lui succède un Walter-Jula, en vain ayant soupiré
à partir de 1921 auprès de la sœur
de son ami d'enfance Albert Cohn, sculptrice
dont la pensée le poursuit toujours à Juan
tandis qu'ayant faussé au groupe compagnie

promeneur solitaire dans la campagne
du Lavandou, vaguement suivant une jeune fille
en pantalon bleu et veste de plage
rouge, en chemin il cueille et glisse entre les pages
du livre qu'il a avec lui (*Le Journal d'un coiffeur*
de Jouhandeau) un rameau de pivoines
la fleur lui rappelant le bouquet que Jula
lui avait un jour, il y a bien longtemps, offert
pour son anniversaire

il y a, non pas enfin (car il fut amoureux plus tard
de quelques autres femmes), mais aussi, un Walter-Asja
celui qui s'en ira, au cœur de l'hiver 26-27, poursuivre
à Moscou, en terre soviétique, une campagne amoureuse
mal armée et finalement malheureuse.
Car c'est vaincu qu'il lui faudra en février quitter
Moscou, sans avoir obtenu qu'elle veuille bien l'épouser ;
en larmes même, qu'il quittera la ville enneigée
sur les genoux sa grande valise emplie de jouets
(en bois aussi bien qu'en papier mâché)
et juste quelques effets, juché défait
sur le traîneau qui le conduit par des rues
crépusculaires à la gare de Iaroslav
prendre un train pour Berlin

quelques mois auparavant, sans prévenir, il a
débarqué à Riga pour la voir, errant par les rues, aux aguets
prenant, effrayé, chaque tramway qui déboule pour
un camion de pompiers venu pour un incendie
car persuadé que s'il ne la voit pas avant
qu'elle ne le voie, alors, écrit-il, « la mèche de son regard
le fera sauter comme un dépôt de munitions »

mais elle a peu de temps à lui consacrer, très prise
qu'elle est par ses activités théâtrales autant
que politiques. Il passe donc le plus clair de son temps
dans la chambre qu'il a louée, travaillant à sa traduction
de Proust. Fin novembre, il finit par se décourager

et rentre à Berlin. De son côté, en mars 26
elle file à Moscou rejoindre Reich qui à marche
forcée y tâche d'apprendre assez de russe
pour être en mesure de se faire une place
dans un monde du théâtre là-bas en plein
bouleversement (une pièce de Boulgakov est la cible
du moment). Asja de son côté organise un camp
d'été pour les enfants, quand une sérieuse dépression
la contraint à une longue convalescence. Elle charge
alors Reich d'envoyer à Benjamin un télégramme
pour qu'il vienne les rejoindre en pays soviétique

★

arrivée à Moscou de l'impétrant par la gare de Biélorussie.
Reich est là pour accueillir Benji. Trajet en traîneau
jusqu'à l'hôtel où il logera – hôtel «Tyrol»
chambre 5, à deux pas de la place Triumphalnaïa
spacieuse et bien chauffée. Souvent Reich
viendra, faute de logement à lui, y dormir
l'un occupant le lit, l'autre se contentant du sofa
à tour de rôle, tandis qu'Asja est hospitalisée
dans un sanatorium donnant sur la grande avenue
Tverskaïa

★

Moscou enneigée, où souvent il s'égare
à peine sachant déchiffrer le cyrillique
et ne baragouinant que quelques mots de russe.
Embarras redoublé dans les tramways.
Embuées de givre, les vitres, ne sont plus
que des vitraux opaques, empêchant
qu'on puisse savoir où l'on en est exactement
du trajet. Pas d'autre solution que de descendre
au hasard, puis égaré marcher longtemps
d'un pas précautionneux sur des trottoirs
glissants, car dépourvu, Walter, des fameux *valenkis*

ces bottes de feutre indispensables en hiver.
C'est épuisé et pieds gelés dans ses brodequins en cuir
qu'enfin il peut se réfugier dans sa chambre d'hôtel
devant souvent à son grand dam la partager
avec Reich, l'amant en titre de l'actrice. Et pour
ne rien arranger, ne pouvant se passer, s'en allant
dans la nuit moscovite au théâtre, des services
de l'heureux élu, car il n'a d'autre cicérone
que ce rival et compatriote, lui à peu près russophone

heureusement, si trop fatigué de marcher sur les trottoirs
verglacés, plaisir alors de rentrer en traîneau.
Silence, juste un bruit sourd de chuintantes
le taxi glisse sur la neige, la nuit déjà
venue, laque noire au ciel comme
celle de ces petites boîtes, précieux coffrets
dont il s'éprend parce qu'y sont peintes
enluminures miniatures, des images
de naïves scènes villageoises
(jeune fille au fichu vert, balancier à l'épaule
avec deux seaux en bois, s'en revenant
du puits, tandis que l'aborde un galant
en touloupe qui lui propose de l'aider
à les porter, du moins on l'imagine)

juste avant Noël, on apporte enfin dans sa chambre
le samovar depuis longtemps réclamé. Heureux
que la pièce s'emplisse de son chant et qu'il puisse
à loisir contempler le visage d'Asja allongée
en face de lui. Pour la première fois depuis
bien longtemps le sentiment d'être en sûreté
le soir de Noël. Lui confie qu'il aimerait
avoir un enfant d'elle. Note scrupuleusement
dans son journal le moindre geste tendre
(elle m'a passé la main dans les cheveux
a redressé le col de mon veston – longtemps
qu'une main ne m'avait touché avec cette gentillesse.
En vain)

c'est à elle, Asja, que néanmoins il dédie *Sens unique*
quand l'ouvrage paraît à Berlin au printemps
1928 : « Cette rue se nomme
RUE ASJA LACIS
qui en fut l'ingénieur
et la perça au cœur de l'auteur »
(rue parce que le titre en allemand, *Einbahnstraße*
est construit à partir de ce mot
et peut-être aussi parce que proche encore
est l'époque où l'on rebaptise à tour de bras
les noms de villes et de rues en Soviéto-Russie)

il n'y aura pas, à Moscou ou Leningrad
de boulevard rebaptisé Perspective Asja Lacis.
La militante du théâtre enfantin et prolétarien
aura beau consentir à collaborer
avec le NKVD, elle sera arrêtée en 38
et envoyée dans un camp du Kazakhstan.
Y restera dix ans

*

il connut, mieux que quiconque, la fatigue de vivre.
« Je suis fatigué, note-t-il dans son journal
(Juan-les-Pins, le 4 mai 31, minuit et quart), de lutter
pour avoir de l'argent ». Répulsion grandissante
aussi à l'égard de la situation politico-intellectuelle
toujours plus désolante en Allemagne. De plus
en plus, songe à se suicider, rédige même
un testament, où il fait de Scholem l'héritier
de tous ses manuscrits. Quelques semaines
plus tard, de retour à Berlin, allongé sur son divan
et lisant, il s'interroge : vaut-il mieux mourir
ici dans l'atelier ou à l'hôtel, etc. ? En attendant
se décerne, « avant la fermeture des portes », un
titre imaginé par Lichtenberg, *Professor
philosophiæ extradordinariæ*

néanmoins, s'il se voit en homme au caractère
destructeur, il garde l'amour d'explorer
de nouveaux chemins, concluant que s'il n'a pas
le sentiment que la vie vaille vraiment d'être vécue
du moins le suicide ne vaut pas non plus d'être commis

d'ailleurs, ne lui faudrait-il pas d'abord
avoir vécu vraiment sa vie
exaucé ses plus chers souhaits ?

parmi ces vœux, l'un au moins put
être un peu comblé, celui de faire de grands
et surtout longs voyages. Ce fut d'abord un simple
pas de côté, direction Berne en Suisse
lorsque éclate la guerre (la Première), pour fuir
l'Allemagne et la conscription. – Non sans s'être d'abord
en août 14, porté volontaire, avant de s'arranger
pour se faire à deux reprises réformer, simulant
à cette fin une sciatique. Ce fut ensuite, au printemps 24
la brusque décision de quitter Berlin pour Capri
où il envisagea même de s'établir durablement
quitte à y vivre dans une des grottes qui là-bas
abondent à la faveur du relief karstique

l'Arcadie italienne, il l'avait connue très tôt
juste après le baccalauréat, à l'occasion d'un voyage
où pour la première fois il éprouve le bonheur
de n'être plus un élève, de n'avoir plus à répondre
à quiconque, de pouvoir disposer librement
de son temps. L'Italie, un éden, lui écrira plus tard
Adorno, où l'on rencontre, « bien réel et vivant
le rêve universel de l'adolescence, des longues
nuits de marche et de chant sous la clarté
de la lune inondant bosquets et prairies... »

trains puis bateaux à vapeur sur les lacs
avant de gagner Milan, puis Vérone

Vicence et Venise, où il reste un instant
à quai, ayant raté le vaporetto où ses deux
compagnons de voyage ont presto embarqué.
La nuit tombe et le ciel est couvert. Vapeur suivant
puis à pied vers Saint-Marc avec sa valise
longeant la Riva degli Schavioni, assailli
par des gamins dont l'un donne un coup
de pied dans sa valise quand il répond
niente à leurs assauts de mendiants

au retour, halte à Brunnen, au bord du lac
des Quatre-Cantons, où il achète beaucoup
de chocolat qu'il compte passer en contrebande.
Dans le train du retour, peur
qu'on découvre son trafic. Mais, ouf
à Bâle le douanier monté à bord du wagon
croit inutile de demander au jeune homme
d'ouvrir sa valise

⋆

Corsica, Ibiza

îles fortunées
et pauvreté

après le rude hiver passé à Moscou en 26-27
il séjourna d'abord, avec sa femme Dora
près de Saint-Tropez, puis à Marseille. Joua
au casino à Monte-Carlo, où il gagna une forte somme.
De quoi s'offrir un voyage en Corse. Bateau pour
Bastia, puis tour de l'île en auto, jusqu'à Bonifacio
puis Porto-Vecchio et retour en avion. Idylle hélas
ternie par la perte d'un dossier où il avait emporté
plusieurs manuscrits, la première version notamment
de ce qui deviendra *Sens unique* et les esquisses d'un
travail au long cours sur la chose politique

à son retour de Corse, propose à Kracauer
pour la *Frankfurter Zeitung*, un article. Y décrirait
une île totalement intacte, sa pauvreté
défiant toute imagination, les très nombreux métiers
assurés par des roulottiers. Conditions de vie presque
partout des plus primitives, mais sublimes paysages

au même Kracauer, sept ans plus tard (on est en décembre 34)
il écrit depuis San Remo, où le mois de novembre
a été, dit-il, rayonnant, avec des matins dignes d'un plein été :
« On peut se loger ici pour 20 lires par jour et par personne.
Comme la maison où je loge est une pension dirigée
par mon ancienne épouse, si vous souhaitiez venir
on pourrait sans doute trouver un arrangement.
Comme je lis en ce moment, en vue d'en rendre
compte pour la *Zeischrift für Sozialforschung*
quelques ouvrages de philosophie du langage
plutôt ardus, je m'autorise, pour décompresser, *Les Suicidés*
de Simenon, excellent roman dans son genre. »

⋆

à l'été 33, réfugié à Ibiza, après un bref passage
par Paris, ayant fui l'arrivée des nazis au pouvoir.
Non tant par crainte de la persécution systématique
(depuis toujours ayant pratiqué, écrit-il, une extrême
réserve politique), mais parce que soudain se ferment
la plupart des portes, que l'ambiance devient irrespirable
et qu'il voit se tarir ses sources de revenus, ses articles
ne trouvant plus preneurs

donc Ibiza, où il campe chez des amis ou relations
partageant sa chambre avec, dit-il, trois cent mouches.
Confort minimal, juste une pâle loupiote au plafond

mais peu importe, le paysage est là, sublime
quoique trop, dans la maison, de passage et d'agitation, trop
de *paying guests* aussi dans les environs. Heureusement
Walter finit par trouver refuge dans une maison

en construction, cohabitant, dans la seule pièce achevée
avec les seuls meubles du propriétaire.
Pas encore de vitre, pas vraiment d'espace
où s'installer pour travailler. Confort réduit
mais très vivable, et c'est l'été, avec plage à deux pas
et somptueuses sont les vues qu'encadrent
ses fenêtres, beauté de paysages incomparablement
plus secrets qu'à Majorque où il a pu en automobile
excursionner

d'aller au bois sur le motif avec livres et cahiers
est très facile. Debout à sept heures, bain de mer
en route ensuite, Detlef Holz, vers la forêt toute proche
et là au travail jusqu'à une heure, au frais sous les frondaisons
bien calé dans la chaise-longue que chaque soir
il cache dans les buissons, non sans avoir pris soin
de prendre avec lui, « comme n'importe quel
apprenti maçon », l'indispensable bouteille thermos.
« Sur ce papier parisien légèrement bleuté
où je t'écris, tu pourrais voir, par-dessus
mon épaule, écrit-il à Jula Cohn, son amour
de jeunesse, – tu pourrais voir, non pas la mer
mais nonchalamment remuer les aiguilles du pin
parasol à l'ombre duquel je suis installé ».
Mais en réalité, dans sa lettre, elle lit autre chose :
leur désaccord à propos de Stefan George. Elle
continue de placer très haut le poète, tandis que lui
voit trop, dans la commotion de ses poèmes au ton
très solennel, une charge d'effroi qu'il récuse désormais.
Et de même il refuse de voir le dernier Hölderlin annexé
par des disciples de George trop prompts à suspendre
le manteau magique à côté d'un casque d'acier devenu
celui des plus funestes guerriers nazis

*

à Ibiza, il y a, dit-on, non pas 49
mais 17 variétés de figues (Carica, Oriola

Blanca, Verdale…), ce qui déjà est beaucoup.
Il faudrait connaître tous les noms, comme
ceux des lieux et champs où ils poussent.
Mais qui, hormis les paysans, en connaît le code
celui qui commande à la couleur de chaque
coin de terre (du jaune poussiéreux au brun
violet en passant par le cinabre) ?

⋆

à Ibiza, il y aura aussi deux femmes. Une certaine Olga
mi-allemande mi-russe, connue à Berlin
et qui vient le rejoindre dans l'île. « Le rire de Walter
confiera-t-elle plus tard à Scholem, était magique ».
Tôt le matin, il s'en va seul se baigner puis lire
à l'abri des pins le *De Natura rerum* de Lucrèce.
Sur le sujet de l'amour, écrit-il à un ami, ce qu'à ce jour
j'ai lu de mieux. Et le reste du jour à randonner sur les
sentiers de l'île avec baignade à nouveau.
Plus tard, il déclare à Olga, comme il l'avait fait à Asja
qu'il veut l'épouser. Mais, *volgivaga Venus*, elle se
dérobe et il en souffre beaucoup, longtemps
– jusqu'à songer au suicide

l'autre amante, prénom Toet, est hollandaise et peintre.
Mariée, semble-t-il. Dans un projet de lettre
il lui écrit qu'elle est pour lui la mère protectrice
et la putain, que dans ses bras le destin
cesserait pour toujours de l'affecter, car il pourrait
se lover dans l'immense calme qui l'environne
mais il a beau lui écrire qu'il a été, lui saturnien
mis en mouvement par son image lunaire
rien ne vient. Plus de lettres d'elle à Paris
(« je n'arrive pas à me faire à l'idée que nous ne
devions plus entendre parler l'un de l'autre »)

⋆

bientôt quarante et un ans, un âge dit-il
où l'on a besoin de consolation. Y pourvoit
une abondante correspondance avec, premier violon
de son orchestre épistolaire, Gretel Karplus
la tendre amie docteur en chimie, restée à Berlin
(tandis que de la formation Scholem est à Jérusalem
le second violon)

à son triumvirat intime, s'ajoute un quatrième Walter
nommé Detlefb Holz (*Holz* : bois en allemand)
secret pseudo d'abord réservé à sa correspondance
avec cette « Chère mademoiselle Karplus »
bien vite devenant « Chère Felizitas » (qu'il orthographie
avec un Z, comme Ibiza peut-être), Gretel de son côté
signant Felicitas avec un C, prénom emprunté au personnage
d'une pièce de théâtre (*Un manteau, un chapeau, un gant*)
d'un auteur à succès, Wilhelm Speyer, à l'écriture
de laquelle Benjamin a collaboré

plus tard, en 36, il utilisera ce pseudo quand il publiera
chez un éditeur suisse, Vita Nova, à Lucerne
un recueil de lettres d'auteurs du XIXème
intitulé sobrement *Allemands* (*Deutsche Menschen*)
recueil destiné à être diffusé dans l'Allemagne
du IIIème Reich et conçu comme un acte
de résistance cherchant à sauver ce qui pouvait
encore l'être de l'esprit des Lumières (et de citer
dans sa présentation Goethe : « Tenons-nous-en
autant que possible à l'état d'esprit dans lequel
nous nous sommes formés. ») Vingt-cinq lettres
que n'aurait pas dépareillées, si jamais W. B. en avait eu
connaissance, celle que Maïmon écrivit à Kant
en 1791 pour accompagner l'envoi de sa *Philosophie
transcendantale* à celui qu'il appelle dans sa dédicace
« le père et découvreur de l'univers ». Elle date du 7 avril
et ne précède que de quelques mois celle que Johann
Heinrich, instituteur de village, envoie en août à son frère
Immanuel à Koenigsberg, lettre que reproduit Benjamin

y ajoutant ce commentaire que là où il est question d'humanité universelle (la Révolution française vient d'éclater), «il ne faut pas oublier dans quels intérieurs étriqués l'*Aufklärung* projetait ses lumières.»

⋆

on s'aime

de loin

lui, Detlef, revenu à Paris, rue Jasmin
elle, Felicitas, à Berlin toujours, *Prinzen Allee*

«j'ai faim de tes mots. Bonne nuit, mon petit
bout de bois, dors bien», ainsi termine-t-elle
la lettre du 25 octobre 33 où elle s'inquiète
de son rétablissement après la malaria
qu'il a contractée à Ibiza

il la comparera un jour à Katherine Hepburn
mais au final, c'est Adorno qu'elle épousera bientôt
plutôt que le pauvre Detlef réfugié
à Ibiza au fond d'un bois

beaucoup plus tard (en 39), tandis qu'il participe
à un colloque à Pontigny et qu'elle vit
à New York, dans une lettre en français
il la gratifie d'un tendre «Ma chère petite».
Un mois plus tard, nouvelle lettre pour lui dire
qu'elle lui ferait très plaisir si elle se plongeait
pendant une heure dans un exemplaire des *Fleurs
du mal*: «Je pourrais ainsi te chercher des yeux
et comme mes pensées sont fixées jour et nuit
sur ce texte, nous nous y rencontrerons sûrement.»

à Berlin, où elle travaille, dirigeant une fabrique
de gants, elle veille, avec la bonne de Walter
sur la bibliothèque (plus de 2000 volumes)

et les manuscrits qu'il a dû là-bas à grand regret
abandonner quand il a décidé de s'installer à Paris

*

tramways et tapis battus en bas dans les cours
rythment
son enfance berlinoise.
« Langue du monde inférieur, celui des servantes et
des vrais adultes », trouée ouvrant la vie
sur ces autres trouées qu'étaient au loin
les gares et leur monde d'incessants départs

et mille fois par jour le mur de l'immeuble
balayé par les frondaisons poussiéreuses

cordes à linge et cariatides ;
fracas des volets roulants tombant
le soir comme le tonnerre ;
escarmouches des stores verts
qu'on remonte au gré du soleil et des nuages ;
matelas rouges le matin mis
sur les balcons à prendre l'air

dans les allées des jardins publics
gouvernantes qu'on croise, par la main
tenant des enfants avec cerceaux et cols
marinière

jour de fête, quand vient le temps de l'arrivée
des ours qui danseront au son des tambourins
non loin du terminus des tramways à chevaux

tyran le père jurant au téléphone
de rage frénétique tournant la manivelle, derviche
au vertige de sa colère s'abandonnant
tandis que la mère caresse l'enfant malade
et bientôt sans fin ce seront des histoires
qui de sa bouche ruisselleront

cossu quartier, ghetto
de possédants, à l'ouest de la ville
là où mieux et plus vite viennent bénis les flux
atlantiques, quand bien même Berlin
de l'océan est loin, très loin (on ira donc l'été
au bord de la Baltique où la famille possède
une villa, à moins que du côté de Potsdam
villégiature à Babelsberg au bord de l'eau
où au fond du jardin pavillon
avec fenêtres multicolores
et barque au milieu des joncs ; rebonds
feutrés des balles sur la terre battue
des tennis

⋆

longtemps, il habita en bourgeois, à Berlin.
L'appartement d'abord – et bien au-delà
de l'enfance, de ses parents. Un très cosy et grand coffret
avec tapis et housses sur les sofas, l'intérieur, le chez soi
comme une boîte de compas avec cavités de velours
violet pour chaque pièce de l'instrument
(c'était avant le goût, au XXème siècle, du vide
et de la transparence, de la lumière et de l'air libre)
avant qu'il soit contraint par l'exil à habiter en paria

quant à habiter en poète, il n'en eut guère l'occasion.
Pas le temps de s'aménager un domicile idéal
un rêvoir, quoiqu'il fût très sensible aux paysages
pastoraux, à Saint-Paul-de-Vence par exemple
s'attardant à contempler la construction admirable
de fermes provençales qui s'intègrent avec précision
et souplesse, écrit-il, dans le paysage, et non moins
la *grandezza* que les travaux agricoles confèrent
aux villages : personne dans les rues avant
que ne soit finie la journée de travail ; rien
du tohu-bohu des métropoles

★

l'expérience de la grande ville, théorise-t-il
tandis qu'il commence à élaborer ses Passages
est celle du choc – du choc sans cesse répété
des rues assourdissantes qui hurlent autour du
pauvre flâneur. *Le Paysan de Paris*, le livre d'Aragon
paru en 1926, l'a frappé au plus profond. « Incomparable »
est sa capacité à débusquer ces illuminations
profanes dont l'univers urbain n'est pas avare.
Pourtant, subsiste chez l'habitant des métropoles
un sens de la nature qui n'est autre, écrit Aragon
qu'un « sens mythique », et le poète surréaliste
de se moquer de « tout ce qui subsiste chez les adultes
de l'atmosphère des forêts enchantées » ; de tout
ce qui procède chez le citadin moyen
d'une « figuration crétine du bonheur »

en cette enfance-là, W. B. retombe quand il a
la chance, à Sanary par exemple, de s'éprouver
« rêveur abîmé » au beau milieu d'un très pastoral
paysage. Quand la mer au loin sans cesse
fait gonfler puis retomber ses vagues, quand
les cimiers frémissent au vent et les nuages
au ciel bourgeonnent, il a beau se vouloir
matérialiste et se dire que pour la science
tout cela n'est qu'atomes et tempêtes d'électrons
malgré lui il cède à ce qu'il appelle
« la magie noire de la senti-
mentalité ». Il veut trouver la paix, l'éternité
en allée, le calme et la durée. Le moindre moustique
qui bourdonne à son oreille a beau lui rappeler
que tout cela n'est que mensonge, le moindre lointain
entraperçu fait renaître son rêve d'un Éden. Mieux
vaudrait, conclut-il, faire que l'instant béni se cristallise
en quelques mots, en hymne ou plutôt en profane
prière. Mais n'est-ce pas là le don du seul poète ?

entre les dents, couleur ivoire, une, amande émondée
(les amandiers font la richesse d'Ibiza). Immobile
écoutant l'incessant murmure de source
que fait le feuillage des figuiers. Vertes et dures
les figues sont invisibles sous les feuilles. Chant
des cigales dans les pins, chaumes après la moisson
temps de récolte et recueillement. Silence
de midi. Silencieuse aussi la jeune hollandaise
dont il est amoureux. Indifférente, elle s'est assise
dans l'herbe. Lui s'adosse à deux pas au tronc
d'un pin. Que faire d'autre? Essayer de partager
de l'arbre la manière de sentir. Apprendre à respirer
avec lui, inspirer-expirer au gré du très léger
mouvement au vent de son houppier. Oublier

★

fait la connaissance à Ibiza du petit-fils de Gauguin
même prénom que son grand-père, Paul.
Vit retiré dans un village de montagne. Compagnon
idéal pour aller marcher ; un taiseux peu civilisé mais
très cultivé qui sait disparaître dans le paysage
voilà qui plaît bien à Detlef. Rendez-vous donc
avec lui, un matin, à cinq heures, au port
de San Antonio, où un natif a bien voulu
les accepter à bord de son embarcation pour aller
au large pêcher la langouste. On aura beau
relever pas moins de soixante nasses en osier
c'est ce matin-là une déroute : trois bestioles
seulement au final. Mais le pêcheur dépose
ses deux passagers dans une crique inconnue
où se découvre à eux une image dont l'antique
perfection immuable vaut toutes les pêches miraculeuses.
Pas de constructions sur la plage, juste
une cabane en pierres sèches un peu
à l'écart. Quelques barques que l'on a tirées
haut sur le rivage, auprès desquelles un groupe de
femmes toutes de noir vêtues, visages graves

et fermés. Gauguin et Detlef entreprennent
l'ascension vers le village sur les hauteurs où
s'est établi le premier. En chemin, descendant
vers la crique, ils croisent un homme qui porte
sous le bras un minuscule cercueil blanc. C'est
qu'un enfant est mort dans la cabane en bas
et les femmes en noir sont des pleureuses
un instant détournées de leur office par l'arrivée
impromptue d'un canot à moteur, spectacle
inhabituel qu'elles n'ont pas voulu manquer

*

la question de l'habitation, écrit-il, deux ans plus tôt
dans une page du journal qu'il tient alors qu'il séjourne
au Lavandou avec un cercle d'amis, est mon sujet favori.
Discussion sur le sujet, très serrée, avec Brecht

repenser aux loggias des immeubles bourgeois
de son enfance (cariatides les supportant, rouge
Pompéi les enluminant au soleil couchant, l'été
sorties les chaises de jardin en fer et le palmier
pour les veiller), ce fut pour lui, s'en souvenir
quand il n'eut plus nulle part où être vraiment chez soi
une consolation malgré tout – du moins l'écrit-il
leur côté inhabitable étant compensé
par le souvenir heureux qu'il en gardait

*

s'il put faire de la flânerie un art d'habiter
les villes, il le devait, pensait-il, à son défaut de sens
pratique (aujourd'hui encore je ne sais pas
me faire une simple tasse de café), à son très mauvais
sens de l'orientation (il m'a fallu trente ans
pour qu'enfin me deviennent naturelles
les notions de droite et de gauche) ; il le devait
plus encore peut-être à la résistance rêveuse

qu'il opposait à sa mère s'agaçant de le voir traîner
toujours derrière elle à un demi-pas de distance, rebelle
à toute idée de marcher à ses côtés

ne surtout pas faire corps. Adolescent, lors d'une excursion
en famille, s'arrange pour fausser compagnie
au groupe. Grimpe une colline escarpée
sous un soleil brûlant pour aller savourer
solitaire sous un arbre, un traité de
morphologie latine

⋆

jusqu'à l'âge de quarante ans, il avait vécu, on l'a dit
chez ses parents, dans leur appartement, à Grünewald
un quartier résidentiel à l'ouest de Berlin
avec femme et enfant. C'est en 1930 seulement
ayant divorcé de Dora, qu'il occupe un logement
personnel à Berlin, un atelier d'artiste, au 66
de la *Prinzregentenallee*, qu'une peintre lui prête.
Enfin seul, enfin adulte, note-t-il.
Une pièce belle et habitable, où enfin
il a pu loger et classer un peu tous ses livres.
Une cellule de communiste, écrit-il à Scholem
où sur les murs que des images de saints
(un Christ à trois têtes, la reproduction d'un relief
byzantin en ivoire, un saint Sébastien, l'*Angelus
Novus* de Klee...) ; pas de bureau, il travaille
le plus souvent au café, ou alors allongé
sur un sofa, impropre au sommeil, mais
cependant idéal pour lire et pour écrire.
Sofa qu'a laissé là en souffrance la précédente locataire
une vieille dame paralysée pour laquelle on l'avait
tout spécialement fabriqué

après, quand vint le temps de l'exil, ce ne furent plus
qu'habitats de fortune. Meublés, hôtels, chambres
à Paris sous-louées à d'autres exilés et l'été

l'hospitalité d'amis, à Ibiza ou bien chez Brecht
au Danemark. Ce dont il est bien difficile de
ne pas se fatiguer

après avoir passé tout l'hiver à San Remo, hébergé
dans la pension qu'y dirigeait son ex-femme, Dora
il lui fallut rentrer à Paris. Ses recherches documentaires
à la B. N. l'exigeaient, s'il voulait avancer son grand livre
sur les Passages. Début juillet (1935), il a sollicité
la permission d'accéder à certains volumes
conservés dans l'Enfer de l'établissement. Le livre
que j'ai en chantier («Paris capitale du XIXème siècle»)
impliquant un examen des mœurs parisiennes
notamment au plan de la vie érotique, m'amène
écrit-il, à devoir consulter, à des fins scientifiques
de tels ouvrages

cet été-là fut à Paris particulièrement méridional
et sous les verrières de la Nationale très éprouvant.
Il prit néanmoins force notes, relevant par exemple
combien les cocottes de l'époque avaient la «passion fanatique»
des masques (ou plutôt combien l'époque les obligeait
à tout le jeu social qu'ils permettent)

gros labeur, suivi d'un salutaire répit, car le soir il retrouvait
un vrai chez soi (entre ses presque «propres murs»
ayant la jouissance de l'appartement laissé libre
par sa sœur (elle aussi prénommée Dora).
Courte période cependant, car elle revint en septembre
et il fallut à Walter trouver un nouveau lieu, squatter
encore chez quelque connaissance et une fois encore
déplacer tout son barda

⋆

29, rue Campagne-Première, Hôtel Istria (XIVe)
Passy, Hôtel Régina (XVIe)
1, rue du Four, Palace Hôtel (VIe)

28, place Denfert-Rochereau, Hôtel Floridor (XIVe)
Skovsbostrand (Danemark)
Nice, Hôtel du Petit Parc
Monaco, Hôtel de Marseille
San Remo, Villa Verde
7, Villa Robert Lindet (XVe)
28, place Denfert-Rochereau, Hôtel Floridor (XIVe)
7, Villa Robert Lindet (XVe)
23, rue Bénard (XIVè)
7, Villa Robert-Lindet (XVe)
10, rue Dombasle (XVe)

(mars 33-juin 40)

*

Pâques 37 à Paris. Printemps froid, douleur
à la nuque, comme si quelque mauvaise grippe
s'annonçait. Néanmoins, attablé à la terrasse
du Select il travaille, sous le charme et le choc encore
de cette exposition Constantin Guys qu'il vient de voir
au Musée des arts décoratifs. Un peu de baume
car sa situation n'est guère brillante. Inquiétudes
quant au sort de son fils Stefan, en pension
à Vienne, où le nazisme prospère, tandis qu'à Paris
vie de chien et de chiffonnier, la misère de son grisou
plus que jamais le menaçant. Surtout il y a, toujours aussi
dirimante, la question du logement. En décembre
il a pu hiverner quelques semaines à San Remo, chez Dora
son ex-femme, qui gère une pension nommée
Villa Verde. Il avait passé l'été précédent au Danemark.
À nouveau, il y retournera en juillet. À Skovsbostrand
une chambre dans une maison à deux pas de celle
de Brecht. D'où il lui faut hélas bien vite déménager
le bruit des enfants l'empêchant de travailler.
Toujours pas de vrai chez soi

à la rentrée de septembre, à son retour à Paris, les choses

s'aggravent. Ayant trouvé un locataire mieux argenté
le propriétaire l'expulse du studio qu'il occupait
dans un immeuble du XIVème, rue Bénard. Prendre
une chambre d'hôtel en attendant de trouver
un nouveau logement? Pas les moyens, les prix
sont devenus, avec l'Exposition Universelle
qui s'achève à peine, exorbitants.
À défaut, ce sera, hors les murs, Boulogne
où lui est proposée provisoirement une chambre
de bonne, dans la cour attenante à l'appartement
d'Else Herzberger, 55 ans, une généreuse
amie de sa tante (Benji va lui sur ses 45 ans)

il finit par trouver un gîte, une simple chambre
dans un immeuble récent, au 10 de la rue Dombasle
dans le XVème, au dernier étage, que lui sous-loue
Fritz Fränkel, l'ami médecin sous la conduite duquel il
a expérimenté à Marseille l'usage du hachich
et à Paris la mescaline.
«Mon petit réduit», écrit-il. Convenable néanmoins:
tranquillité, et confort suffisant pour
y pouvoir travailler. Déboires pourtant. Mars
39, cloué au lit par unc grippe, il écrit
à Gretel Adorno que l'ascenseur contigu
à sa chambre lui est une véritable torture. Impossible
de travailler, tout juste s'il peut lire

c'est mal chauffé, mais il est trop heureux
de retrouver son réduit et son chantier Baudelaire
quand il est libéré, en novembre 39, du camp
près de Nevers où il a été plusieurs mois interné.
Amulette à portée de main, posé sur une étagère
de sa bibliothèque, le masque à gaz qu'il s'est procuré.
Impossible de l'oublier et impossible de n'y pas
voir un simulacre de cette tête de mort dont les moines
studieux d'antan croyaient bon d'orner leur cellule.
Et puis le danger encouru n'est pas seulement, comme il l'écrit
pudiquement, de perdre le fil de son Baudelaire

s'il se lance dans des travaux annexes, comme Max
Horkheimer lui en fait la pressante, trop pressante demande

*

il fut jusqu'au bout de la tribu des collectionneurs
ces chercheurs d'or urbains familiers des puces
et des antiquaires. Enfant déjà chasseur de papillons.
Vanesses et citrins, vulcains, morios et paons
du jour. Avec timbres en contrepoint mimétique
afin de mieux saisir le monde en son infinie
variété miniature et phénoménale. Et à la fin
le recours, fatal autant que paradoxal, à l'éther
et au coton pour mieux sauver les phénomènes
et avec eux le souvenir d'un monde en grande
perdition. L'enfant alors lui aussi tremblant, quand
le lépidoptère dans un pli du filet s'agite et s'effraie
en vertu de cette vieille loi de la chasse
qui veut que l'esprit de l'animal voué
à la mort passe dans celui de son prédateur

collectionneur il le fut, de tout. De jouets et livres
pour enfants, d'objets anciens en tous genres
rêvant de finir par trouver une cuillère
antique, celle avec laquelle les poètes épiques
peuvent donner à manger à leurs héros défunts

par-dessus tout, il s'attacha au fil des ans, à constituer
la plus fournie et diverse des bibliothèques

jusqu'à ses derniers jours à Marseille, avant de partir
un matin de septembre pour Banyuls et l'Espagne
il s'emmitoufla de lectures. Son cœur malade
requérait plus que tout cet oxygène-là

*

quand il veut prendre l'air, il s'en va traîner
sur les quais de la Seine. Plaisir pour le bibliophile
de longtemps fouiller dans les boîtes vert sombre

des bouquinistes. Tombe un jour d'humeur noire
sur une feuille anar intitulée « Le Pal » (devise :
« empale, trépane, dépanne les célébrités
d'hier ou d'aujourd'hui »). À la une de l'ultime
numéro (avril 21), l'encadré suivant :
« À ceux qu'elle fait crever
la société reconnaissante.
– Modèle de plaque, en série, pour maisons
natales de poètes, peintres et condamnés
à mort de toutes sortes…
de Baudelaire à ceux de Vingré ». En page 2
tombe sur un article intitulé « Prolégomènes critiques »
où il peut lire ce programme : « Notre fonction
est de peindre ici au péjoratif, quand tant d'autres
lavent en eau claire ». Signé René Edme
lequel est aussi de la revue le co-directeur.
Pas entendu parler. Pas étonnant, Edme est mort à 22
ans, en 1922. Benjamin n'a donc pas pu le croiser
sur les quais ni dans la boutique d'Adrienne
Monnier, rue de l'Odéon. Et il a encore moins
pu feuilleter, parue à titre posthume
en 1982, sa plaquette de poèmes intitulée
Poétariat ou L'immorale vie de Safran Corday

ce qu'il connaît par contre très bien, W. B.
en ses années de galère parisiennes, c'est la condition
du poétariat, les ressources incertaines
et très maigres, la vie de chien, de chambre de bonne
en chambre d'hôtel, les incessants déménagements
chiffonnier encombré de valises bourrées de livres et papiers
sans compter l'insuccès, les travaux trop souvent
promis au seul tiroir ; et quand publication il y a
le puits sans écho où tombent ses plus chers écrits
Quant aux primes accordées par la postérité
trop incertain en est le compte…

pourtant, il ferait volontiers sienne la formule
de Gide qu'il a interviewé à Berlin en 28

(Gide, dans la lumière d'un matin de janvier
assis sur une marche du bow-window
de sa chambre de la Postdamer Platz) :
« je n'écris que pour être relu ; je compte
sur le temps qui suivra ma mort »

⋆

vit très mal, en 38, l'accueil plus que réservé
qu'Adorno réserve à son essai sur le flâneur
baudelairien. Quinze ans qu'il y travaille et il a dû
dans les derniers mois, presser le pas pour en
livrer à temps le manuscrit destiné à paraître
dans la *Zeitschrift für Sozialforschung*, la revue
de l'Institut de Francfort désormais réfugié
à New York. Et Wiesengrund-Adorno qui le prie
de revoir sa copie, de rédiger une nouvelle version !
Votre lettre, lui répond-il, m'a porté un coup
bien rude. De quoi être envahi de ce même radical
désespoir dont Baudelaire s'était fait le chantre
d'autant qu'autour de lui rien
pour infirmer que le monde est bel et bien en train de
finir…

⋆

été 40 à Marseille, très déprimé, remuant
l'idée de suicide, vivant aux premières loges
ce qu'il appelle le nadir de la démocratie (tout
bientôt va sombrer). Songe
à son ami Fritz Heinle, à leur alliance
lui, vrai poète (dans la vie s'en allant tel
d'immortelle jeunesse, un autre prince Mychkine
par les dieux désignés, et non moins créateur
de mots et vers inoubliablement jeunes
et beaux), tandis qu'à Walter il revient d'endosser le rôle
du critique et commentateur, non moins noble
à ses yeux

Berlin, août 14, Fritz, le cher Fritz, et Rika Seligson
sa compagne, dans leur appartement au gaz
se suicidant, désespérés
de la guerre qui vient d'éclater, de l'écroulement
qu'elle signifie de leurs jeunes espoirs

de son ami, Benji chercha à publier les œuvres
posthumes, considérant qu'il avait su, Fritz, porter
la poésie au plus haut, n'étant pas de ces bousilleurs
qui se contentent de refléter le banal sentiment
de la vie immédiate. Comme Hölderlin, Heinze
avait su forger une langue poétique capable
d'accueillir ce qui dans le langage excède
la simple signification. Su prêter attention à ce qui
dans les noms ne veut rien dire et pourtant illumine
veut, bien que restant muet, dire quand même
quelque chose, lisant dans les entrailles et les étoiles
des noms des secrets qui échappent au langage ordinaire

à la mémoire d'un couple uni jusque
dans la mort, Benjamin écrivit même un cycle
de 50 sonnets. Sous les tropiques exactement
de la haute tristesse où la disparition de ses amis
l'avait jeté, il s'attacha à entrevoir, dans le fouillis
des tiges et feuilles funéraires, dormant au plus creux
des calices, les graines d'hymnes futurs et l'espoir
gisant messianique au fond des noms

*

loin est le temps où venu à Marseille
il y expérimenta un jour de juillet 1928
le 29 très exactement, le haschisch. Hôtel
du Commerce et des Négociants, mais écrivez-
moi, je vous prie, poste restante. Bistro sur
le Vieux-Port, où l'enchantement opère, faisant
de lui un déchiffreur avide des physionomies. Puis
s'en va longeant le quai, où le seul fait

de lire les noms des bateaux en joie le met.
Au restaurant Basso, s'installe au premier
commande une douzaine d'huîtres puis un pâté
de Lyon (pâté de lion, s'amuse-t-il in petto).
Tout se mélange, vacarme à tous les étages
musique de jazz échappée d'une boîte de nuit
voisine, si intense, si entraînante, qu'il en vient
à marquer le rythme du pied, non sans que
l'agite un débat intérieur, car il n'est pas
ce geste, de si faible exhibition de soi qu'il soit
pourtant, conforme, écrit-il, à son éducation

tandis que dormition du côté de la Major
cathédrale et gare de religion, où sont
indifféremment affichés, tarifs
d'indulgence, heures de la messe et horaires
des chemins de fer avec mention
spéciale des trains à wagons-lits pour l'éternité

*

Marseille dix ans plus tard, été 40
un jour brûlant de début septembre, à pied
rue Paradis, sang et eau suant, cœur boitant
ciel insolemment bleu, ayant quitté
l'hôtel du côté du Vieux-Port où il patiente
depuis bientôt un mois, direction
une fois encore, la Préfecture pour s'enquérir
de sa demande d'un visa de sortie.
Mais nada. Croit de moins en moins
malgré l'affidavit reçu de Horkheimer
pouvoir se réfugier à New York, rêvant
de refaire là-bas au vingtième ou trentième
étage d'un gratte-ciel, sa vie malmenée, menacée

pour n'être pas démasqué, s'est laissé pousser la barbe
ce qui n'empêche pas que dans la rue l'aborde, l'ayant
reconnu, un autre réfugié, écrivain lui aussi, Soma

Morgenstern. On se parle et bien vite
cette question vient sur les lèvres de Benjamin :
a-t-il sur lui, Soma, du poison ? De quelle nature ?
Et si oui, pourrait-il de son trésor lui céder
une partie ? Pas possible ? Qu'à cela ne tienne
Benji invite Morgenstern à déjeuner
à la terrasse d'un restaurant où il a, sur le Vieux-Port
ses habitudes. Pas de souci pour l'addition
il paiera, il vient juste de recevoir d'Amérique
50 dollars et le cours est très favorable.
Mais pas question de parler encore et toujours
de ces foutus visas. La conversation roulera
sur la littérature. Justement, et Benjamin s'agace
que son interlocuteur ne l'ait pas sur la carte
remarqué, l'établissement a pour propriétaire
un dénommé Arnoux, exactement le nom
de cette femme mariée dont s'éprend
Frédéric Moreau, le jeune héros
de *L'Éducation sentimentale*, le roman de Flaubert

*

ô que sont loin soudain les tapis battus
de l'enfance et le passage des tramways
rythmant l'écoulement si lent
des journées, leur bonheur non discipliné

interné dans un camp du côté de Nevers
une maison de maître au milieu d'un parc
mais rien de pastoral malgré la campagne alentour ;
les pluies sont abondantes en cet automne 1939
et entassés à 300 le vacarme est permanent
impossible de s'isoler, pas d'autre refuge
que de jouer sans fin aux échecs assis
tant bien que mal dans la paille. Trouve quand
même le moyen d'organiser pour tuer le temps
des cours de philosophie pour quelques-uns
qui aimeraient ne pas trop perdre le leur

à bavarder sans fin et guetter l'arrivée du courrier
ou mieux encore d'un possible paquet
où quelques cigarettes et tablettes
de chocolat, cette si précieuse denrée
au goût d'enfance forcément bénie

et comme Walter, ils se confondront
dans leurs lettres en remerciements
pour ceux qui ne les oubliant pas auront
pensé à l'agrément d'un aliment qui
était aussi pour lui un adjuvant et stimulant
à un travail de la pensée auquel il ne voulait
pas renoncer

⋆

sentier très escarpé où des cailloux, graviers
souvent sous ses pas roulent. À l'ouest
au loin, bleu mystique du massif des Albères
(qu'au début du siècle suivant peindra Vincent
Bioulès), bleu vineux creusant tous les ravins
tandis que le jour se lève (ils ont quitté Banyuls
avant le jour, à l'heure où les paysans s'en vont
aux vignobles)

Lisa Fittko, une résistante au nazisme rencontrée
à Marseille, lui sert de guide, ainsi qu'à deux autres réfugiés
Henny Gurland et son fils Joseph, âgé de 16 ans.
Vincent Azéma, le maire socialiste de Banyuls, viticulteur
de son état, leur a, la veille, indiqué le chemin
(un vague sentier en fait, souvent effacé
par la végétation ou les éboulis)
à l'aide d'un croquis (une fois en vue
d'un plateau planté de sept pins, veillez
à le laisser à droite, puis grimpez à travers un vignoble
vous serez sur la crête). Au milieu des ceps
chargés de raisin noir déjà mûr, le « vieux Benjamin »
comme l'appelle Lisa Fittko, n'en peut

plus. On marche depuis quatre heures
au moins (il est, il le sait depuis sa jeunesse
un bien mauvais marcheur, à quatorze ans déjà
ayant bien du mal à suivre ses camarades de classe
lors d'une escapade du côté de Bayreuth
préférant emprunter la grand-route plutôt
que sous les bois des sentiers à son goût trop boueux)

on le prend sous les bras
et on finit par le hisser en haut du vignoble
sur un surplomb bienvenu. Là, on reprend des forces :
un peu de pain avec un ersatz de confiture
quelques tomates pour s'hydrater. « M'autoriseriez-vous
chère Madame, à me resservir », demande Benji.
Sa politesse à l'ancienne, remarque Lisa Fittko
demeurait inébranlable, tandis que le monde
partout alentour s'effondrait

très essoufflé, son cœur mis au supplice
mais surtout ne pas se plaindre. Doit pourtant
souvent s'arrêter, poser la trop lourde
sacoche où il a tassé avec un peu de linge
son dernier manuscrit, l'ultime état sans doute
de ses thèses sur le concept d'histoire
dans une lettre en date d'avril 40
ayant recommandé à Gretel Adorno de prêter
une particulière attention à la dix-septième
de ces réflexions. « La pensée, y est-il écrit
n'est pas seulement faite du mouvement
des idées, elle s'immobilise soudain
en une constellation saturée de tensions », choc
et monade que ce blocage. Et messianique
car il est signe d'une chance révolutionnaire
qui s'annonce. – S'il est permis d'encore
espérer

*

à Ibiza, il avait remarqué cette inscription
sur un cadran solaire : *Ultima multis*

il atteindra Portbou, en bas, mais ce sera
pour apprendre que les autorités espagnoles
exigent désormais un visa de sortie du territoire
français, papier qu'il n'a pas

les trois sont refoulés. Ils passeront la nuit
à l'hôtel Fonda de Francia, avant d'être livrés le lendemain
aux autorités françaises. L'hôtel est en fait une
souricière. Il le comprend quand il y dîne :
la clientèle, en attestent les conversations
grouille d'agents de la Gestapo.
Une fois monté dans sa chambre, la numéro 4
après avoir avalé plusieurs cachets de morphine
il a le temps, tout juste, d'écrire trois lettres ultimes
dont l'une pour Henny Gurland : « Dans une situation
sans issue, je n'ai d'autre choix que d'en finir.
C'est dans un petit village des Pyrénées où personne
ne me connaît que ma vie va s'achever. Je vous prie
de transmettre la situation où je me suis vu placé. » Très vite
le coma survient. On le découvre agonisant
au matin ; l'hôtelier appelle un prêtre
puis vient un médecin. Trop tard, il meurt
dans la soirée. L'enterrement a lieu le lendemain
en présence des seuls fossoyeurs et du prêtre
le défunt ayant été catholiquement enregistré
sous le nom inversé de Benjamin Walter.
Henny Gurland a eu le temps d'acheter
une concession pour cinq ans ; on glisse le cercueil
dans une des niches funéraires ménagées
dans le mur sud de la chapelle, la n° 563

⋆

Pentecôte 1912. Succès à l'*Abitur*
(le bac allemand). En guise de récompense

son père lui donne de quoi faire avec quelques
condisciples un voyage en Italie. Voyage
goethéen, en ce pays mythique, vaste université
à ciel ouvert où se former aux arts et se nourrir
d'Antiquité, avant d'aller suivre à Fribourg
des cours sur Kant qu'il trouvera sans intérêt.
Cap au Sud à travers la Suisse et ses tunnels
avant le plein ciel déjà méditerranéen
de lacs alpins où les vapeurs s'en vont glisser
paisibles en Italie. Milan à suivre, en train à nouveau
avant Vérone et Venise. Benji lors des marches
fatigue, mais se réjouit de n'avoir pas à hisser
sur les filets à bagages du compartiment
une trop lourde valise (celle qu'il vient d'acheter
est en fibre vulcanisée)

à Milan, le petit groupe visite le Campo Santo
cimetière on ne peut plus kitsch. La mort
note-t-il dans son journal, la mort, qui est démocrate
et l'alliée des pauvres, a trouvé là belle occasion
pour se venger. Monuments à Mammon d'une laideur
superlative, marbre à gogo, simili-temples, micro-
chapelles avec croix et photos, bustes des morts
la foi et l'espérance mises en symboles, allégories
diverses (ancres, colonnes, bustes et stèles, etc.)

rien à voir avec le cimetière marin de Portbou
tout en sobres terrasses et murs de pierre à pic.
Silence où des insectes nets, nul autre ornement
grattent la sécheresse, tandis qu'en bas la mer bleu
Klein presque violet scintille et sans fin
sous le soleil recommence

en route vers Lisbonne, Hannah Arendt et son mari
Heinrich Blücher passeront quelques mois plus tard
par Portbou. Au cimetière, chercheront
la tombe de Benji. En vain ; nulle trace
de son nom, nulle alvéole où l'on aurait

selon l'usage local, glissé son cercueil. Personne
n'étant là pour s'y opposer, en réalité le corps
aura été très vite exhumé de la niche 563
pour être, sans autre forme de procès, jeté
dans la fosse commune

à Scholem, Arendt écrira que le cimetière
est un des endroits les plus fantastiques
et les plus beaux qu'elle ait jamais vus de sa vie. Certes
l'endroit est sublime, mais la tombe, commente Scholem
est une fiction

Vie d'Alexandre Kojève

Vie d'Alexandre Kojève
(1902-1968)

fils de Vladimir Kojevnikov, Alexandre
Vladimirovitch naquit
à Moscou en 1902 dans une famille bourgeoise
et férue de culture. Eut pour oncle l'illustre
Kandinsky, lequel continua
bien après le temps de l'adolescence
comme en atteste leur correspondance
d'appeler son neveu Lula, en russe
diminutif encore plus affectueux
que l'habituel Sacha

milieu très à l'aise, mondanités
mais intelligentsia ouverte à tout
au monde entier, conversations
sans fin à table sémillantes
parfois virant le soir en séances
pourquoi pas ? d'occultisme
afin qu'enfin tournent les tables
tandis que l'époque s'apprête à
sortir de ses gonds et que couve
en sous-sol la révolution

*

il connut, Lula, de la mort très tôt
l'imminente angoisse, le sort soudain
de soi radicalement indécis
la très glaçante attente toute une nuit
dans les geôles de la Tchéka
(nouvellement soviétique le pouvoir
avec le savon vendu au marché noir

n'étant pas d'humeur à plaisanter)
jeté en prison suite à une dénonciation
échappant in extremis à l'exécution

se pénétrant ainsi pour de bon
comme d'un article de foi
désormais chevillé au corps
(et par anticipation valant confirmation
de ce qu'il lira bientôt dans *S u Z*
le grand ouvrage de Heidegger
célèbre à juste titre, dira-t-il)
se pénétrant donc de cette vérité
que la vie ne s'affirme en son prix
véritable qu'au bord ultime du précipice

savoir par conséquent tout sauf livresque
qui permettra plus tard à celui devenu
Kojève de commenter à fond
et sans fard de Hegel la très fameuse
dialectique de l'esclave
et du maître à mort
luttant pour la reconnaissance

à la différence de Dostoïevski
devenu réactionnaire
il ne connut pas toutefois
le peloton d'exécution ni le bagne.
Bien que rude expérience, dialectique déjà
la prison lui fut avant tout, dira-t-il
plus tard, une précieuse institutrice
lui permettant, à tout juste seize ans
constatant que les droits communs
ont pris le parti des bolcheviks
de se faire quant au communisme
une définitive, croyait-il, religion
la seule valable selon lui pour une Russie
dans la misère enfoncée
et les rêves enneigée

*

il connut d'un savoir semblablement
incarné la finitude, celle que l'exil ex-
acerbe; par la force des circonstances
conduit, à dix-huit ans même pas
à passer incognito en Biélo-
russie, puis Pologne, par lui-même
chassé, dira-t-il, de la Russie en révolution.
Depuis Moscou longue odyssée
direction l'Allemagne, un nirvana
pour qui n'a qu'une envie
se plonger dans l'étude acharnée
de la philosophie et pouvoir
des diverses sagesses (Bouddha
aussi bien que Platon, Vedanta
Soloviev, etc.) faire sérieusement le tour

Berlin enfin, en juillet 1920
non sans, hue dia, maintes mésaventures
en cours de route, ô contingence
conformément à la prudhommesque
maxime qui fait dire à un certain Kozma
Proutkov bien connu des Russes:
«claque une jument sur le nez
elle agitera la queue». Car prison à nouveau
cette fois en Pologne où typhus
contracté, valise dans un train volée
(et avec elle le manuscrit sans prix de son
Journal d'un philosophe, qu'il s'empresse
dans ses grands lignes, affaire de tonus
d'immédiatement reconstituer, de tête

*

il connut Heidelberg, haut lieu
romantique et universitaire.

Y lut au bord du Neckar
Plato in extenso
(en un mois à peine, nuit après nuit, avalant
tasse de café après café et en allemand
les sept volumes des dialogues
dans l'édition Meiner)
en parallèle ayant comme en prime
soutenu sous le nom de Koschewnikoff
et la baguette du maestro
Jaspers sa thèse (au sujet de Soloviev
et de son rapport à Dieu)

lequel Dieu deviendra bien vite de Kojève
le « collègue », comme il aimera, blagueur à peine
appeler le ci-devant Très-Haut
sous sa plume travesti en général patrouillant
à cheval coiffé du fameux bicorne
à cocarde de cogitateur-acteur en chef
car paraphant, Napoléon
de son impériale action
le grand Livre du monde enfin
parvenu à destination
(« l'Esprit pleinement
réalisé dans et par le Livre »
dira Kojève), et vingt ans plus tard
miracle ou plutôt poétique
confirmation, sont publiés en 57
(siècle vingtième)
les deux cents feuillets d'un Livre
cousin germain du napoléonien, celui mythique
de Mallarmé, Bible définitive
ou Code civil ultime, c'est tout
comme, puisque, dira le Maître, tout
existe pour aboutir à un Livre.
Le silence ensuite pourra bien planer
sur les eaux, s'il en reste

*

tout connaître, boulimique
il le voulut, d'une soif encyclopédique
très tôt se passionnant pour l'Orient
ses sagesses, bouddhisme et hindouisme
à Heidelberg apprenant le sanskrit
le tibétain, le mandarin. Plus tard
exposant à ses commensaux
ses vues sur l'Absolu, pimentées
à coups, rapporte-t-on, de schémas
tracés sur les nappes des restaus
vietnamiens de Paris, impériaux
cercles et triangles kandinskiens
oublieux des taches de nuoc-mâm
maculant, contingentes, le papier

à Paris installé (à Vanves exactement)
en vue d'un sien Système enserrant
ce qu'il appellera plus tard l'Uni-
totalité, il s'emploie à constituer une immense
et polyglotte bibliothèque
dans son appartement, n'excluant rien
surtout pas les mystiques entichés d'in-
existant divin, qu'ils soient rhénans
bouddhistes ou bien persans

*

il connut, voulut connaître, de la vie
tous les plaisirs, pas seulement les savoirs
le philosophique aussi bien que des quantas
la plus récente physique.
En ces années pas de souci, l'argent
coule à flots (de Russie en loucedé
ont pu être exfiltrés pierres et diamants
seule chose que sa mère en 17
les conservant précieusement
dans deux grands verres, rapporte-t-on

parvient à sauver de l'incendie
du domaine familial par les moujiks
bolchévisés qui ont auparavant
pas de quartier trucidé son mari
le beau-père de Kojève. Joailler
de son état, Lemkul (tel était, d'origine
anglaise, son patronyme) se plaisait
à surnommer Gogol son fils adoptif
et prodige, ainsi anticipant de Lula
l'impérial destin, car en russe Gogol
c'est déjà à l'oreille Hegel ou presque)

il ne méconnut donc pas
la vie des noceurs noctambules.
Car étudier à Heidelberg, c'est bien beau
c'est même essentiel. Cependant Berlin
Berlin-Baal-Babylone est en ces années
vingt autrement bouillonnante, attirante
cafés tapageurs et théâtres, cinémas d'avant-garde.
Lula y retourne donc à la fin de l'été 22
y fait à fond la fête avec Witt Georg
l'ami intime du temps du Lycée
nuits agitées au Cabinet Néo-
pathétique, cabaret où il laisse des liasses
épaisses de billets, rapporte Genia Rays
(alias Eugène Rubin, l'autre ami
intime, bientôt éminent photographe
de mode très vite passé à la couleur)
et pour finir en beauté cette vie
mouvementée, notre dandy
(beaucoup d'éclat phallique
rehaussé d'insolence) enlève
non pas exactement à la hussarde
mais façon caucasienne quasi
(c'est du moins ce que plus tard
une amie rapportera) enlève donc
la belle-sœur de son ami compatriote
et bienveillant aîné, Koyré

puis Paris avec elle (Cécile Leonidovna
Shoutak), vie facile au début, ermitage
à l'hôtel, d'abord quatre rue Quatrefages
à l'ombre de la grande mosquée
séjour même à Beaulieu, sur la Côte d'Azur
où il loue une maison pour y recevoir sa mère
venue le voir depuis Moscou ayant eu
(ce sera la dernière fois) un visa

dans la foulée, à la Mairie du Cinquième, mariage
sous le regard impavide
d'une Marianne en bronze rêvant
du Panthéon et de ses locataires illustres

*

il connut plus tard la joie enfantine des paris
à Vincennes ou Auteuil, Chantilly
ou Longchamp chaque dimanche en binôme
avec Queneau, fan lui aussi de canassons
à miser gros sur les casaques colorées
c'est du moins ce que rapportera plus tard
un poète obscur comme ils le sont
devenus presque tous (mais russophile
celui-là, ce qui est déjà plus rare

*

il connut ce règne de la nécessité
qu'il avait dans Marx étudié, ruiné soudain
pour avoir placé l'argent des bijoux
rapportés de Russie par l'ami Witt
dans des actions fromagères
dont la valeur en 29 part en fumée
la Vache qui rit soudain
sur les fameuses boîtes
souriant à contre temps

vivote alors et traficote
voyages express en Allemagne
où il achète, conseillé par Rays
son ami photographe
des Leica qu'il peut revendre
à Paris un bon prix

été 33, la contingence le sauve
en l'occurrence le départ pour
Le Caire de son ami Koyré
qui lui confie, chance aux considérables
conséquences philosophiques
la charge en son absence
de son cours sur Hegel

⋆

rien du gris érudit chez lui
un philosophe très corsaire plutôt
une besace bien remplie sa vie
de très chamarrées péripéties
quoiqu'il ait, mieux que quiconque
su combien la philosophie la plus
corsée, aux couleurs peu encline
gris sur gris grave et dessine
ce qui ne l'empêche pas (Hegel y insistait)
d'être concrète éminemment
n'étant au fond pas plus abstraite
que les tableaux de Kandinsky
Lula y insistait, préférant qua-
lifier de peinture sans objet
les compositions de l'oncle Vassia

⋆

avant-guerre à Paris Kojevnikoff
a beau n'être rien (ni chaire ni titre
reconnu), très vite il règne

d'une royauté secrète et souveraine
car d'une de main de maître
tenant brillantissime un restreint séminaire
après coup légendaire, de Hegel
commentant l'ardue *Phéno-*
ménologie de l'Esprit, sommet
philosophique escaladé à pic
et en catimini ou presque, à la Sorbonne
(escalier E, premier étage, vue sur
la rue Saint-Jacques et Louis-le-Grand)
douze auditeurs fascinés, guère
plus, mais la plupart promis, Arendt
et Anders, Aron et Bataille
Leiris et Lacan, Merleau, Queneau
et quelques autres, à la célébrité après-guerre

*

la nationalité française, en 37 il l'obtint
(la même année où fut en Sibérie fusillé
Chpet Gustav Gustavovitch
philosophe ayant refusé lui l'exil)
après guerre entamera une carrière
dans la haute administration
ayant voulu l'action directe
et non pas celle, restreinte, des poètes
et littérateurs. Se félicite d'ainsi
pouvoir agir au plus haut niveau
et de voir aboutir un système douanier
par ses soins en coulisses à Bruxelles négocié.
Tout en en continuant à se dire
à demi plaisantant, vrai stalinien.
Travailla-t-il en même temps pour l'Union
soviétique ? Agent double, le fut-il vraiment
au service de Staline ? Double vie en tout cas

vita activa le jour, appliquée à rédiger
des notes et zélé fonctionnaire

s'employant à, pied
à pied, négocier lors d'interminables
réunions internationales où le tranchant
de ses propos de polyglotte
et ses provocations, son art du contre-pied
étaient notoirement redoutés, mais

vita contemplativa le soir
et le dimanche passant de longues
heures à mettre au point son
propre système, revisitant Hegel, mot
à mot détricotant sa théodicée
tout en dialoguant in petto
avec l'Inexistant son divin « collègue »
professant l'athéisme le plus complet
quoique aimant discuter beaucoup
dialectique avec le Père Fessard
Gaston jésuite

⋆

en 1939, à peine fini son séminaire, à peine
conclu son topo sur Napoléon et la fin de l'Histoire
à peine atteint le stade ultime
de la réconciliation et de la Sagesse
à peine naturalisé français
il reçoit son fascicule bleu de soldat
de deuxième classe et se voit expédié
loin de Rueil dans un camp d'entraînement
du Massif central. La guerre arrive, il perd
de vue son régiment, se réfugie à Marseille
où il s'engage dans la Résistance
(réseau de Cassou Jean et Poliakov Léon)

⋆

printemps-été 43, le voici réfugié dans le Lot
planqué avec Nina Ivanoff sa compagne

plusieurs mois à l'hôtel à Gramat
pittoresques village et région
où le causse est propice aux maquis.
S'y plaît jusqu'à noircir plusieurs cahiers
qui deviendront les 588 pages
d'une phénoménologie du droit
énorme esquisse sous-titrée
exposé provisoire. Puis il part en mission
du côté du Puy-en-Velay avec
Aristote (mettons que c'est le prénom du camarade grec)
pour tenter de retourner, au moyen
des seules armes de la dialectique et du russe
un régiment de Tatars de Crimée
faits prisonniers puis enrôlés
dans la Wehrmacht. Mais un officier
dénonce le binôme au commandant
germain et les voilà sur le point
d'être fusillés, sauf que ledit commandant est
dans le civil à Munich directeur d'une galerie
d'art. On parle donc de l'oncle Vassia
on sympathise, sauvés Kojève et son pote
Aristote par la peinture
la peinture et la sophistique

*

il connut (et même les commenta) les romans
de Raymond Queneau, lequel s'empressa après guerre
de se faire le scribe éclairé du fameux séminaire
sur Hegel et sa non moins fameuse *Phéno-
ménologie de l'Esprit*

une photo montre Lula allongé peinard
dans une chaise longue, c'est l'été
les vacances, la vie étale est enfin là
adieu le spleen et l'angoisse, la sagesse
hégélienne est acquise, terminus. Coïnci-
dence (on peut l'imaginer) il vient

d'achever la lecture du *Dimanche de la vie*
amusé de s'y retrouver, fera volontiers
un papier pour *Critique*, la revue
de Bataille, ce sombre amant, lui
de la vie jamais apaisée, tragique

il n'aura pas connu cependant Platonov
et pour cause l'écrivain prolétarien
fut très vite par Staline bâillonné, la noirceur
de ses romans n'allant décidément pas
avec l'avenir radieux obligatoirement
chanté par les ingénieurs de l'âme
sous la férule du Grand Inquisiteur

⋆

il ne connut pas de son vivant la gloire
se moquait bien d'être illustre, préférant
l'ombre et l'action en coulisse

il voulut posséder pour l'exercer
vraiment la Sagesse majuscule – pas seulement
la philosophie qui en est simplement
la recherche insatisfaite. Écrivit néanmoins
de très costauds volumes, quoique
aucunement pressé de publier
abandonnant à d'autres ou bien à la post-
érité le soin de faire connaître son système

⋆

il connut d'un savoir éminemment
spéculatif la fin de l'Homme et celle
concomitante de l'Histoire
bien avant qu'on en serine le poncif
estimant qu'au XXème
l'humanité, arrivée au stade
communiste selon Marx
en avait pour l'essentiel

(*panem et circenses* au stade)
fini avec l'action négatrice
partout sur la planète s'acheminant
vers une vie étale, américaine
occupée de gestion économique, seuls
comptant désormais le confort
et une ininquiétude aux allures
d'animale hébétude

s'il était sérieux ou s'il galéjait
impossible à trancher tant
il était grand maître ès ironie
et paradoxes. Grand jeu plutôt
ce qui ne l'empêcha pas, de retour
d'un voyage au Japon, de changer
radicalement d'avis et de l'écrire
noir sur blanc dans une note à la seconde
édition de son cours sur Hegel

la négativité pouvait n'être pas
sans emploi même après qu'eut pris fin
l'action historique et l'homme
devenu sage parfaitement peinard
pouvait encore s'arracher à la vie animale
américaine et repue. Il pouvait
à l'instar des Japonais nier
(nier le donné trop naturel de l'histoire
parvenue à son terminus)
en s'adonnant à des activités très snob
à des jeux, des rites, des cérémoniels
de l'amour façon ikebana jusqu'à la zén-
itude d'un suicide équanime
et gratuit. Kojève n'eut pas le temps
d'en venir jusque là ni de lire Mishima
mais connut sur le tard, lui le vrai
stalinien, dans les bras d'une jeune
Japonaise, confia-t-il à un journaliste
l'amour le plus parfait

*

il connut donc la sagesse, du moins
perso voulut l'atteindre avec un grand S
dépasser l'intranquillité, construire
un Système du savoir supposément
capable d'éponger toute angoisse
de purger de l'existence le tragique, tels
furent sa ligne de conduite et son constant credo

si du mourir universel (tous skieurs
un jour ou l'autre précipités
au fond d'un puits) il médita
le sens athée, dans son cas
trépasser ne fut pas une affaire. Pas
de longue agonie comme celle d'Ivan Ilitch.
Pas le temps de considérer le sac
noir où l'intraitable faucheuse
l'aurait, comme le héros de Tolstoï
lentement, méchamment enfourné.
Non, un arrêt cardiaque
suffit à la chose. Il mourut à Bruxelles
en pleine séance de négociations
le 4 juin 68, ayant tout juste
eu le temps de brocarder ceux qui jouaient
(dérisoires pitreries)
à la révolution d'un jeu gamin
qui se voulait sérieux pourtant
conséquemment événement nul selon lui
puisque sans morts (croyait-il)

Vie de Hannah Arendt

Vie de Hannah Arendt
(1906-1975)

3 kilos 695 à la naissance
50 à cinquante ans, taille
inconnue, mais, photos et
témoignages en attestent
minceur et silhouette élancée

gratitude aux jambes de ballerine qu'elle a
dixit une amie, absolument magnifiques
non moins charmantes les chevilles, plus amour
des chaussures, ayant compris que la beauté
commence pedibus par l'allure décidée
de la démarche. Quant au cap, beauté des traits
ardeur très *jewess* des prunelles, flamme
éclairant à l'occasion de ses yeux verts
les ombrageuses frondaisons

– toutes choses dont Mary McCarthy
post mortem lui fait compliment
racontant comment, lors des obsèques
hésitant à déposer un baiser sur un front qui
apprêté par les pompes funèbres, n'est plus
vraiment celui de son amie (mais
surmonté d'une sorte de pompadour
le masque mortuaire d'un philosophe
du siècle des Lumières)
lui dit au revoir en appliquant ses lèvres
à peine l'effleurant, sur son cou

*

deux paquets par jour (Camel filtre
de préférence, Chesterfield à la rigueur
de temps à autre un havane). L'habitude
d'arpenter l'estrade, Sarah Bernhardt
de la pensée *on stage*, virtuosité, voltige
des idées, volutes inspirées virevol-
tant au gré du porte-cigarettes entre deux doigts.
Fumer moins, arrêter même ?
– « Pas question que je vive pour ma santé »
(« fumer tue » n'était pas encore
sur les paquets mentionné)

et café sur café, car indispensable
soutient-elle, pour pouvoir penser
(penser vraiment qui n'est pas penser
sur mais dans la chose entrer, tenter
d'entrer). D'où qu'à Berkeley
professeur invitée, à peine arrivée
elle court, électrique, acheter
une cafetière mini afin que soit
meilleur le moka

au petit-déjeuner, impérativement en solo
œuf à la coque 1, plus un zeste
de jambon italien et un ½ pample-
mousse. Le soir, quand viennent les amis
du thé et du café, sans oublier vin blanc
whisky, mais aussi, souvenir de jours heureux
in Italia bella, une bouteille de Campari
fiamma rossa posée sur la table basse
le tout accompagné de cacahuètes
et biscuits, bretzels germaniques, toasts
de pâte d'anchois beurrés, fruits
et sucreries diverses dont riche en fer
du gingembre confit pour le feu dans la gorge

⋆

fruit préféré : les cerises. 1958 : crise de goutte
atroce à Zürich, se console avec une orgie
dudit fruit (cette année-là cru d'exception)

n'hésitant pas même, par un bon soir de juin
à commettre en réunion (Klaus Piper
son éditeur en langue allemande
est de l'expédition) un très joyeux larcin.
Jardins de Bâle en lisière de la ville
fruits à foison, on s'en donne
à cœur joie, boucles d'oreilles à tout va
bigarreaux cœur de pigeon à profusion, à volonté.
Acte enfantin, certes très peu kantien
– qu'en penserait Jaspers ?, s'amuse Hannah
s'il apprenait qu'est sous les verrous pour vol
celle à qui revient de faire son éloge
pour un prix qu'à Francfort les libraires
décernent au cher vieux maître

oublié en la circonstance le vieux Kant
effacée la statue d'incorruptible bronze
à l'ombre de laquelle à Königsberg
Hannah a pourtant grandi, bien avant
que la ville, devenue totalitaire enclave
ne prenne en 1946 le nom soviétique
de Kaliningrad (à peine suggéré, on écarta
dangereux écho sans doute aux Lumières
le toponyme assez chimère
de Kantograd, trop étranger surmoi
pour le canon prolétaire

*

naquit, Hannah, quarante ans plus tôt
(en 1906) près de Hanovre
mais c'est bien à Königsberg
qu'elle grandit ; famille juive assimilée et très aisée
irréligieuse et très *yekke* (autrement dit veston

en yiddish) – sur les photos en effet tirée
à quatre épingles. En tous domaines ponctualité
goût de la rigueur et de la précision
(que seule apporte l'écriture, la ponctuation
exacte) ; pas question de laisser-aller
ni de sentimentalité ; goût des Lumières
et Mendelssohn que toujours on vénère
(Anne – Annchen, lointaine descendante
du philosophe et du compositeur Felix
son petit-fils, sera d'Hannah l'amie la plus proche)

les Juifs, ce soir, sous les tilleuls, près des
remparts, en prenant soin de ne pas dépasser
la ligne sabbatique, promènent leurs
chapeaux noirs

⋆

quelques séances d'orthodontie, quelques autres
pour soigner une légère scoliose, mais
pour le reste enfance heureuse
avec séjours l'été au bord de la Baltique
trente minutes en train et c'est à Cranz
le paradis d'une cabine de bain sur la plage
et très tôt le plaisir de nager là où
elle n'a plus pied, s'aventurant aussi
loin que l'extrémité de l'estacade

père ingénieur, mère pianiste et lettrée
à Paris envoyée pour y étudier le français
et la musique. Tous deux, Paul et Martha
ses géniteurs, sympathisants du parti social-démocrate
(la mère admiratrice, même, de Rosa Luxemburg
soutiendra plus tard les Conseils
ouvriers et les Spartakistes) ; la judéité n'est pas
vraiment une question. Vaste bibliothèque au salon
avec, trônant au centre, de Goethe les œuvres
complètes, tandis que dans un angle de la pièce

s'élève, sur fond de classiques grecs
et latins, l'architecture en carton du théâtre
de marionnettes qu'Hannnah a reçu pour ses six ans

⋆

H. A. n'eut pas d'enfant, mais garda
vive en elle une enclave enfantine
montagne magique et royale où
continuaient de cheminer les contes
dont son grand-père paternel (un juif assimilé
issu d'une famille venue, au temps
de Mendelssohn Moses, d'une Russie embrumée
de légendes et récits de fumées
montant des villages au soir des pogroms)

enchante, Max Arendt
les rituelles promenades du dimanche
matin par-delà les fortifications de Königs-
berg tandis que le chien Meyerchen
gambade au milieu des herbes
folles qui poussent sur le glacis

souvent le samedi, quand elle leur est
confiée, ses grands-parents l'emmènent
à la synagogue. Elle y tombe
amoureuse du rabbin Vogelstein
déclarant à sa mère que plus tard
elle l'épousera – Mais tu
ne pourras plus manger de porc – Alors
j'épouserai un rabbin avec porc!

remparts, lieue sabbatique
sous les tilleuls chapeaux noirs

⋆

joie de vivre de l'enfant, note sa mère
Martha, malgré les malheurs qui s'abattent

sur la famille (le père, atteint de syphilis
doit bientôt être hospitalisé ; l'aïeul
adoré meurt, puis c'est le tour de Paul
le fils, six mois plus tard). L'orpheline
sept ans mais déjà très mature
s'attache à consoler la veuve :
« Il ne faut pas, Maman, penser
aux choses tristes »

*

très tôt invitée à ne pas subir, à
résister, s'insurger si besoin. Consigne
maternelle : « si
un professeur se laisse aller à
une remarque antisémite, im-
médiatement tu te lèves et quittes la classe »

très turbulente en cours (agitation que sa mère
préfère mettre au compte de la torture
qu'inflige à l'enfant un maudit appareil dentaire)

au lycée, carrément rebelle, à tout juste 15
ans, elle prend la tête d'un groupe de
studieux condisciples. Lecture serrée
de Kant à plusieurs. Effrontément affiche
en classe une profession de non-foi athée.
Refuse de venir suivre un cours de grec
dès huit heures du matin. Elle lira et traduira
Homère dans sa chambre à son heure
et à sa guise. N'hésite pas à organiser d'un professeur
qu'elle juge malotru le boycott.
Renvoi bientôt de l'insurgée qui devra
passer son *abitur* en candidate libre et brillante

*

eût refusé toutefois, Arendt
qu'on épilogue en obstiné sociologue
sur l'empreinte du milieu.

Rien de vraiment à l'avance écrit ; toujours
chacun, libre, commence quelque chose

de la naissance ou plutôt du fait de naître
de la natalité, de son im-
pulsion première, de son don initial
elle voulut faire une catégorie centrale
de sa pensée de l'action. Plus tard
il serait bien temps de revenir à la mortalité
chères aux ci-devant métaphysiciens, le fameux
Sein-zum-Tode de son maître Heidegger
mais d'abord persévérer du côté de ce que c'est
que naître. Car n'est pas rien le simple fait d'être
né, navire mis au monde, périssoire qui déjà
oblige à trouver le chemin d'un amour
dudit monde, *amor mundi*, y compris
dans les temps les plus sombres, les plus
dark

nativité signifiera d'abord gratitude
pour ce qui survient, bénédiction
pour l'amour auquel il importe
de rester fidèle quand il s'est en allé ;
impulsion première, capacité d'initiative
et force dans la vie, motrice
pour toute activité au milieu
des hommes. Non pas se retirer
mais s'immerger, s'obliger, *vita activa*
auprès de ses semblables, se faire pourquoi
pas journaliste, elle y songe à Paris
où devenue paria elle déambule sans fin
sur les Grands Boulevards avec Walter
Benjamin, sans fin devisant, apatride
sans doute, mais ville, Paris où partout
on se sent comme chez soi, abrité toujours
libre à l'air libre d'y conduire tout à loisir
causerie et flânerie et d'y traîner
de café en café son spleen et ses pensées

*

étudiante, elle eut vent d'un *Privatdozent*
un simple assistant du nom de Heidegger
qui soudain réveillait la philo-
sophie, cette discipline de crève-la-faim
enfin l'arrachant à l'académique ennui. Sous
le manteau, circulent contagieux les cours
de celui qui est, en 1924 déjà, de la pensée
vivante, depuis les plus lointaines contrées athéniennes
et même ioniennes ressuscitée, le roi secret

et royal en effet son regard quand il croisa
le sien, un soir de séminaire. Feux de Saint-
Elme réciproques, échangés quand le navire
de l'amphi 11 navigue en ces lieux sans nom
que sont les plus hauts fonds de la pensée

34 ans, petite taille (1 m 63), voix sourde
presque d'outre-tombe mais pensée parturiente
à bas bruit et pas lents s'avançant
s'accouchant d'elle-même, du livre nouveau-né
qu'il est en train, Martinus Sanctus, de mettre au monde
à même le placenta opaque d'un texte grec ancien
cliniquement étudié, tandis que dans l'amphi
attente et grand silence, juste la ronde de nuit
des plumes étudiantes qui sur les cahiers peinent et crissent

quand quelques jours plus tard, par un soir
de l'avent, l'étudiante de 18 ans quitte
le bureau professoral où elle a demandé
un entretien, le roué magicien s'agenouille
et tremblant prie la jeune déesse non moins
tremblante qui, s'inclinant vers lui, vient
de prendre la tête magistrale entre ses mains
de lui accorder la grâce d'un baiser

« 10 II 25 Chère Mademoiselle Arendt, Jamais
je ne m'arrogerai le droit de vous vouloir
pour moi, mais vous ne sortirez plus de ma vie
à quoi elle devra une vivacité accrue. »

soir d'enchantement à Wetzlar où scintille
au soleil le ruban de la Lahn tandis qu'écho piano
des sabots d'un cheval qu'on mène au pas
dans la paix vespérale d'une rue déserte.
Se reverront le surlendemain matin
après qu'il a ramé très tôt sur la rivière

s'ensuivront maints rendez-vous secrets
dans la chambre où Hannah sous les combles
étudie, tandis que grince au vent d'hiver
la charpente. C'est promis, un jour prochain
ils iront dans son chalet de Todtnauberg en Forêt
Noire, là où dans l'absolue solitude et la neige
épaisse qui de tout bruit du monde protège
il a commencé à écrire le grand livre qui bientôt
le rendra célèbre, *Sein und Zeit.*
« Essaie de convaincre ta mère qu'il te faut
pour l'hiver prochain un équipement de ski ».
Là-bas, nous fendrons ensemble la poudreuse
tant pis pour les soupçons de l'épouse jalouse

dans le hall de la gare de Cassel où il est venu
donner des conférences, alors qu'elle s'apprête
à partir, elle lui confie que même au loin
elle sera sienne désormais. Quoi qu'il advienne
car *amo* signifie *volo ut sis* (« je sais ta farouche liberté
je veux que tu sois ce que tu es »). Pour être plus
près d'elle se plonge dans la lecture
d'un livre de saint Augustin sur la grâce
et l'invite à lire le roman de Hölderlin *Hypérion.*

à la fin du semestre d'hiver, début mars
elle part retrouver à Königsberg sa mère

qui entretemps s'est remariée. De là-bas, déchi-
rée, désemparée, lui écrit que l'angoisse la tenaille.
Des lettres sont échangées. Il lui demande des photos
d'elle, si possible en maillot, au bord de la mer
qu'il puisse la voir de pied en cap, toute entière.
Elle répond qu'elle l'aime comme au premier
jour et que de l'avoir revu à Heidelberg l'a
revigorée, que cet amour est devenu, de sa jeune
vie, la «bénédiction», «ne m'oublie pas, Martin».

il ne l'oublia pas mais fit le choix de rester
enfamillé (marié, deux enfants). Tout est gâché
rien d'autre à faire que prendre ses frusques
et s'enfuir, ayant laissé à Marbourg, dira-t-elle
une seule chose, sans jamais pouvoir aller l'y rechercher :
l'amour
Plus qu'à vivre déviée sa vie ailleurs, à Heidelberg
où bourse pour une thèse avec Jaspers, «Le concept
d'amour chez Augustin» (n'a que 22 ans)

⋆

quand elle sut qu'il avait adhéré au parti nazi, elle ne voulut pas malgré tout rayer Heidegger de son existence. Elle resta même fidèle à son ancien amant. Il y eut certes vingt ans de boycott, mais, dès qu'elle eut l'occasion, en 1958, de revenir en Allemagne, elle s'empressa de rendre visite, en son repaire de Fribourg, à ce «Martinus Sanctus» qu'elle avait pourtant baptisé de fieffé renard.
Songea même à lui dédier sa *Vita activa.*
Y ayant porté une dédicace qui aurait été formulée comme suit (et sans fin son impossible «comment» recommencé) :
Comment pourrais-je le dédier
à celui, si proche
envers qui j'ai gardé toute fidélité
et ne l'ai point gardée
mais, là encore, en amour

L'« erreur » de son ancien amant, sa très « grosse bêtise », son égarement plus que coupable, elle ne le rangea pas du côté de l'impardonnable, mais chercha à le penser, dans un texte qu'elle écrivit plus tard pour célébrer les quatre-vingts ans du philosophe. Elle y loue sans ambages le professeur hors pair et le non moins hors du commun penseur qui aura su frayer des sentiers impossibles dans les fourrés de l'impensé, défricher des chemins effacés, des *Holzwege*, en des massifs forestiers jusque là demeurés inarpentés. Mais il voulut se mêler des affaires du monde et, quittant sa retraite d'anachorète de la pensée, il descendit dans l'arène, ne voulant pas être de ces philosophes qui se font une spécialité d'éviter la trop brutale réalité, préférant rester au chaud dans le refuge altier des abstractions. Mal lui en prit cependant, le sceau de l'infamie allait le marquer pour toujours. En vain tenta-t-il ensuite, à la faveur d'un cours sur Nietzsche, de penser la fatale expérience, concluant que la volonté n'est pas ce auprès de quoi il faut au philosophe séjourner. Il doit plutôt s'envieillir en cultivant le « laisser-être » et la déprise (la *Gelassenheit*).
Hannah de son côté avait de longtemps décidé qu'elle n'irait pas s'enfermer dans une cellule de philosophe, tour d'ivoire ou terrier qu'importe. Qu'elle se garderait bien d'aller se laisser enfermer dans un piège semblable à celui où le renard Heidegger avait à l'écart établi ses quartiers. C'est au milieu du monde qu'elle planterait sa tente et interrogerait la vie en commun, le *Mitwelt* qu'est en réalité l'humaine habitation de la terre.
Mais qu'aurait-elle pensé, si elle avait pu lire les fameux *Cahiers noirs* qui parurent bien après qu'ils furent l'un et l'autre morts ?
Aurait-elle pu, indulgente, parler encore à son propos de « l'évidente comédie de son itinéraire » ?

*

après M. H. elle connut plusieurs amants
s'empressa même de contracter un mariage
peu importe avec qui, un mariage sans amour, juste

pour être un peu tranquille et sortir de l'errance
exagérera-t-elle beaucoup plus tard

ce très peu anodin premier venu, Günther Stern
elle le rencontre un soir dans un bal masqué
à Berlin. Juif comme elle; beau gosse et bonne famille
pianiste à ses heures perdues, par ailleurs
de Walter Benjamin cousin.
Dansent jusqu'au bout de la nuit (elle déguisée
en favorite de harem). Sortent ensemble
cafés et cabarets, vie de bohême.
Nulle passion; en 1929 l'épouse malgré tout
considérant avoir auprès de lui trouvé un semblant
de terre natale et la possibilité d'un travail
entre condisciples (s'emploieront notamment
à un commentaire de Rilke – les *Élégies de Duino*)

cerises encore. Et précarité. Sous-
louées, deux maigres pièces dans un pavillon
à Drewitz, un faubourg de Potsdam
où le couple a échoué. Un piano à queue
néanmoins et un balcon où un soir
de pleine lune estivale les époux, en vue
de confitures, s'emploient à dénoyauter
des cerises, et lèvres barbouillées devisent
à propos de système et monades, tandis qu'Hannah
ayant joueuse à ses oreilles suspendu des cerises
jumelles, s'inquiète à propos d'acosmisme : comment
pourrait-on alors encore disserter sur l'*amor mundi* ?
« Nous ne sommes que de simples morceaux de monde »
soutient-il. Elle rechigne. Et pas davantage d'affection
pour la théorie romantique du hérisson insulaire en sa boule

jets de noyaux, bataille pour rire. Et jeu sérieux
car déjà s'esquisse entre eux une rivalité
qui verra leurs œuvres concourir, chacun pour soi
dans son couloir, en vue d'une incertaine postérité

en attendant, lui, le futur Anders, est très amoureux. Beauté hors du commun, en même temps qu'elle est la femme la plus cultivée et la plus érudite du monde, dira-t-il. L'ironie et l'autodérision lui sont alors étrangères. Quand elles se seront emparées d'elle, alors sa beauté «comme par punition», la quittera. Ceci écrit bien plus tard, après que leur couple a rendu l'âme, à son grand regret à lui

elle n'avait pas pourtant ce menton en galoche
qui rendait si ingrat le visage de Rahel Varnhagen
cette femme, juive et *schlemihl*, décidée à vivre sans
parapluie et préférant comme elle l'écrit laisser
la vie pleuvoir sur elle de toutes ses averses

*

de cette femme hors du commun, Arendt entreprit
d'écrire la biographie, bénissant son amie d'enfance
et de Koenisgberg, Anne Mendelssohn, d'avoir
si opportunément acquis chez un bouquiniste
qui les bradait tout un lot de volumes
(correspondance et journal) de celle dont la philo-
sophe pourra écrire qu'elle est, bien qu'en un siècle
de distance, son amie la plus proche, tenant
salon, Rahel, dans une mansarde à Berlin très
fréquentée par le gotha des Romantiques; en vain ayant tenté
d'échapper à sa judaïté, puis finalement
se retrouvant seule avec des dictionnaires
éternellement assise devant sa table à thé

miroir venu du passé que cette histoire
déjà d'assimilation impossible, où, portraitiste, Arendt
ne pouvait qu'être frappée par un air de famille
qui lui parlait d'elle-même, de cette situation
sienne qui faisait que même au restaurant
universitaire elle était elle, Hannah
en raison de son air juif prononcé, une jeune fille
inexistante aux yeux des blonds Germains

revenus des tranchées mutilés
et pleins de ressentiment qu'elle croisait

onze chapitres sont écrits en 33 quand
il lui faut fuir Berlin, les deux derniers le seront
à l'été 38, à Paris, à la BnF, où elle retrouvera
autre habitué, Walter Benjamin. Carte
n° 5161 mentionnant son titre de docteur
de l'Université de Heidelberg et son adresse
(26, rue Servandoni), ainsi que le nom de son
directeur de recherche, Alexandre Koyré

*

Günther Stern parti en 36 pour New York
Hannah désormais seule à Paris
dans une chambre de bonne rue Saint-Jacques
(il faut prendre un très raide escalier de service
l'ascenseur ne desservant par les combles)

déjà Günther l'avait précédée de quelques semaines
dans la fuite vers Paris, juste après l'incendie
du Reichstag. Hannah, elle, définitivement tirée
de son sommeil politique, restée à Berlin
pour mener à bien à la *Staatsbibliothek* la mission
confiée par un vieil ami sioniste, Kurt Blumenfeld
de collecter toute sorte de papiers documentant
les pratiques antisémites en vigueur

quoique peu militante, il n'est plus temps d'être simple
spectatrice. Se sent là pour de bon utile
et persévère jusqu'au jour où dans la rue on l'arrête
avec sa mère Martha. Fouille de l'appartement
embastillement et interrogatoire.
Le policier auquel elle a affaire n'est toutefois
pas mauvais bougre et même il est courtois
(cigarettes et café). Bobards à tout va et tous vents
elle l'embobine si bien que la voilà relâchée.

Le temps tout juste d'une soûlerie mémorable
avec quelques amis avant fissa de sauter avec sa mère
dans un train direction Dresde, marche
en forêt, puis franchissement, de nuit
et sans papiers bien sûr, de la frontière
pour gagner Prague, Genève ensuite
où une vieille amie de Martha un temps les héberge.
Hannah trouve un emploi au Bureau International
du Travail, tout en rédigeant en yiddish
des discours et rapports pour l'Agence juive
établie elle aussi à Genève

*

à Paris, bien vite se met à l'hébreu
(« je veux connaître mon peuple »).
Trouve un emploi comme secrétaire d'une organisation
sioniste qui envoie en Palestine de jeunes réfugiés juifs.
L'occasion pour Hannah d'accompagner un groupe
au printemps 1935. En train jusqu'à Marseille
et là bateau pour Haïfa, non sans une escale
de deux jours en Sicile, le temps de voir Syracuse
et d'être par les ruines et temples grecs éblouie
se souvenant que Platon en ces murailles séjourna
ayant voulu conseiller, mal lui en prit
le tyran dénommé Denys II, et du même coup
malheureux inaugurant un très long divorce
entre philosophie et politique

photo de groupe à bord sur l'entrepont du S S
Mariette-Pacha. On est heureux d'être ensemble
on se tient par les épaules et sourit. Hannah
est au milieu du groupe, mèches par le vent marin
sans doute ébouriffées. Là-bas, en Palestine
après une visite à des cousins installés à Jérusalem
elle s'empresse d'aller voir les ruines de Petra.
Puis trois mois à visiter divers kibboutzim, dont lui plaît
l'expérience égalitaire, quoique s'avouant in petto

que ne pourrait être longtemps viable
la nouvelle aristocratie ainsi construite
et surtout qu'elle n'aimerait pas quant à elle
y vivre, par trop craignant d'avoir à y subir
la loi impériale des voisins

*

de retour à Paris, participe aux réunions d'un groupe
marxiste informel (dissidents divers réunis chez Benji
rue Dombasle). Y rencontre (printemps 36)
son futur et dernier mari, Blücher Heinrich (surnom
« Monsieur ») ; un homme très à son goût
car tout à fait *masculini generis*, décidé, résolu
endurant. Le comparera plus tard à Leo
Jogisches, le compagnon de Rosa Luxemburg
un homme lui aussi *homo et vir*

*

ne détesta pas, jamais, la reine Arendt
être de près courtisée. Goût de la danse
et des bals, ses jambes aux si charmantes chevilles
faisant sur les hommes forte impression.
N'en est pas mécontente, bien au contraire
actrice sur l'estrade, virevoltes
du porte-cigarettes mimant dans l'air
les cabrioles de la pensée et la braise
des yeux sans cesse en mouvement

New York, faculté de théologie, retour
un soir en taxi d'un colloque
un très entreprenant collègue sans prévenir
l'enserre et cherche, rapporte-t-on
(c'est Hans Jonas qui raconte) à l'embrasser
H. A. le repoussant à l'autre bout
de la banquette arrière et, sans davantage
s'émouvoir, de le remettre, plutôt que vertement

fort civilement, presque maternellement
en place : « Reprenez vos esprits et facultés
jeune homme, je vous en prie »

⋆

douée Hannah, elle aussi, de ce génie érotique qu'elle admire chez son amie Hilde Fränkel, la maîtresse du théologien Paul Tillich. Veuve depuis deux ans à peine, elle décline l'offre audacieuse que lui fait le poète Auden de l'épouser. Ce n'est pas qu'elle n'aime pas le vieil homo, au contraire. Mais les hommes
hétéro *only*, on l'a dit
sont et exclusivement son genre

sans doute, dira-t-elle, les hommes sont-ils
des paquets lourds à porter
Monsieur y compris, mais sans ces lords
sans leur éclat phallique, comment
pourrions-nous aller dans la vie vraiment
bien

pour les désirs du cœur qui sont
disait Auden, vrillés dans
l'âme comme des tire-bouchons
il faut des Shéhérazade, et c'est bien
ce qu'elles sont, Hilde et Hannah
aimant aimer et plus que tout converser
sans fin de leurs hommes et d'histoires
de cœur

⋆

le bonheur, elle en connut donc enfin le goût exact
quand elle eut rencontré celui qui allait devenir
son second mari et premier complice.
Après le faux mariage avec Günther
Stern, idylle pour de bon cette fois

car amour total et plein partage sans avoir
pourtant à y perdre son identité, sa personnalité
(heureuse d'ailleurs, après le divorce
de récupérer, la désormais Madame Blücher-
Arendt, son patronyme initial)

la scène a lieu dans un grand café parisien
mettons le Mahieu à l'angle du Boul' Mich
et de la rue Soufflot. Août 36, le Luco
luxure de printanière verdure, offrant son luxe
à l'ombre par tous partagé. L'ambiance est à la fête
et aux premiers congés payés, on trinque entre réfugiés
berlinois. Tablée de parias, où contraste
en costume un dandy ganté de beurre
frais. Tout d'un Monsieur
avec canne et chapeau. Blücher *himself*
son bientôt cher jules et matou, « Modeste
élève du grand rabbin Karl Marx »
(ainsi se présentera-t-il à Hannah).
Tout sauf un bourgeois ; d'origine prolo
un autodidacte qui, bien que non juif, s'est formé
dans un mouvement de jeunesse sioniste
(scoutisme et formation théorique), puis
en 1918 rejoint les rangs spartakistes

nous sommes faits l'un pour l'autre
écrit-elle à Blücher. Avec lui s'efface
le sentiment d'être sans abri. Très vite il
devient pour elle, elle le lui dit, les quatre murs
d'un vrai chez soi, une vraie patrie portative.
Enfin pouvoir quitter sa peau inconfortable de paria
enfin retrouver un monde, le monde. Car, écrit-elle
encore, à Jaspers cette fois, « j'ai appris grâce à mon
mari à penser politiquement et à voir
historiquement, sans pour autant cesser
de m'orienter tant en histoire qu'en politique
à partir de la question juive »

et puis elle redevient une femme
(avec Günther, elle avait cessé de l'être)

« cher chéri, rapporte-moi 1/ mon agenda téléphonique
(pas mon carnet d'adresses) 2/mon rouge à lèvres
qui est dans le petit sac 3/ mon canif dans la boîte noire
sur le bureau 4/mes boules quies 5/ le Descartes
papier bible »

lui, note qu'*Ich liebe dich*
rime avec Heinrich
et l'appelle sa *Schnupper*, un mot où l'on entend à la fois
« étoile filante » et basta

⋆

« tu leur as piqué la meilleure de leurs femmes
alors pense un peu aux juifs, mon garçon » ;
plaisantant à demi, déconseille toutefois
Hannah, à celui qui va devenir son *zaddik*
son saint rabbin faiseur de miracles
de se faire circoncire, au motif
que l'hébreu, selon elle, ne serait pas
une langue mais une « catastrophe nationale »
(bien que ce soit avec cette langue que « le plus
insensé des peuples se soit amusé pendant
des siècles à conserver le passé dans le présent »)

⋆

athée, vraiment, Hannah ? Déjà, enfant
à la synagogue, elle avait tout à trac
déclaré au rabbin social-démocrate
ami de la famille que c'en était fini
qu'elle ne croyait plus en Dieu
« Et qui te le demande ? », fut la réponse de Vogelstein.
Elle était juive de naissance, cela suffisait

à New York, d'ailleurs pas de mezouzah
sur le chambranle de la porte de l'appartement
de Riverside Drive. Et pourtant, pourtant
sur le tard, elle fera, les yeux
dans les yeux, surprise qu'il ait lui-même
confessé sa foi, cet aveu à l'ami Hans Jonas
que jamais elle n'avait quant à elle douté d'un dieu
personnel, ajoutant en guise de corollaire
qu'un peuple avec une telle mémoire – le peuple
juif, ne pouvait disparaître, et cela quand bien même
Yahvé n'avait pas été là au rendez-vous
(« Quel est ce Dieu qui a pu laisser faire, qui a renoncé
םוצמצ *tsimtsoum*, à sa toute-
puissance ? », demandera Hans Jonas)

sans doute cette foi avait-elle quelque chose à voir
chez Hannah avec son amour du monde, cet inlassable
amor mundi qui la conduit, quand elle est en Grèce
ou en Italie, à se réjouir d'avoir des yeux et à louer
(ô loué sois-tu Seigneur) l'invraisemblable
incroyable beauté des sites et paysages
(« à Delphes, chaque colonne semble s'être imprégnée
de l'éternité de la nature ; c'est grandiose »).
Athènes et Mycènes, Olympie
Rome et Florence, Venise, passion des *vedute*
avoue à Monsieur qu'elle se ruine en cartes postales

*

à Bâle, le couple Jaspers la comble de cadeaux
(obligée d'accepter un étui à cigarettes en argent) ;
à Munich, elle s'offre à elle-même un sac à main
marron en cuir d'autruche (aspect perlé du meilleur chic).
Quelques jours plus tard, à l'hôtel, à Francfort
on lui vole tous ses bijoux. Monsieur ironise :
« Voilà ce qui arrive quand on veut jouer
à la grande dame ! »

*

voix d'alto enfumée qui fermement
articule la phrase anglaise le temps
que brille une canine couronnée
je ne suis pas philosophe
index droit levé tandis que, arabesque
au gré de la cendre déposée
dans un gobelet en papier, la main
gauche pense ailleurs en silence
au rythme lent des volutes

c'est qu'ils sont trop, des nuées, de fanatiques
amants, les philosophes, vivant sur
je ne sais quelle lune aménagée à la façon
hégélienne. Ou réfugiés dans les alpages là-haut
comme Heidegger dans son chalet sa hutte de Todt-
nauberg. Trop de méditations thanatologiques
trop de dédain pour le monde comme il va
ses événements et zigzags
son histoire caméléon et caverneuse

passion chez elle, Hannah, du singulier plutôt
que des lubies et généralités. Amour
toujours, *amor mundi,* celui, le monde, qu'on
habite à plusieurs pour le meilleur et pour
le pire, celui-là seul qu'il s'agit de penser
– tâche d'autant plus difficile s'il est vrai
que penser vraiment c'est être en même temps
ensemble avec soi-même
(« la condition humaine, étant de pluralité, est de vivre, écrira-
t-elle, en être distinct et unique parmi des égaux »)

et si seulement les philosophes
se contentaient de s'abîmer
dans la contemplation des cimes. Or il y a
chez eux, la redoublant, funeste, une
fascination pour les tyrans et leurs

émules des temps totalitaires. Tandis
qu'ils s'empiégeaient diversement, elle
prit elle à bras le corps les catastrophes
du siècle et les pensa à fond
en tira, ayant trois fois vainqueur
du siècle désastreux traversé l'océan
ce qui, de la philosophie, est un chef
d'œuvre indubitable, *Les Origines du totalitarisme*

farouche indépendance, n'accepte d'être rangée
dans aucune case. Pas philosophe donc, disons
que mon métier, si l'on peut parler ainsi, c'est la théorie politique

pas philosophe, soit, mais elle a soin d'avoir
toujours avec elle, sac ou valise
le cahier spiralé à couverture
cartonnée où elle note, de peur qu'elles
s'envolent les pensées qui impromptues
lui viennent. Et sur le tard (elle en est
au cahier 23 sur 28), ce sont, de la
philosophie les vieilles questions
cardinales qui de plus en plus
l'occupent : *Was ist daß, denken ? Und was*
vouloir, juger ?

⋆

de Kant, elle était non seulement
la concitoyenne, comme lui enfant de
Kœnigsberg, mais l'élève assumée. Qu'il ait été
de la métaphysique l'universel dé-
molisseur n'était pas pour lui dé-
plaire et elle lui savait gré d'avoir
su redonner usage raisonnable
et noble sens au *sensus communis*
ce sens si mal aimé de ses confrères se complaisant
en permanence à cette monoculture

qui consiste à vitupérer contre l'averse sans fin
et toujours plus drue des doxas

★

de la poésie elle gardera toute sa vie le goût
continua d'écrire des poèmes qu'elle semait
au gré de sa correspondance aux être aimés

prairies vertes, vertes, vertes
dans les prés, vaches tachetées
le ciel accroche de lourds nuages
jusqu'au fond de la campagne

les eaux brunes, brunes, brunes
cernent la mosaïque des prairies
de leurs canaux : à la fois route et barrière
silencieuse étendue du monde

hommes agenouillés au milieu de ces eaux
dans les prairies, sous les nuages
bêchent la terre noire et mouillée
du regard peuvent embrasser le monde

(du côté de Delft, à l'occasion d'une visite
à la branche de sa famille qui vit à Amsterdam)

parataxe du paysage. Ruysdael plus Hölderlin.
À Zurich, elle assiste à une représentation d'
Antigone dans la traduction du poète. Tout à fait fabuleux
écrit-elle à Monsieur. Splendides, les vers prononcés
sur scène. La langue de la vérité
est la langue acoustique du poète, celle aussi
dont avait souci son cher Benji
Walter Benjamin, qui « sans être vraiment poète
ni philosophe, pense poétiquement ». Parce que, écrira-t-elle
marchant-pensant, il entend venir les mots
du fond des âges. Marchand de sable

et de songe éveillé, y flâne, au gré des
assonances et voit, hardiesse du regard
partout des métaphores. Bien vite les note
sur le petit carnet à pelure noire
qu'il a toujours au fond d'une poche

*

se désole de n'avoir pas de nouvelles du manuscrit
sur Rahel V. abandonné à Paris. Ainsi devenue
elle aussi juive errante, son amie d'outre-tombe.
Berlin Paris New York, Hannah a pu sauver
l'essentiel de la bibliothèque (trois mille volumes)
du défunt couple Stern ; non le piano entreposé
dieu sait où. Réclamations croisées : Günther
aimerait récupérer ses ouvrages de théorie musicale
tandis qu'elle : n'oublie pas mon maudit Rahel, *please*
– aurais-tu « mon cher garçon », sait-on jamais
écrit-elle à son ex (réfugié lui à Los
Angeles), retrouvé un exemplaire du manuscrit
dans tes caisses ? Savoir qu'il est peut-être perdu
voilà qui me déprime. En attendant
j'apprends l'anglais, rien d'autre à faire.
Car Wiesengrund-Adorno et sa clique ne veulent
me connaître que comme ta désormais ex-femme
me font mille misères et vont jusqu'à
rechigner à publier le manuscrit ultime
que Benji m'a confié

désormais sans monde, confrontée
au nouveau (du vieux ne restera que l'allemand
maternel), son souci premier est la langue
Dearest Günther, I'll to write in English
just to have an exercise. I hope you
would not mind. Assidue suit des cours du soir
et même s'en va, tardive jeune
fille au pair (quoiqu'il n'y ait pas d'enfants)
passer un mois d'été dans une famille d'accueil

à Winchester, Massachusetts. Un couple
très puritain, mais pas pharisien pour un sou
(lui est juif, mais nul ne s'en soucie).
Comme c'est la guerre, il ne faut pas cependant
au village qu'on sache qu'il parle allemand
(« jolies perspectives, n'est-ce pas ? »)

un exemplaire de *Rahel*, toutefois, confié
à une amie, a voyagé jusqu'à Jérusalem
où Gershom Scholem l'a conservé, et peut
à son tour traverser l'Atlantique
permettant ainsi à Hannah d'achever
l'ouvrage et de le publier en 1958

⋆

saisons et séminaires
après la guerre se succédèrent
semestre d'hiver puis semestre d'été
s'enchaînèrent, à travers l'Amérique
devenue, Hannah, « la fille venue d'ailleurs »
itinérante professeure, tantôt New York
et Chicago tantôt ; et même San Francisco

avec Monsieur, longues conversations
ambulatoires le long des berges de l'Hudson
pêcheurs paisibles avec musettes accrochées
aux branches d'arbre yeux rivés sur leur bouchon
tandis qu'eux deux fourbissent les arguments
d'un article qu'elle publiera bientôt dans *Partisan Review*

pastorale d'après guerre qu'elle fixe ainsi dans un poème :

routes sans repos où les chauffeurs
roulent vers le repos, enfants qui jouent
et que les mères appellent
presque l'éternité
passe un couple d'amoureux qui porte
le fardeau du temps

*

bientôt ce furent aussi chaque année
pour des tournées en Europe de conférences
des traversés transatlantiques.
En avion le plus souvent (champagne alors à volonté)
mais parfois aussi à bord d'un paquebot
(le Queen Mary, le SS Rotterdam...)
beaucoup de houle, ça tangue beaucoup
impossible de travailler, mais tant pis je monte
sur le pont et me laisse porter par le souffle
immense de la mer

en général étape à Bâle, quelques jours
chez les Jaspers où des conversations sans fin
avec, devenu son ami, le vieux professeur
Aufklärer et son épouse Gertrud

l'été, c'est hamac et farniente
(baignade, marche et bronzage, cueillette
de framboises puis de mûres)
à Palenville, lieu de villégiature au nord
de New York où le couple
loue un bungalow dans les collines
des monts Catskill

« affamée de verdure, d'arbres, d'eau et de
natation », écrit-elle à son amie Mary. Mais avant de
pouvoir partir en vacances, il lui faut avancer
son livre sur Eichmann (« mon bureau
est un champ de bataille jonché de journaux
et feuilles polycopiées de la transcription du procès »)

*

vita activa pour de bon ? M'engager ? Jamais
dira-t-elle, je n'en ai éprouvé le besoin. Agir

n'était pas mon désir, j'ai toujours préféré plutôt
que dans l'arène être dans les tribunes assise
et jeter sur les choses un regard semblable à celui
du spectateur à Olympie dont parle Pythagore

sauf qu'un jour, en 33, quand survint l'incendie
du Reichstag, j'ai pris un sérieux coup
de marteau sur la tête (*Hammer auf den Kopf*).
Si la culture est une imposture, à quoi bon ?
à quoi bon écrire encore des livres ?

alors elle se politise et rejoint les rangs sionistes.
Stern de son côté fréquente plutôt les communistes.
L'ambiance parfois se tend dans l'appartement
de Berlin. Un jour un vieil ami de la famille
sioniste justement, Kurt Blumenfeld, offre
à Hannah une boîte de havanes qu'elle s'empresse
d'ostensiblement fumer à la maison comme en public
Günther d'aussitôt protester qu'insupportable
est le puant nuage de ces foutus cigares

*

la guerre arrive, Heinrich Blücher est interné
en tant que citoyen allemand dans un camp
près de Blois. Soleil de septembre, c'est le temps des
vendanges en bord de Loire. Coliques néphrétiques.
S'occupe en lisant Descartes, l'enfant du pays
(y cherche « le bon sens français »), et de Kant
les œuvres morales. Aubaine de quelques lettres
et colis (ceinture de laine, olives et un gâteau
de Mutti, la mère d'Hannah). Finalement enrôlé
dans l'armée française. Peut en décembre 39
rentrer à Paris. Mais doit repartir à l'armée.
Puis c'est la débâcle et sous les bombes
l'exode. Blessé à un genou, il trouve par chance
un camion. Direction Montauban où par hasard
il retrouvera Hannah qui le recherche après s'être
enfuie du camp de Gurs (Basses Pyrénées).

382 baraques. Réfugiés espagnols et combattants
des Brigades internationales, puis Juifs
de partout. 65 femmes par baraque, nulle
aération, latrines à ciel ouvert, barbelés où sèche
le linge. Rien à manger et fausse idylle
(pas de journaux pour s'inquiéter et pour décor
au loin les Pyrénées). Mais on laisse partir
ceux qui n'hésitent pas à faire la route
sans un sou. Hannah en est, qui prend
la poudre d'escampette en mai, tant pis
pour ses bagages. Partout sur les routes
l'anarchie. Chambres de hasard et parfois le luxe
fortuit d'une chambre d'hôtel vide. Finit
par trouver refuge et gîte dans un village
Montbahus (De gueules au léopard d'or
accompagné de deux meules de moulin d'argent
une en chef et une en pointe). Une amie
y loue une maison. Simple matelas
dans une chambre où l'on dort à 6.
Charmant village cependant, on y monte
à la Tour de la Vierge, d'où vaste
panorama, avec au loin, au sud
Sainte-Livrade et le ruban du Lot
tandis qu'à l'ouest on aperçoit le chêne
pluricentenaire de Tournebœuf

puis Monsieur et elle, une fois qu'ils se sont retrouvés
peuvent louer, ô luxe, une pièce (« une chambre
pour nous deux seuls ») dans une ferme
des environs de Montauban. Leur métier à plein temps :
se nourrir. « Ce beau pays, riche et abondant
écrit-elle à son premier mari, déjà lui aux États-Unis
a été ruiné en quelques semaines ». Évidemment
pas question de fromage, ce qui est un sacrilège
« tu connais la France », mais la région regorge
de fruits et légumes, et comme on abat beaucoup de bêtes
pour n'avoir pas à les nourrir, on ne manque pas de viande.

Je ne fais exactement rien, sinon lire Eschyle
le seul livre que j'ai pu sauver. Il fait très chaud
mais le pays est très beau et j'ai ici
bien meilleure mine qu'à Paris

quelques semaines plus tard, le couple gagne
Marseille, parvient à franchir la frontière à Port-Bou
(refoulé, Benji lui préféra dans la nuit se suicider)
séjournent quelques mois à Lisbonne, où
visa en poche, ils embarquent pour New York
À son premier mari, qui les a aidés pour les papiers
et vit lui à Los Angeles, elle envoie
dès leur arrivée, daté du 23 mai, un télégramme ainsi libellé :
« Sommes sauvés Habitons 317 West 95, Hannah »

c'est à New York qu'ensemble désormais ils philoso-
pheront, l'époux n'écrivant pas, se contentant d'enseigner
d'être *at home* son indispensable Socrate personnel
en même temps que partout où elle voyagera
son foyer portatif, dira-t-elle

foyer volage aussi, quand par exemple Monsieur
Socrate, n'étant pas pur esprit, vient à s'éprendre
à New York d'une jeune juive d'origine russe.
Le couple toutefois n'en périt pas, ayant sagement
choisi de placer la fidélité
à l'abri des histoires d'alcôve.
Eros est ce qu'il est, Hannah le sait très bien
habituée qu'elle est à être courtisée

(à Hermann Broch, l'écrivain, qui aimerait
bien la compter au rang de son harem, elle
répliquera un jour : « Hermann, laissez-moi être
l'exception ... »)

elle admire de sa confidente Hilde Fränkel
ce génie érotique qui lui permet
de vivre en toute innocence

et dans la durée son statut de maîtresse
du théologien Paul Tillich dont elle est
la secrétaire attitrée

⋆

Hannah écrit à Mary (McCarthy) qu'elle est
affamée de natation. À Man-
hattan, grand appartement
avec vue plongeante sur l'Hudson
Riverside Drive 370. Y emménage
en septembre 60 avec Monsieur. Personnel :
Esther pour la cuisine et le ménage
(suivront, elles aussi priées de bien
vouloir faire les vitres, May, puis Sally
Davis, laquelle était noire et mère d'un
fils dont Hannah finança les études
dans un collège privé de Brooklyn)

⋆

elle s'était promis de ne jamais vivre avec sa mère. Crainte d'être vampirisée.
Il lui faut pourtant à New York l'héberger. Difficile cohabitation avec Monsieur dans un appartement exigu. Tensions diplomatiques, trop les uns sur les autres

⋆

automne 63, elle est venue faire cours à Chicago
malgré les gros soucis qui ont noirci les derniers mois
– Heinrich victime d'une rupture d'anévrisme
et séquelles quant à elle d'un accident
survenu à bord d'un taxi traversant à New York
Central Park et heurté par un camion

côtes cassées, hématomes au visage et à la tête
hémorragie oculaire qui la contraint un temps

à porter un bandeau noir de pirate. L'accident
a bien failli lui coûter la vie, mais pas
question de s'attarder. À peine sortie de l'hôpital
s'empresse de rééduquer sa mémoire
(poésie, grec ancien, allemand, anglais
puis les numéros de téléphone figurant dans son agenda)

*

Chicago. Au réfectoire du corps professoral, beaucoup
désormais l'évitent. Son livre sur Eichmann, fraîchement
paru, est accueilli on ne peut plus fraîchement.
Kabbale manigancée, pense-t-elle, par la « populace
intellectuelle » et les rabbins prêchant contre elle
(on va jusqu'à faire pression dans les librairies
de New York pour qu'on n'y vende pas son livre)

on n'a pas compris qu'elle ait parlé, à propos
d'Eichmann, de « banalité du mal ».
Et encore moins qu'elle ait mis en cause
les *Judenräte* – des Conseils juifs dont elle
considère qu'ils ont été de trop complaisants
assesseurs des Nazis, qu'ils se sont laissés
trop facilement instrumentaliser dans la mise
en œuvre de la « solution finale »

pourtant, si elle avait tenu à couvrir ce procès
c'était bien pour kantiennement s'acquitter
cura posterior, thérapie après coup, de l'obligation
de revenir sur son passé, de porter à la clarté
de la pensée, une pensée qui ne peut laisser
passer impensée cette chose impensable
que fut la « solution finale », l'ex-
termination d'un peuple malgré tout sien
(bien que, perpétuellement dissidente, elle
se soit sentie en accord avec Kafka
quand il ajoute « à supposer que, de
peuple, j'en aie un »)

et par-delà, elle voulait porter à la clarté
de la pensée cet effondrement moral généralisé
qui fut la sombre, très sombre toile de fond
allemande où crut jusqu'en Argentine
pouvoir se fondre incognito le très banal
fonctionnaire Klement Ricardo, faux nez là-bas
du monstrueux criminel Eichmann Adolf

*

vers la fin des années soixante, le couple
Blücher prit l'habitude d'aller passer l'été
dans un village du Tessin du nom de Tegna.
Pension complète à la Villa Barbatè ;
calme et silence avec falaises à pic
apaisant le tumulte d'un torrent qui soudain
s'alanguit et consent au repos, formant d'inattendus
bancs de sable. Bimmel-Bammel, un train-joujou
conduit à Locarno au bord du lac
avec ses îles au loin

un temps fatigués de l'agitation méga-
politaine, ils songèrent à s'y retirer. Mais difficile
quand on a passé toute sa vie ou presque
à Berlin, Paris, puis New York, de se passer
de ce fourmillement qui rend si attractive
la bariolée densité vibrionnante des grandes villes.
Et s'il faut choisir entre *vita contemplativa*, *vita poetica*
et *vita activa*, c'est bien là-bas, à Manhattan, que malgré tout
on restera, car c'est là-bas que bat
le cœur de la vraie vie, la vie plurielle

à Tegna, « crétinisme rural », ironise-t-elle ; avec
terrasse où chaque matin deux rouges-gorges
viennent glaner les miettes de son
petit déjeuner. Et cerisaie la nuit où
installer une chaise longue pour au frais ré-

fléchir, à la lueur des vers luisants. Idéal
endroit pour un parfait dosage de farniente
et travail avec vue sur le village et les sommets
abrupts autour. Promenades et baignades.
On traverse un bois de feuillus et très vite
on est au bord de la Maggia, la rivière
encore un peu torrent qui bientôt se jettera
dans le lago Maggiore. Là, elle fait un coude
et sur la rive en face l'eau s'apaise
formant une vaste baignoire
où nager dans l'eau fraîche et soyeuse.
Ensuite on peut, phoques au soleil
se sécher assis sur de gros blocs de granit lisse de gros blocs

*

tout irait bien si Monsieur n'avait été à nouveau victime
d'une attaque. Appréhende (jusqu'à la peur
panique dira-t-elle) qu'il puisse mourir
d'une crise cardiaque soudain. Et c'est bien
ce qui se produit un jour maudit de 70
la veille exactement de la Toussaint

comment faire pour vivre désormais ?
et d'abord suis-je capable de ces lamentations
que nous devons aux morts précisément
parce que nous continuons, nous, de vivre ?
Les Juifs, qui sont un peuple méditerranéen
savent être expressifs, expansifs, presque
napolitains. Mais moi ?

néanmoins, lors l'enterrement de Monsieur
considérant qu'il importe d'y faire entendre
une sonorité juive, pour son *tsaddik* elle fera dire
le kaddisch אָתָדַחְתִאְל דִיתָע אוּהְד אָמְלָעְב
(« si jamais le monde est un jour renouvelé… »)

difficiles jours d'après. S'installe dans la chambre
d'Heinrich et tape son courrier sur la vieille

Underwood de Monsieur. Cliquetis familier
qui l'aide à passer des journées soudain
très vides

*

lumière d'août, encore une belle saison
malgré tout. Hannah est à Tegna, un cirque
familial (très mince ménagerie) vient de s'installer
sur une prairie qui sert de terrain de foot. Pas besoin
de chapiteau, des bancs en cercle suffiront
les enfants du village sont embauchés pour aider
à les installer. Le spectacle peut commencer
lamas et chameaux, clown et jongleuse
chevaux tatares, petits, et poneys. La nuit
tombe, les Cosaques du Don (tel est le nom
de la troupe) feront applaudir leur numéro
de voltige endiablée à ciel ouvert, un serviable
croisssant de lune assistant de maigres lampions

Hannah, depuis peu veuve, venue
en compagnie d'une amie, Elke
Gilbert, de bon cœur applaudit et in petto
sourit, se souvenant de Monsieur qualifiant
de cosaque la barbarie des camps, qu'ils soient
nazis ou soviétiques

*

«Juger», dernier volet de sa trilogie sur
la vie mentale, celle du spectateur qui cependant
n'a pas renoncé à être à sa façon réfléchie présent
dans le monde commun des hommes. Elle aimerait
non pas venir à bout (c'est impossible)
mais comprendre un peu ce qui fait de la politique
une œuvre de presque désespoir en ce siècle
vingtième où tout s'effondre et sombre
dans la noirceur. Y parvenir au moins un peu

en tirant le meilleur parti de toutes ces notes
qu'elle a patiemment élaborées à la faveur
de ses séminaires sur la *Critique de la faculté de Juger*
de Kant, cet audacieux « démolisseur universel »
après qui quoi et comment reconstruire ?

« Juger », la première feuille est engagée
dans la machine à écrire (elle vient d'y taper
en guise d'exergue deux citations, l'une de Goethe
et l'autre, en latin, de Lucain
(« *Victrix causa deis placuit, sed victa Catoni* »
« Aux dieux plaît la cause victorieuse, mais Caton
lui préfère le vaincu »), quand ses amis
Jeannette et Salo Baron, venus dîner, sonnent à la porte

on vient de s'installer au salon pour un
café, quand soudain quinte de toux
affaissement d'Hannah dans son fauteuil
tout est fini

quatre jours plus tard funérailles à deux pas
de chez elle (maison funéraire juive de briques
rouges, cercueil de pin massif et roses blanches
les mêmes que pour Günther). Foule d'amis
et d'anonymes lecteurs y compris
une délégation en bleu de travail
d'ouvriers agricoles

tehillim, psaume que lit en hébreu
sa nièce venue de Jérusalem :
לוֹחָמוּ ףֹתְּב ,וּהוּלְלַה (*Haleluhu b'nevel v'chinor*)
Louez l'Éternel au son du tambourin

et dansez !

Vie de Trần Đức Thảo

Vie de Trần Đức Thảo
(1917-1993)

il naquit au Vietnam, dans le dème
de Chân-Khê, non loin de Hanoï
l'année même, ô très rusé hasard
de la Révolution d'Octobre, en 17

bien que père employé simple des Postes
au temps de l'Indochine coloniale
il reçut à Hanoï loin de la métropole
une éducation d'excellence
au Lycée s'illustrant si bien
qu'une bourse lui fut octroyée
envoyant l'indigène à Paris
où brillants, très brillants débuts
(rue d'Ulm, puis de philo, haut la main
l'agrégation, sous la houlette
de Cavaillès diplôme mieux que remarquable
qui fait de lui un interlocuteur
avec qui bientôt d'égal à égal
dialogueront Merleau-Ponty
Sartre et tutti quanti)

mais en même temps, très vite
et en sourdine à peine
vient le temps d'une militance anti-
colonialiste, dans la foulée
retour obligé au Vietnam
où non moins vite il déchante
et déchoit
ennuis, déboires et désastres
divers (mise au ban et misère

solitude) l'ayant au fossé reversé
dans le camp des oubliés
des vaincus, des parias

au final catabase ; sur toute la ligne
échec. Du moins le crut-il, car sa pensée
après sa mort connut, connaît
un lustre inattendu
aux quatre coins quasi du globe
redivivus, Thao, suscitant très savants
commentaires et vivifiants colloques

*

1935, le voici à Paris, studieux
boursier, interne à Louis-le-Grand
grands murs sombres, noirs
peut-être de l'ombre insinuante
des Jésuites, à moins que le fantôme orphelin
de Robespierre Maximilien ne hante
encore le dortoir devenu républicain

austère étude avec au fond casiers
égalitaires, bourrés de livres lourds
boulimie de lectures, pas le temps
pour Thao du Boul' Mich'

de l'autre côté dort la Sorbonne
mais d'un œil, car dans l'ombre
Kojève en son séminaire officie
éblouissant quelques élus
qui bien vite seront célèbres.
Dix ans plus tard, tous les deux
s'écriront, croisant le fer
à propos de Hegel et de la négation
actant leur désaccord
sur un sujet au XXème
tout à fait crucial

*

quarante après, Paris à nouveau
en mission soi-disant, mais en réalité
âme errante et plus que jamais
méfiante. Où s'y nourrir à bon prix?
Au Minh Duc (Grande Vertu), en bas
de la montagne Sainte-Geneviève, à l'angle
de la rue Basse des Carmes?
Il connaît bien l'endroit, c'est calme et discret
ce restau autrefois coopératif
au service ouvertement du FLN.
L'est-il toujours? Il hésite, se retourne
craint d'y entrer (peut-être le suit-on
qu'on y viendra sur une table à côté
espionner ses conversations
avec telle ou telle connaissance retrouvée
de ses années de jeunesse parisiennes)

*

à Sartre, il écrit à l'automne 51
juste avant son retour au pays
(long, très long voyage d'hiver en train
via Prague et Moscou enneigées
à bord du Transsibérien
la Mongolie longée
Harbin, Pékin, puis traversée
du Yunnan avant que Viet-Bac
monts et maquis du Tonkin enfin)
– il écrit donc à Sartre, que « sa vie
de philosophe en France est
finie ». Cependant terminée en beauté
car en juillet 51, il aura fait paraître
(aux éditions Minh Tân, très discrète
maison, rue Guénégaud au 7
à deux pas de la Seine, qu'ont fondée
quelques intellos de ses compatriotes

comme lui venus à Paris étudier)
il aura publié *Phéno-*
ménologie et matérialisme
dialectique, un livre capital
dense à souhait (quid de la protention
chez les éponges et vers de terre)
de dérive et free-jazz)
où il s'emploie à dépasser – dia-
lectiquement dépasser, la phéno-
ménologie de Husserl, au moyen de Hegel
retrouvant pied dans Marx et Engels

il aura à l'ENS entre temps
appris, avec Merleau son caïman
l'allemand, se formant
à la méthode husserlienne
puis à Clermont-Ferrand
sous la houlette de Cavaillès Jean
déjà grand résistant
rédigé un mémoire (mention
Très Bien) sur Husserl, dont il ira
plus tard en train chercher
à Louvain les archives
(lourdes valises, milliers de pages)
qu'il s'agit de mettre au plus vite
à l'abri des Nazis, et tant pis si
la Sorbonne n'en veut pas
il les gardera chez lui

cependant entre deux mondes
et deux cultures il est écartelé
finissant, entre deux trahisons possibles
par trahir cet Empire orgueilleux
qui l'a élevé jusqu'au sommet où
pourtant lui tend les bras la perspective
d'une carrière de chercheur. Mais pas question
d'être caution d'une mission dite civilisatrice
et cependant barbare aux colonies

de plus en plus il milite, trotskyste un temps
avant de rallier Ho Chi Minh
(qu'il aurait rencontré, croit-on
en 46 à Fontainebleau).
Prêchant dans la France
occupée l'indépendance du Vietnam
il va de camp en camp où l'on a
en zone Sud regroupé ses compatriotes
paysans par milliers avant guerre
par bateau en métropole parias convoyés
main d'œuvre coloniale de force recrutée
pour être dans les poudreries
et autres arsenaux encasernés
ou dans des bataillons de tirailleurs
bleu horizon enrôlés

il est bien vite suspect, pour agit-prop
et pour trois mois le voici ayant droit
à la Santé (la prison, division 6, cellule 40)

pour *Les Temps Modernes*, il aura
trouvé le temps cependant d'écrire
des articles contre la colonisation
que sans doute aura pu lire Fanon
Frantz, articles où il met en lumière
qu'inconciliables sont les horizons
des colons et de ceux qui sont
sous leur domination

*

revenu au pays, camarade enthousiaste
et discipliné, Thao adopte
le costume paysan, va jusqu'à
faire, la nuit, fi de la coloniale moustiquaire.
Mais bien vite il lui faut déchanter
on se moque bien en haut lieu

du «monde de la vie» trop fumeux
de Husserl. L'époque est à la ligne
venue de Chine intransigeante.
Soit, il est polyglotte ; alors bon qu'à ça
traduire en langues étrangères
les écrits du Secrétaire général du parti
le camarade Truong Chinh (nom de guerre
qui signifie «Longue Marche» – tout
un programme – en vietnamien)

*

quand vient le temps de la réforme agraire
on l'envoie au fin fond de la province
de Phu-Tho jouer les utilités au sein
d'une brigade de rééducation. Y fut-il
activement de ces «professeurs de haine»
instaurant la terreur dans les campagnes
(collectivisation à marche forcée
temples et pagodes mis à bas
dénonciations, exécutions – le quota
d'ennemis de classe 5%
doit à tout prix être rempli) ?
on ne sait. Toujours est-il
qu'il en revint traumatisé durablement

court répit, une chaire en 54
lui échoit ; à l'Université de Hanoï
à défaut de phénoménologie
il viendra en costume mao
enseigner les mythologies
Athènes et Rome, l'anthropogenèse
aussi, car il garde en tête qu'il s'agit
encore et toujours de penser le passage
de la vie animale à la pleine intentionnalité
humaine. Auditoire fasciné devant lequel, dit-on
il aimait à exposer les supposés ressorts
sociaux de la pensée de ces Présocratiques

qu'il étudie à la fin de son livre parisien.
Cependant, il n'écrit plus guère, sinon
en quoc ngu, l'écriture nationale
par exemple un article dithyrambique
sur Nguyen Ai Quoc devenu Oncle Ho

*

tout semble aller à peu près bien
il se marie ; dans la foulée du XXème
Congrès soviétique et des Cent Fleurs
chinoises, s'enhardit et publie deux articles
défendant rien moins que
la liberté individuelle. Mal, très mal
lui en prend. Car très vite tourne
le vent ; de révisionnisme potentiellement
coupable, on l'accable et l'accuse, de tout
et de n'importe quoi (il aurait même
sous l'enfantin prétexte de l'équilibrer
sciemment scié un pied de table
autrement dit gravement porté
atteinte à un bien sacré de l'État).
Le voici donc dans la presse dénoncé
qui plus est par un ami très proche
empressé de se dédouaner
(car suspect du seul fait qu'il a été lui aussi
formé en France), et bientôt contraint
à l'autocritique, laquelle a lieu en public
dans l'enceinte de l'Université, pour mieux
humilier sans doute un philosophe
dangereusement comprador, décidément
trop compromis avec une pensée ennemie
dont il s'est trop longtemps nourri

condamné pour déviationnisme
classiquement trotskyste
déclaré ennemi désormais de la patrie
et du socialisme, le voilà envoyé

à fins de rééducation dans une ferme
collective au pied du mont Bavi
où l'armée coloniale naguère avait bâti
une station d'estivage militaire
avec sanatorium, bordel de campagne
et prison. L'air a beau y être très pur
le Génie de la Montagne censé y
avoir son Olympe ne sera pour Thao
contre la faim et la misère, le malheur
et la solitude, de nul secours

et pas davantage les poèmes de prison
d'Ho Chi Minh, dont on raconte
légende probablement, qu'il
allait les réciter le soir au bord de la rivière
Noire, comptant peut-être sur les vers
en chinois classique d'un fils de lettré
pour se forger une âme mieux patriote
et moins pastorale, car si
« Les Anciens se plaisaient à chanter la nature
Rivières, monts, fumée, neige et fleurs, lune et vent
Il faut armer d'acier les vers de notre temps ;
Les poètes aussi doivent savoir combattre ! »

*

on l'autorise enfin en 61 à revenir
à Hanoï, mais pas d'emploi pour lui
ni d'autre logement qu'une chambre
à Kim Lien ; en banlieue mis au ban
tout juste si on lui fait l'aumône
de quelques tickets de rationnement
dont il donne une partie à son père malade
tandis que quelques amis charitables
glissent incognito quelques poignées de riz
dans les poches de sa veste trouée.
Diabète en outre dont il est affecté
son ex-femme toutefois

parvient à lui procurer des médicaments
venus de France avec la complicité
de son nouveau mari, haut cadre
bien en cour (Nguyen Khac Vien
historien et médecin, dirige les éditions
en langues étrangères sises à Hanoï
32 Hai Ba Trung). Par ce dernier
transitent aussi quelques articles
qui paraîtront dans *La Pensée*
revue du PCF s'affichant comme
celle du « rationalisme contemporain ».
Car Thao malgré tout n'a pas renoncé
à philosopher, rechercher. S'intéresse
en particulier à Saussure et Piaget
à des travaux soviétiques également
du côté du geste qui indique
cherchant les prémisses animales
aussi bien qu'enfantines
du langage et de la conscience

*

30 avril 75, Saigon tombe
et les Américains vaincus s'en vont.
La paix pourtant n'efface pas la disette
pour Thao mis au ban, pas d'amélioration
toujours les coupons et rations
les plus minces (sucre 100 gr ; viande 300).
Amaigri considérablement, fantôme, il
erre en loques au bas de son immeuble
clochard non pas céleste mais hérétique
et réprouvé, déboussolé de plus
en plus, sans le secours du moindre
guide des égarés, hanté par le sentiment
de devoir sans fin expier celui
qu'il est depuis ses années françaises
devenu, à savoir un alpiniste de la pensée
au lieu d'être simple sherpa

(n'avait-il pas écrit en 1951 déjà
dans la préface de son maître-livre que
« le philosophe est membre
d'une classe exploiteuse » ?)

pensée en quarantaine aussi
car coupé du monde intellectuel
extérieur et pour survivre réduit
à ne pouvoir que publier
des articulets strictement alignés
scolaire propagande ânonnée
afin d'impérissablement, croyait-il
enfin pouvoir se racheter

⋆

un temps, le pays cartésien avait été
presque le sien. Mais ce n'est pas heureux
qu'il y revient en 91 (mille neuf cent) vivre
parmi ses confrères d'autrefois
le reste de son âge
tant avait été désastreuse odyssée
son voyage

le naufrage ultime aura lieu à Paris
– Paris VII, Université de Jussieu
en France maintenant depuis plusieurs mois
missionné par le Parti vietnamien
(mais lui devenu, on le comprend
pas mal parano prétendra
qu'on l'attend pour instruire
son procès devant une tribunal du PCF)
très affaibli, malade. En quête de subsides
visite de potentiels rééditeurs de son grand
livre d'autrefois. Voit Ricœur que son état
physique aussi bien que moral, effraie.

conférence donc dans un amphi amianté
explique au tableau noir la philosophie

de Staline, gribouille, s'embrouille
à peine s'il tient debout, racontent des témoins.
De plus en plus perd pied et bientôt
coule. Manifestement il n'est plus le penseur
si agile et pénétrant, brillant, qu'il fut.
Effondrés sont ses amis venus pleins
d'espoir pieusement l'écouter.
Quelques mois plus tard, ce sera une autre
chute, physique celle-là ; on le transporte à
l'hôpital Broussais où le 24
avril 93 il meurt, non sans avoir laissé
au Vietnam des milliers de pages en jachère
et partout dans le monde une trace
philosophiquement tout sauf négligeable

REMERCIEMENTS

Toutes ces « vies » sont inédites, à l'exception de celle de Leopardi dont une première version figure dans un volume où se trouvent traduits des poèmes tirés de mes trois premiers livres, volume paru en 1997 aux éditions VVV (Canada) sous le titre *At the Water's Edge,* Selected translations and postface by Aaron Prevots, preceded by *Vie de Leopardi.*

Je remercie Michael Bishop de m'avoir ainsi fourni l'occasion d'écrire un texte qui a été la première pierre de ce livre.

Il doit également beaucoup aux encouragements de Pierre Vinclair et de la revue *Catastrophes*, où l'occasion me fut donnée de préciser les contours théoriques du projet. «La préparation des récits biographiques intitulés *Vies de philosophes*» a d'abord paru dans deux livraisons en ligne de la revue (https://revuecatastrophes.wordpress.com/.../vies-de.../ et https://revuecatastrophes.wordpress.com/.../vies-de.../), avant de figurer dans le numéro 3 de la version «papier» aux pages 229-260 (Éditions Le Corridor bleu, 2021).

Hervé Lemarié a eu l'amabilité de bien vouloir lire l'ensemble du manuscrit. Il m'a non seulement aidé à le débarrasser de maintes coquilles, mais ses impressions de lecteur m'ont été tout à fait précieuses.

Il m'a aussi fait la judicieuse proposition de la photo de Robert Capa qui orne la couverture.

Les conseils iconographiques de Stéphane Bouquet et de Michel Jullien m'ont également été très utiles. Qu'ils en soient eux aussi remerciés.

Ma gratitude également à Julia Holter qui m'a grandement facilité l'accès aux textes en russe relatifs à la vie et à l'œuvre de Gustave Chpet.

TABLE

Vie de Salomon Maïmon (1753-1800) 9

Vie de G.W.F. Hegel (1770-1831) 49

Vie de Giacomo Leopardi (1798-1837) 93

Vie de Karl Marx (1818-1883) 107

Vie de Gustave Chpet (1879-1937) 165

Vie de Georg Lukács 1885-1971) 189

Vie de Bernardo Soares (1888?-1934?) 217

Vie de Martin Heidegger (1889-1976) 243

Vie de Walter Benjamin (1892-1940) 247

Vie d'Alexandre Kojève (1902-1968) 297

Vie de Hannah Arendt (1906-1975) 313

Vie de Trần Đức Thảo (1917-1993) 351

Achevé d'imprimer en octobre 2024
sur les presses de la Nouvelle Imprimerie Laballery
58500 Clamecy
Dépôt légal : octobre 2024
Numéro d'impression : 410128

Imprimé en France

La Nouvelle Imprimerie Laballery est titulaire de la marque Imprim'Vert®

Annales Brevet 2022

NOUVEAU BREVET

SUJETS et CORRIGÉS

Tout-en-un

Sébastien Dessaint
Professeur certifié de Physique-Chimie

Malorie Gorillot
Professeure certifiée de SVT

Michèle Laskar
Professeure certifiée de Lettres modernes
Professeure en collège

Brigitte Réauté
Professeure agrégée de Lettres classiques

Philippe Rousseau
Professeur agrégé de Mathématiques

Christophe Saïsse
Professeur certifié d'Histoire-Géographie
Professeur en collège

hachette
ÉDUCATION

MODE D'EMPLOI

106 sujets conformes à l'épreuve du Brevet

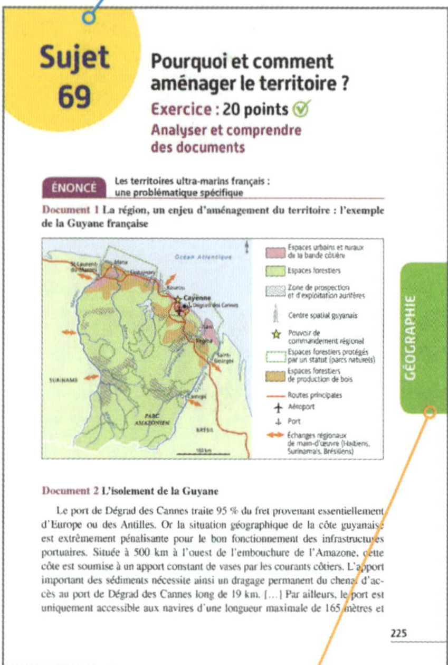

Sujet 69

Pourquoi et comment aménager le territoire ?

Exercice : 20 points

Analyser et comprendre des documents

ÉNONCÉ Les territoires ultra-marins français : une problématique spécifique

Document 1 La région, un enjeu d'aménagement du territoire : l'exemple de la Guyane française

Document 2 L'isolement de la Guyane

Le port de Dégrad des Cannes traite 95 % du fret provenant essentiellement d'Europe ou des Antilles. Or la situation géographique de la côte guyanaise est extrêmement pénalisante pour le bon fonctionnement des infrastructures portuaires. Située à 500 km à l'ouest de l'embouchure de l'Amazone, cette côte est soumise à un apport constant de vases par les courants côtiers. L'apport important des sédiments nécessite ainsi un dragage permanent du chenal d'accès au port de Dégrad des Cannes long de 19 km. [...] Par ailleurs, le port est uniquement accessible aux navires d'une longueur maximale de 165 mètres et

225

Des corrigés détaillés et rédigés.

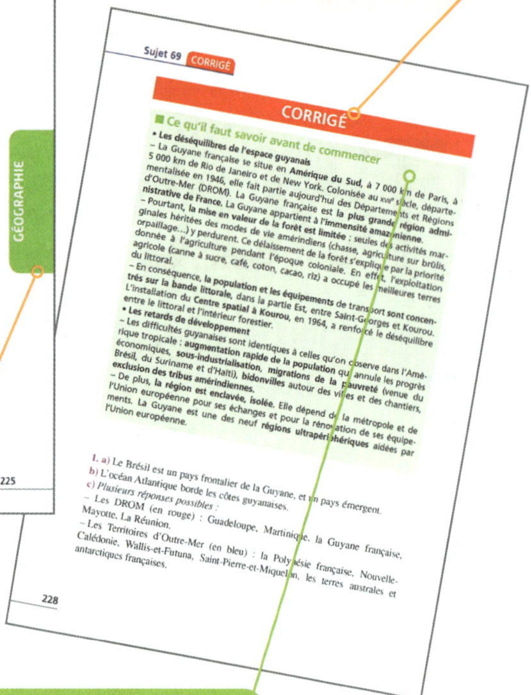

Sujet 69 CORRIGÉ

CORRIGÉ

Ce qu'il faut savoir avant de commencer

• **Les déséquilibres de l'espace guyanais**

– La Guyane française se situe en **Amérique du Sud**, à 7 000 km de Paris, à 5 000 km de Rio de Janeiro et de New York. Colonisée au XVIIe siècle, départementalisée en 1946, elle fait partie aujourd'hui des Départements et Régions d'Outre-Mer (DROM). La Guyane française est **la plus grande région administrative de France.** La Guyane appartient à l'**immensité amazonienne.**

– Pourtant, **la mise en valeur de la forêt est limitée** : seules des activités marginales héritées des modes de vie amérindiens (chasse, agriculture sur brûlis, orpaillage...) y perdurent. Ce délaissement de la forêt s'explique par la priorité donnée à l'agriculture pendant l'époque coloniale. En effet, l'exploitation agricole (canne à sucre, café, coton, cacao, riz) a occupé les meilleures terres du littoral.

– En conséquence, **la population et les équipements** de transport **sont concentrés sur la bande littorale,** dans la partie Est, entre Saint-Georges et Kourou. L'installation du **Centre spatial à Kourou,** en 1964, a renforcé le déséquilibre entre le littoral et l'intérieur forestier.

• **Les retards de développement**

– Les difficultés guyanaises sont identiques à celles qu'on observe dans l'Amérique tropicale : **augmentation rapide de la population** qui annule les progrès économiques, **sous-industrialisation, migrations de la pauvreté** (venue du Brésil, du Suriname et d'Haïti), **bidonvilles** autour des villes et des chantiers, **exclusion des tribus amérindiennes.**

– De plus, **la région est enclavée, isolée.** Elle dépend de la métropole et de l'Union européenne pour ses échanges et pour la rénovation de ses équipements. La Guyane est une des neuf **régions ultrapériphériques** aidées par l'Union européenne.

1. a) Le Brésil est un pays frontalier de la Guyane, et un pays émergent.

b) L'océan Atlantique borde les côtes guyanaises.

c) *Plusieurs réponses possibles :*

– Les DROM (en rouge) : Guadeloupe, Martinique, la Guyane française, Mayotte, La Réunion.

– Les Territoires d'Outre-Mer (en bleu) : la Polynésie française, Nouvelle-Calédonie, Wallis-et-Futuna, Saint-Pierre-et-Miquelon, les terres australes et antarctiques françaises.

228

Une couleur spécifique pour chaque matière.

Des rappels de cours synthétiques et des conseils méthodologiques.

Couverture : Mélissa Chalot ; Audrey Izern

Intérieur : Mélissa Chalot

Mise en pages : Médiamax

Cartographie : Hachette Éducation

58 rue Jean Bleuzen CS 70007 92178 Vanves Cedex

www.parascolaire.hachette-education.com

ISBN : 978-2-01-715117-3

Achevé d'imprimer en Juillet 2021 en République tchèque par Finidr

Dépôt légal : Août 2021- Édition 01

21/1603/8